中国近代留学教育活动史研究

李　永　顾晓莉　著

湖北省社科基金一般项目"中国近代留学教育活动史研究"
（编号：2014282）资助成果

科学出版社
北京

内 容 简 介

中国人游学的传统由来已久，但是近代中国的留学教育始于晚清，从被动打开国门到主动留学，从"师夷长技以制夷"到科学实业救国，体现了中国知识分子阶层谋求知识救国的雄心，寄托着古老的东方民族对前途的热望。本书以留学的进程为序，以招生、考试、出行、管理、学业、生活、社团、余论共八个专题的形式开展晚清至民国的留学教育史研究。通过研究认为，近代留学生群体在制度与观念层面的现代化求索进程中，一定程度上实现了"教育救国"与"留学以不留学为目的"的二元统一；在西学东渐与东学西传并行的中外文化交流中，形成了独特的双重文化认同，并且由早期的边缘化处境逐渐融入主流社会。

本书可供从事教育史研究的科研工作者参考，还可以为普通读者了解中国近代留学史提供帮助。

图书在版编目（CIP）数据

中国近代留学教育活动史研究 / 李永，顾晓莉著. —北京：科学出版社，2019.9

ISBN 978-7-03-059410-5

Ⅰ. ①中… Ⅱ. ①李… ②顾… Ⅲ. ①留学教育–教育史–研究–中国–近代 Ⅳ. ①G649.29

中国版本图书馆 CIP 数据核字（2018）第 252182 号

责任编辑：闫 陶/责任校对：高 嵘

责任印制：彭 超/封面设计：苏 波

科学出版社 出版

北京东黄城根北街 16 号

邮政编码：100717

http://www.sciencep.com

武汉市首壹印务有限公司 印刷

科学出版社发行 各地新华书店经销

*

2019 年 9 月第 一 版 开本：787×1092 1/16

2019 年 9 月第一次印刷 印张：13 1/4

字数：310 000

定价：79.00 元

（如有印装质量问题，我社负责调换）

前　言

留学，旧称留洋，一般是指一个人去母国以外的国家接受各类教育。留学生一词起源于中国唐朝时期中日文化交流，唐朝时期，日本曾多次派遣唐使来中国学习先进文化。遣唐使作为外交使节，不能在中国停留时间过长，所以日本政府在第二次派遣唐使的时候，同时还带了一些青年学生来中国读书，这就是"留学生"和"还学生"。所谓"留学生"就是仍然留在中国学习的学生，"还学生"则需要跟随遣唐使一同归国。后来，"留学生"这个词就一直沿用下来，其语义也有了变化发展：凡是留居外国学习或研究的学生，都称作"留学生"。

中国人本来就有游学的传统。春秋战国时期士人就开始周游各国拜师学习，及至宋朝书院大兴，知识分子也在不同书院间轮转学习。由于中国幅员辽阔，所以古人游学多在华夏版图之内。少数出国游学而被众人所熟知的当属唐代玄奘和尚，赴印度那烂陀寺等处研习佛学十多年而后归国。

从清末新政到推翻清王朝的封建专制统治，从民国初建到新中国的成立再到改革开放以来，一代又一代的留学生，为中国的革命、建设和改革做出了独特的、杰出的贡献。回顾中国近代以来留学发展演进的历史，对于我们更好地看待和评价我国留学生的作用，制定更适宜的留学政策，继续推动海外留学与文化交流，加强与世界的联系和互动，都具有重要的启发意义。

正是因为留学活动以及留学生群体与中国社会发展的关系密不可分，所以近年来相关研究逐渐增多，并日渐成为学术研究中的显学。民国时期，舒新城的《近代中国留学史》被视为留学史研究开山之作，这种通史性写法也为后来的研究提供了范本。20世纪80年代以来，史学界突破了革命史、阶级斗争史的理论框架，与此同时，现代化理论的兴起也为留学史的兴盛提供了契机。学者们主要在以下几个方面展开了留学史的研究：留学国别史（主要集中于美、日、法、苏等留学大国）；从晚清开始的各届政府的留学政策研究，包括了中央和地方的留学政策；在现代化的理论框架下，留学生对近代中国社会的影响（涉及政治、军事、教育、科技等诸多方面）。此外，刘真、陈学恂、陈元晖等学者开展了留学史料的汇编工作，为深化留学教育的研究提供基础。同时也形成了南开大学李喜所、江苏师大周棉、浙江大学田正平等领衔的研究团队，他们组织开展了一系列专题性研究，取得了丰硕的成果。

时至今日，留学史进入了多元化的研究时期，在资料挖掘上不断向深入与广度拓展，在总体数量上也不断突破，但是在对中国近代留学教育活动历时性研究的基础上，还比较缺乏专题性的研究成果，对留学生海外学习生活的关注度还不够。本研究以专题形式开展晚清至民国时期的留学教育史研究，以留学生出洋的进程为主线，分为招生、考试、出行、管理、学业、生活、社团七个专题，外加余论。

第一章招生，以容闳促成中国第一次官派留学为开篇，主要分晚清政府、北洋政府、南京国民政府三个时期，介绍官派留学的大体走向。

第二章考试，主要论述留学教育从一种临时性的应对措施到成为国家的既定教育政策，也使得留学生的选拔经历了从选派到选派与考试并举，再到严格考试、形成制度。

第三章出行，主要论述了出行之前的准备和旅途的见闻。

第四章管理，从国内和国外两个层面，论述国内留学生管理机构从无到有，逐渐走向有序和规范；国外管理机构从晚清的监督制到民国时的经理制，管理权限从全面管理到主要限于管理学费的发展变化。

第五章学业，以两条主线展开，一是留学生在国外接受既自由又严谨的正统西方学术传统的训练，二是强调当时的历史条件给留学生求学带来的实际问题，主要表现为强调中学为体，重视军事技术学习，以及重新接受中学教育。

第六章生活，从文化的角度切入，体现留学生群体所面对的文化冲突与融合，以及在这个过程中留学生所形成的双重的文化认同。

第七章社团，留学生社团除了联络乡情、交流思想的基本功能，更是他们团结一致、发起各种救国活动的爱国组织。

余论回顾上述研究，并在此基础上，提出了三个主要观点：

第一，"教育救国"与"留学以不留学为目的"的二元统一。近代留学生群体是带着救国的目的去留学，但受到历史现实的限制，归国的留学生很难发挥他们的全部所学，许多留学生被迫隐身于教育领域。同时，民国开放宽松的思想文化环境，意外造就了一批教育领域的大师，他们不仅创建了近代中国所有的新学科，而且开展了卓有成效的新教育运动。胡适提出的"留学必以不留学为目的"着眼于中国大学教育的发展，从这个层面上看，教育救国的目的也是部分实现了。

第二，制度与观念层面的现代化求索。罗荣渠教授指出，中国现代化面临的首要问题是共和体制下的国家重建，而对现代世界认识的严重滞后也是阻碍中国现代变革的重要因素。主要活跃于政治领域和教育界的归国留学生，他们参与武装革命推翻清政府，并对建立共和、维护共和进行了不懈的努力，他们译书著书立说，倡导新文化运动，发起中国的现代化道路问题讨论等。无论是制度的现代化还是观念层面的现代化，留学生群体都用实际行动做出了重要的贡献。

第三，西学东渐与东学西传并行中的双重文化认同。留学是教育的一种，教育又是文化的一脉。留学生作为中西文化交流的载体，他们留洋海外，向西方介绍中国的古典文化，学成归国后引进西方文化，改造中国传统社会。对西方文化的认同和对母体文化的部分保留，形成了留学生的双重文化认同。只是近代中国社会政治腐败的社会体制和人文精神缺失的文化生态，造成了留学生重返本土后的边缘化，但是随着中国社会的进步，留学生群体逐渐融入主流社会中，边缘化主要存留在文化意义上了。

本书由笔者与武汉工商学院讲师顾晓莉合作完成（李永主要撰写1~4章，顾晓莉主要撰写 5～8 章），由笔者负责全书的统稿和后期修订。笔者在撰写过程中，得到了中南民族大学教育学院康翠萍院长、田恩舜书记等学院领导和同事的支持与帮助；在出版过程中，得到了科学出版社编辑的指导与协助，在此表示诚挚的谢意。

　　本研究在具体写作过程中，参考学习了前辈学者、同辈学人的诸多研究成果，在此表示感谢；同时，囿于笔者学术素养和写作水平有限，论述还存在不少缺憾，又或者谬误之处，敬请同道先进批评指正。

李　永

2018 年 7 月 27 日写于武汉南湖之滨

2018 年 11 月 15 日修订于悉尼大学

目　　录

第一章　招生 ……………………………………………………………………… 1

第一节　容闳开启留美潮 ……………………………………………………… 1

第二节　开洋务欧陆求技 ……………………………………………………… 6

第三节　甲午战败向东洋 ……………………………………………………… 13

第四节　庚款留学清华创 ……………………………………………………… 19

第五节　留学欧洲复兴潮 ……………………………………………………… 22

第六节　勤工俭学大学潮 ……………………………………………………… 27

第七节　以俄为师向革命 ……………………………………………………… 33

第二章　考试 ……………………………………………………………………… 36

第一节　选派与考试并举 ……………………………………………………… 36

第二节　为出国门入窄门 ……………………………………………………… 38

第三节　兴留学以代科举 ……………………………………………………… 42

第四节　省选部派相结合 ……………………………………………………… 48

第五节　权归中央严考选 ……………………………………………………… 51

第三章　出行 ……………………………………………………………………… 55

第一节　万里航程始少年 ……………………………………………………… 55

第二节　未出国而先洋化 ……………………………………………………… 56

第三节　西洋新风海上来 ……………………………………………………… 58

第四节　穿越欧陆求真理 ……………………………………………………… 60

第五节　五花八门新世界 ……………………………………………………… 62

第四章　管理 ……………………………………………………………………… 66

第一节　专员监督论纲常 ……………………………………………………… 66

第二节　驻外使臣代监管 ……………………………………………………… 68

第三节　留日学生风波起 ……………………………………………………… 70

第四节　删繁就简经理制 ……………………………………………………… 71

第五节　整齐划一从军去 ……………………………………………………… 72

第六节　千金散去留学难 ……………………………………………………… 73

第七节　庚款退还促留学 ……………………………………………………… 76

第八节　有功民国稽勋生 ……………………………………… 79

第五章　学业 ……………………………………………………… 87
　第一节　哑巴外语难过关 …………………………………… 87
　第二节　择校选科第二关 …………………………………… 93
　第三节　中学为体忠君道 …………………………………… 98
　第四节　坚甲利兵强军梦 …………………………………… 100
　第五节　治学严谨尚自由 …………………………………… 109
　第六节　培养中国赛先生 …………………………………… 114
　第七节　中国人论中国事 …………………………………… 115
　第八节　法日超龄中学生 …………………………………… 117
　第九节　红色革命接班人 …………………………………… 121

第六章　生活 ……………………………………………………… 129
　第一节　公私费天壤之别 …………………………………… 129
　第二节　多彩生活新视界 …………………………………… 137
　第三节　新思想与旧习俗 …………………………………… 146

第七章　社团 ……………………………………………………… 158
　第一节　游子乡关情谊深 …………………………………… 158
　第二节　社团活动寄闲情 …………………………………… 160
　第三节　革命救国责任重 …………………………………… 162
　第四节　社团建国新向导 …………………………………… 165
　第五节　东学西传看世界 …………………………………… 169

第八章　余论 ……………………………………………………… 173
　第一节　众人出洋掀热潮 …………………………………… 173
　第二节　百花齐放竞争艳 …………………………………… 175
　第三节　弱国子民受屈辱 …………………………………… 184
　第四节　中体西用边缘人 …………………………………… 187
　第五节　不以成败论留学 …………………………………… 190

参考文献 …………………………………………………………… 196

第一章

招 生

中国人游学的传统由来已久，近代中国的留学教育制度则始于晚清。从时间上来看，1872 年起四批共 120 名留美幼童开启了中国官派留学的序幕；从规模和影响来看，留美和留日为最，特别是 1909 年开始实施的庚款留美计划，不仅为中国学生提供了稳定的专款专项资助，还对学生进行了长达八年的学习与培训，以及严格的考试选拔。尽管民国以后政局动荡、军阀混战，但是留美、留欧、留日、留苏的留学热潮一波接着一波，贯穿了整个 20 世纪上半叶。

第一节　容闳开启留美潮

中国近代的留学教育始于晚清，而晚清的留学运动则始于民间。第一次鸦片战争以后，广州、厦门、福州、宁波、上海被迫辟为通商口岸。在这些城市，最早出现了西方传教士为传教而开办的新式学堂，传教士在归国时还常顺带一些青年学生出国。由传教士组织的这种"宗教留学"人数极少，属于民间自发的个人行动，但恰是这种带有宗教色彩、零星分散、偶然性强的民间留学，培育出有异于传统的新力量，最终成就了政府行为的大规模官派留学。[①]容闳就是"宗教留学"的典型代表。

一、容闳其人与其事

容闳 1828 年出生于广东香山县南屏村（今珠海市南屏镇）。1847 年随传教士布朗夫妇赴美留学，1854 年毕业于耶鲁大学，成为第一位"毕业于美国第一等之大学"的中国人。容闳学成后立志教育救国，努力促成了清政府自 1872 年起有组织地选派四批共120 名幼童赴美留学，因此也被后人誉为"中国留学生之父"（图 1-1）。

---

① 李喜所. 中国留学通史（晚清卷）[M]. 广州：广东教育出版社，2010：35.

图 1-1　容闳

容闳 7 岁时被父亲送往澳门的教会学校学习外文，希望他以后成为能与洋人打交道的"通事"，改变贫穷命运。教会学校后因经费不足停办，容闳只能回家务农。1839 年，马礼逊学校在美国传教士布朗的领导下在澳门复校，一心向学的容闳再度入学。1842 年 11 月 1 日布朗夫妇领 11 名学生从澳门迁香港。1846 年 12 月的一天，容闳和他的同窗们像往常一样坐在教室，等待他们的老师布朗先生来上课。布朗博士却带来了一个与往日不同的消息，他对同学们宣布：我因健康状况欠佳，准备休假回国调养。此行愿带三五名同学赴美留学。我已与香港基督教教会的几名教友谈妥。他们愿意为每个同学提供 2 年的留学经费和父母的赡养费。诸生有愿意前往者，请起立。[①]

在那个年代，出国留学并不像今天被认为是天上掉馅饼的好事。即使是在接触西方文明最早的广东地区，在老百姓眼里，海外仍是个蛮夷遍地的世界，那里的人都是会将小孩开膛剖肚的"红毛人"，是妖魔的化身。因此，全班 40 多名中国学生面面相觑，默不作声，最后只有三个人悄悄站了起来，容闳就是其中一个。

在说服了父母之后，容闳和同窗黄宽、黄胜一起踏上了留学美国的行程。1847 年 1 月 4 日，容闳一行人乘坐"亨特利思号"商船，从广州黄埔港起航，经过长达 98 天的海上颠簸，到达美国纽约。到美国后，容闳三人进入孟松学校（Monson Academy），进行大学预备学校的学习。当时的校长海门是耶鲁大学的毕业生，也是当地颇有名气的教育家，教学和管理经验丰富，容闳也深受他的影响。容闳反对鹦鹉学舌式地学习西方文化，他认为留学如果只是学习语言，猎取异闻，"不过使学生成一能行之百科全书，或一具有灵性之鹦鹉耳，曷足贵哉！"[②]

孟松学校毕业以后，容闳拒绝了由教会资助学费但需日后充当传教士的条件。他认为传道虽然固佳，但并非是造福中国的唯一事业。在布朗先生的多方努力下，1850 年夏天，在萨凡那妇女会的资助下，"带着辫子，穿着长袍"的容闳终于如愿以偿地走进了耶鲁大学。

刚入校后，由于资助经费有限，容闳需要打工维持生活，学习上很吃力。耶鲁大学的计分法以平均"2"为及格，"3"为荣誉级，容闳第一学期总平均分仅为"2.12"，勉强及格。升入二年级后，容闳的功课依旧不好，尤其是微积分，每次考试都不及格。幸亏英文成绩好，才能拉高平均分。到了三年级，容闳学习入了点门，英文成绩连获首奖，同学为之侧目，但是微积分仍没有过关。容闳一方面在数学上下苦功夫，同时也积极在学校谋职求生。第三学年时，高年级同学二三十人自办伙食，容闳任司务长，负责采购等事宜，赚得几元钱，解决了餐费。学生社团兄弟会成立后，开设了图书室，容闳当图书管理员，每月收入 30 元，解决了后顾之忧。到 1854 年毕业时，容闳各门功课都

① 王奇生. 中国留学生的历史轨迹[M]. 武汉：湖北教育出版社，1992：3.
② 容闳. 西学东渐记[M]. 长沙：岳麓书社，1985：18.

取得了较好成绩，顺利获得文学学士学位。

容闳的毕业成为 1854 年夏耶鲁大学毕业典礼的大事。为一睹中国第一位在美国接受正规高等教育并获得学士学位的毕业生的风采，许多著名学者前来观礼。容闳本人也颇为自豪。1876 年，为表彰容闳对中美教育事业做出的贡献，耶鲁大学授予容闳法学荣誉博士学位。第二年，容闳向母校回赠了 1277 卷中文图书表示谢意。2000 年，容闳的肖像进入了耶鲁大学名人堂，与毕业于该校的其他名人一起接受学生的瞻仰。

容闳从启蒙到中学、大学，受的是系统完整的资产阶级教育。他 19 岁赴美留学到 26 岁归国，在世界观形成的关键阶段，他耳闻目睹了美国的社会、经济生活和人情风俗。此时的美国正值资本主义经济蓬勃发展的时期，工业化快速实现，科学技术也飞速发展。容闳在西学的耳濡目染下，形成了彻底开放的中西文化观。

学者章开沅曾对容闳有以下评价：不宜把年轻的容闳看成一张可供任意涂抹西方油画的白纸，实际上他仿佛是一个在西方文化氛围中习画的东方艺徒，虽以西方油画为主，但却悄悄融入中国画的技法与意境。①即容闳把基督教的使命感、奉献精神与中国以天下为己任、回报祖国结合了起来；又把西方的雄心与中国的大丈夫气概贯通了起来。因此，可以说，他留学美国的起因与归宿都是以近代西学改造中国。

容闳一生始终把美国式的社会看作是最理想的社会，他的政治理想就是在中国建立一个美国式的资产阶级共和国，把中国"化"为第二个美国。容闳这样表达了自己的志向：汲西方文明之学术以改良东方之文化，必可使此老大帝国，一变为少年新中国。容闳感触最大的是，美国教育事业非常发达，而中国教育体制落后，这也正是中国贫穷和落后挨打的根本原因。容闳希望中国的青少年能像他一样接受先进的教育。他在自传中说：予意以为予之一身，既受此文明之教育，则当使后予之人，亦享此同等之利益。以西方之学术，灌输于中国，使中国日趋于文明富强之境。予后来之事业，盖皆以此为标准，专心致志以为之。②

容闳最终促成了中国近代的官派留学教育并不是偶然的，系统完整的资产阶级教育经历和坚韧不拔的意志品质缺一不可。为了进入耶鲁大学深造，他拒绝了教会的资助，因为他不想只做一个传教士，他要实现改造中国的宏图大志；同样，尽管毕业时候的容闳完全可以留在美国谋求职业，但他毅然选择了回国。

19 世纪 60 年代，清政府腐败颓靡，不求变革，又夜郎自大。容闳曾一度寄希望于太平天国，还前往南京拜会了洪仁玕，但是其提出的七项改革建议却并没有结果。容闳在澳门见"无数华工，以辫相连，结成一串，前往囚室"；至广州，目睹两广总督叶名琛杀人如麻的刑场，"场中血流成渠，道旁无首之尸纵横遍地"。"官吏既人人欲饱其贪囊，逐日以愚弄人民为能事。于是所谓政府者，乃完全成一极大之欺诈机关矣。"这一切都让容闳感到深深的失望。当时的中国，政府当局抱残守缺、固守孔孟伦理，像容闳这样毫无靠山和根基的一介书生，想要选派国人出国留学，只能是四处碰壁。

---

① 章开沅. 落叶归根与落地生根——从容闳与留美教育谈起[J]. 徐州师范大学学报（哲学社会科学版），2004（2）：5.
② 容闳. 西学东渐记[M]. 长沙：湖南人民出版社，1981：23.

就在容闳几近绝望的时候，曾国藩的幕僚致信容闳，说曾国藩邀请他到安庆，"亟思一见"。1863 年，容闳与曾国藩见面。"中兴名臣"曾国藩对博学多才的西式人才"尤加敬礼，乐与交游"。容闳的教育经历和洋务能力得到了曾国藩的赏识，曾国藩认为他"庶几闳毅之选，不仅通译之材"，"为中国可造之才"。在曾国藩的支持下，容闳派遣留学生的计划终于一步步成为现实。

曾国藩邀请容闳是出于兴办洋务事业的需要，而容闳是为了实现他的"教育计划"。容闳曾为曾国藩建厂赴美购置机器，并促成江南制造局兵工学校的设立，后被曾国藩奏请获得特授五品实官。江南制造局兵工学校是容闳实现其"教育计划"的第一步。这所学校培养了中国近代第一批科技人才，翻译了一些西方科技书籍。1870 年的"天津教案"又为容闳留学计划的实现提供了契机。事发之后，容闳作为丁日昌的随员和翻译前往天津参与对外交涉。容闳认为中国百姓对西方的不了解是这场外交纠纷的根源，要减少和杜绝这种有害无利的外交灾难，只有加速推进能够提高民智和增进中国人了解外部世界的教育工程。于是，容闳正式提出了他的留学教育计划。

容闳的美国教育经历，所提计划的可操作性，丁日昌对容闳的推崇，曾国藩对容闳的了解，洋务事业对西学的迫切需求等，多种因素的结合，促使留学计划得到了曾国藩的重视。随后，曾国藩和李鸿章联名上奏，请求清政府旨准。闻听消息后的容闳"喜而不眠，竟夜开眼如夜鹰，觉此身飘飘然如凌云步虚，忘其为僵卧床笫间。"

1871 年，曾国藩、李鸿章等人联衔会奏《选派幼童赴美肄业酌议章程折》，进一步强调了派遣出国留学的意义。

从 1854 年立此志愿，到获得晚清重臣的支持，历经 17 载，容闳派遣留美学童的计划终于实现。容闳将此称为"中国两千年历史中，特开新纪元矣。"曾国藩、李鸿章将其称为"中华创始之举，古今未有之事"。

二、留美幼童选拔难

晚清的第一次官派留学，并不像今天国家公派出国留学这样让人趋之若鹜，相反却是一件非常困难的事情。

那时的中国闭关自守，对世界事务一无所知。高级官吏认为西方教育会对其社会起破坏作用，所以根本提不到议程上来。此外通过几万里的海洋将遇到各种各样的危险，最后将没有人能安全到达。尤其在农村，对外界了解很少，没有学生敢出国。[①]

中国知识界，更是奉"四书五经"为经典，中国知识分子向往的是科举高中，当朝一品，出洋留学则被视为异类。

当时中国流行各种故事，比如把美国形容成道教中的十八层地狱。颜惠庆说他的双亲本来已经动心此事，但有人说美国有野人会生剥人之皮，再披上狗皮，使人变成四不像的动物，因此只能作罢[②]。

---

① 李喜所. 近代留学生与中外文化[M]. 天津：天津教育出版社，2006：22.
② [美]勒法吉. 中国幼童留美史[M]. 高宗鲁，译. 珠海：珠海出版社，2006：32.

留美幼童招生的困难一方面来自传统文化观念的束缚，同时也是受客观条件的限制。清政府将幼童年龄规定在 12～23 岁，主要出于两点考虑：一是年岁小，容易过语言关；二是留学十五年回国后，父母仍能健在。但是年纪如此小，父母多舍不得送往国外，也是人之常情。由于没有报纸等媒体介绍选派幼童留学的消息，除北京与一些通商口岸外，消息没有得到有效传播；加之父母不希望把儿子长期送到离家远且陌生的国度，"而且听说，并且相信，那里的居民都是些野蛮人"。①

尽管招生工作主要在受西方文化影响较早、文化较为开放的东南沿海展开，但仍然未能招满人数。不得已，容闳通过回广东香山老家说服动员和前往香港新式学堂设法招揽。正在花生地捡花生的容尚谦被喊回家，拜望从上海赶来的容闳，经过一番劝说，9 岁的容尚谦被他的同乡带走（图1-2）。容尚谦后来回忆说："我当时心中一点也不高兴。"②

图 1-2　16 岁的容尚谦

在第一批留美幼童中，除相当一部分是容闳的同乡，其他的大都有些特殊背景，对洋务有一定的了解，把留学西洋看成是走"洋翰林之路"。如邝荣光的父亲在澳门某金矿当工人，见过世面，所以送子赴美；唐国安的父亲唐廷枢和容闳在香港是同学，后来又从事洋务，思想开通，热诚希望儿子出洋就学。詹天佑的父亲詹兴洪受到在香港做事的谭姓邻居劝说，并以将女儿许配给詹天佑为保证，詹兴洪才下定决心，立下具结。该邻居指出科举之路顶多是一个"铁饭碗"，出洋留学则是一辈子的"金饭碗"。

这样的具结，就像与政府签署了"卖身契"，所以幼童离家时大都有生离死别的感受。李恩富回忆道："具结人詹兴洪今与具结事，兹有子天佑情愿赴宪局带往花旗国肄业，学习机艺回来之日，听从中国派遣，不得在外国逗留生理，倘有疾病生死，各安天命，此结是实。我把最后的敬礼，按照传统方式给了我的母亲。我没有去拥抱她，没有去亲吻她，呵，不！那不合中国式的做法，而且那样做也是不够庄重的。实际上我是怎样做的呢？我曲下双膝，跪在地上，向母亲磕了 4 个头。她想装出高兴的样子，但我能看见泪水在她的眼睛中转。"③拜别家人，幼童们怀着充满幻想又恐惧，悲切又激动的复杂心情踏上了出行路途。

当时的《申报》极为关注幼童留美事件，先是刊出首批留美幼童名单，其后刊发《拟西学生赴美国肄业事宜议》。1872 年 8 月 11 日，首批 30 名幼童在陈兰彬监护下，从上海登船赴美。出洋第四天，《申报》刊发《论子弟出洋肄业事》进行评价。到达旧金山以后，《申报》刊发《出洋官生到金山电信》，简略介绍了首批出洋幼童的整个行程。

1873 年 6 月 12 日，第 2 批 30 名随黄胜赴美；1874 年 9 月 19 日，第 3 批 30 名随

---

① [美]李恩富. 我的中国童年[M]. 唐绍明，译. 珠海：珠海出版社，2006：53.

② 容尚谦. 创办出洋局及官学生历史[M]. 王敏若，译. 珠海：珠海出版社，2006：44.

③ [美]李恩富. 我的中国童年[M]. 唐绍明，译. 珠海：珠海出版社，2006：54.

祁兆熙赴美；1875年10月14日，第4批随邝其照赴美。前后4批共计120名留美幼童拉开了近代中国留学教育序幕，他们是近代中国政府所派的第一批官派留学生。

第二节　开洋务欧陆求技

早在1872年，《申报》在《论子弟出洋肄业事》中指出：今考天下之大势，趋重于欧洲，天下之大局，亦扼要于欧洲。……至于归来之后，则进通商高门当差，奖叙得官，恩荣无比，岂不美哉？况又熟习洋务，深知底蕴，并于技艺器具之间，无不知其所以然，而有以制之，则其将来诚有不可限量者。①留美幼童计划后虽中途夭折，但是却打开了留学的大门，并成为不可逆转的趋势。留欧学生的派遣就是在这种情况下启动。

面对两次鸦片战争失败的现实，在西方坚船利炮的刺激下，清政府执着于派出军事留学生赴西欧各国学习军事技术。留欧军事教育也是洋务派军事现代化运动的重要组成部分。清末留欧学生主要有留德陆军生、福建船政生（英法）、同文馆学生（英法德俄），以军事留学生为主。其中，赴德陆军留学生只派出了两届，规模和影响都比较小。规模最大的要数福建船政学堂派出的四批海军留学生，且收效显著。

一、李鸿章促成留德

留德学生的派遣是随着中国对德国的认识和重视程度而逐步形成的，尤其是1873年《普法战纪》的出版，使中国对德国的崛起产生了浓厚兴趣。李鸿章认为：德国发奋为雄，其军政修明，船械精利，实与英、俄各邦并峙，两国亦无传教与贩卖洋药等事，且"该国素敦友谊"，因此应及时联络"师彼长技以助我军谋"。②李鸿章还曾盛赞德国军事学院为发展德国作战技术发挥了巨大作用，为德国海陆军培养了一代代杰出军官和军事领袖。

鉴于晚清洋务派人士对德国军械制造和军事教育的青睐，从1876年起，清政府开始向德国派遣留学生。1876年，应聘来华任教的李励协三年合同期满准备回国，回国前他向李鸿章建议，淮军军营中的卞长胜、王德胜等七位军官可随他一起"往德国武学院加功学习，以期各尽所长"。李鸿章鉴于淮军、练军营制饷章大多遵循德制，认为若令赴德国武学院观摩练习，当更精进。如三年后学习有成，回国教练各营，转相传授，似于军事将才，可有裨助。③于是，经过积极的准备，1876年4月，卞长胜、王德胜、朱耀彩、杨德明、刘芳圃、查连标、袁春雨共七人随李励协一起由天津搭乘轮船赴德国。

这次军事留学生的派遣，在时间上紧随1875年的第四批留美幼童，且都是由洋务派组织的，但是性质却大不相同。留美幼童因为观念、行为的异化，日后被"中途召回"，但是留学德国，却承载了洋务派军事强国的梦想。

---

① 论子弟出洋肄业事[N]. 申报，1872-08-16.

② 徐健. 晚清官派留德学生研究[J]. 史学集刊，2010（1）：73.

③ 顾廷龙，戴逸. 李鸿章全集（第31册）[M]. 合肥：安徽教育出版社，2008：366-367.

七人赴德后，卞长胜、王德胜、朱耀彩三人因体质稍弱，被安排到波鸿厂学习杂艺，后卞长胜、朱耀彩被召回，杨德明、查连标、袁雨春、刘芳圃四人被安排到德国斯邦道军营学习，第一年先习练体操及枪械操作等法，以及学习德语；第二年学习军事及绘制地图、排演之法；第三年学习演练兼习文书。1879 年春，三年期满，本该回国，李鸿章又延长了他们的学习年限，要求他们"详考一哨调度各法，以窥步队之窍要"。于是，他们继续入伍，其余"昼则随操，晚则听讲，凡枪队理法皆能领悟。六七月间，又各备战马，随同炮队大操，以观搭配步队相济为用之妙"[①]。

对于首次留德陆军生，余文堂将其与同期的福州船政学堂海军留学生做了对此，认为"没有辜负原先的期望"，但不如后者成功。徐健认为成效并不显著，但"为以后清政府的留学政策提供了宝贵经验，也为中德两国的军事合作打通了道路"。吉辰认为此次留学没有达到预期目标。主要原因一是七人皆未贯彻进入军校的初衷，学习方式基本是从旁观摩，无法深入钻研，效果不理想；二是除杨德明病故，朱耀彩不知所终之外，王、卞、袁、查、刘五人都只是长期担任营官一级职位，只有王得胜迟至清末才升为实缺总兵，这也从侧面证明其所学不精。他还指出此次派遣对之后的留学生派遣还有不好的影响。[②]

1887 年，李鸿章在北洋武备学堂首届毕业生中挑选段祺瑞、商德全、吴鼎元、孔庆塘和藤毓藻 5 人赴德国学习炮兵新军作战之法。1890 年归国后，段祺瑞、商德全二人被袁世凯所用，成为北洋集团的核心人物。甲午海战之前，晚清陆军留学生仅此两届。总体来看，人数少，影响小，仅为开先河之举。

二、沈葆桢与船政生

鸦片战争以来，清政府对西方列强海上军事力量的感受与认识也在逐渐发生着变化，由起初主要重视"器"，即坚船利炮的购置与仿造，转向重视"人"，即"尤以人才为极要""用器者人"等方面。另外，无论是日吞琉球，还是法占越南，都使李鸿章深切意识到，列强的威胁来自海上。因此，他提出"海防论"，积极倡议建立近代化的海军。

洋务派人士在强化海防、建设海军的过程中，对海防人才的地位与作用有较为清醒的认识，认为需要通过选拔、培养、引进解决海防人才匮乏的问题。其中福建船政局船政大臣沈葆桢成为促成海军留学教育的代表人物。

1866 年，沈葆桢继左宗棠之后出任船政大臣，在福州船政局的基础上，附设了船政学堂。从沈葆桢在船政学堂任事的第一天起，他就提出"船政根本，在于学堂"，由此可见他对学堂的重视。左宗棠在奏呈《求是堂艺局章程》时曾明确指出：夫习造轮船，非为造轮船也，欲尽其制造、驾驶之术耳；非徒求一二人能制造、驾驶也，欲广其传，

---

① 高时良. 中国近代教育史资料汇编：洋务运动时期教育[G]. 上海：上海教育出版社，1992：925.

② 光绪二十九年，两江总督张之洞有意派学生"入德国高等武备学堂肄业"，故咨询驻德公使荫昌。而对方复称："派学生来德习武备，尚知德廷肯收留否。查五年前有华人来此习武，因品行不端，为人所恶，以后愿来学习者均未能行"。"念（廿）五年前有华人来此习武"，指的正是首次留德陆军生。

使中国才艺日进，制造、驾驶展转授受，传习无穷耳。[①]

  船政学堂初名"求是堂艺局"（图 1-3），分为前后学堂，因主要教学用语分为法语和英语，所以又称法文学堂和英文学堂。前学堂主要担负舰船的制造、设计和艺徒的训练工作。[②]后学堂主要致力于训练学生的英语、航海和工程学，学堂的学生分为航行理论、航行实践和管轮三个专业。[③]

图 1-3 俯瞰福建船政局

  1872 年，沈葆桢以加强海防之名正式奏请清廷派船政局的学生赴欧洲留学，但因条件不成熟而搁浅。1873 年，沈葆桢与陕甘总督左宗棠、福州将军文煜、闽浙总督李鹤年、福建巡抚王凯泰联合会奏朝廷，提出了分派留学生到英法两国学习军事的计划，朝廷批复"建议具奏"，即要求他写一个更详细的奏报。

  1874 年，沈葆桢在福建船政局工程师日意格的帮助下制订了新章程。章程规定：留学法国者，以 4~5 年为限，半日在学堂学习，半日在工厂实践，每年有两个月的时间赴各国船厂、铁厂游历，以增长见识；留学英国者，以两年为限，平时在学堂学习，每年亦抽两月时间赴兵船实地练习。[④]

  1875 年，趁日意格回法国之机，沈葆桢奏请派船政局学生刘步蟾、林泰曾、魏瀚、陈兆翱、陈季同赴英法参观学习获准。其中，刘步蟾、林泰曾赴英国学习驾驶，魏瀚、陈兆翱、陈季同赴法国学习制造。日意格此行除了要为福建船政局所造轮船购买原料、聘用技师，还要研究欧洲各国最新装甲舰的发展情况，提出对中国最为适合的方案。

  1875 年 5 月，日意格一行到达法国马赛港，学生分赴英法两国考察学习。魏瀚、陈兆翱两人于 1876 年进入造船公司，实地考察装甲舰制造技术。刘步蟾、林泰曾从这里赴英国考察学习，入戈斯波特海军学校。日意格为使二人能有乘坐英国军舰到大洋进行航

① 左宗棠. 左宗棠全集：奏稿三[M]. 刘泱泱, 校注. 岳麓书社, 2014：201.
② 陈元晖. 中国近代教育史资料汇编：洋务运动时期教育[G]. 上海：上海教育出版社, 2007：370.
③ 陈元晖. 中国近代教育史资料汇编：洋务运动时期教育[G]. 上海：上海教育出版社, 2007：373.
④ 陈学恂, 田正平. 中国近代教育史资料汇编：留学教育[G]. 上海：上海教育出版社, 2007：234-237.

海实习的机会,致函福州船政局:此次在洋学生刘步蟾、林泰曾二名,经监督安顿在英国高士堡学堂。二生英学颇精,于外国武备水师,俱经阅览。三四个月内,拟先遣回闽。缘该生等系水师人员,宜在船练习航海穿洋,方臻阅历。若久与船离,恐致旷荒。倘以为不必即归,则请咨商总理衙门照会英国驻京公使,准其入英国大战船一二年,续学驾驶。

南洋通商大臣沈葆桢和继任的船政大臣丁日昌均认为刘步蟾、林泰曾属可造之才,请求总理衙门照会英国公使办理此事,总理衙门虽表同意但事实上并未付诸实施。

对于这批留欧学生,法国人巴斯蒂在《清末留欧学生》中记录道:这五人是船政学堂中最优秀的学生,他们的知识,特别是数学方面表现出的才能,使与他们一起学习的外国士官生非常吃惊。[①]

与德国陆军留学生一样,此次派遣留学成为赴欧海军留学的重要开端。正如日意格所言:这批学生出洋很大程度上将带动更大的一个团体出洋学习。[②]

鉴于留学动议已有数年之久,1877年1月13日,李鸿章与沈葆桢会奏清廷,奏折开宗明义,"奏为选派华洋监督,率领闽厂学生出洋学习,以储人才而重海防",随后陈述历次围绕留学上奏的原因与未能成行的原因,并拟出详细留学计划。这次联合上奏很快便得到了朝廷的答复,总理衙门立即与英法两国协商。英、法两国先后做出答复,同意接收中国军事留学生。

1877年3月31日,在洋监督日意格、华监督李凤苞带领下,第一批海军留学生乘坐"济安"号轮船离马尾赴香港,他们连同前期留在法国的魏翰、陈兆翱和1878年增派到法国的五名艺徒,再加上随员马建忠,文案陈季同、翻译罗丰禄,共计38人。首届留欧学生在洋学习三年期满后,于1880年前后回国。

日意格在巴黎设立了留学总部,负责留学生的管理。依章程规定,制造学生和艺圃学生在法国留学,第一年学习法文,到船厂或轮机车间实习。驾驶学生在英国留学,第一年学习英文,并学习枪炮和鱼雷,接着进入格林尼治皇家海军学院学习。第二、三年除正规学习外,每年有60天的时间考察造船厂、海军舰艇、工厂、矿山和要塞,扩大对西方技术的了解。

首届留欧学生均是品学兼优的船政精英,已有外语和专业基础,兼具一定实践经验。留学目标明确,所定留学计划翔实周密,所用措施得当可行;华、洋监督分工明确,和衷协作,管理严格。因此,福建船政学堂第一届留欧学生取得了良好效果。然而,"整顿水师,研精船械,规模日扩,事事需才,犹觉不敷分布"为培养更多人才,李鸿章会同沈葆桢奏请续派学生赴欧留学,"奏明闽局出洋生徒应予蝉联就学,以储后起之秀,而备不竭之需"受经费与船政学堂生源限制,奏请派前学堂学生八名、后学堂学生两名分赴英法两国留学。[③]委许景澄、日意格为监督,吴德章(第一届留学生)为翻译,1882年1月抵达英、法两国。是为船政第二届留欧学生。这届学生率皆在洋三年,经历英法

① 陈学恂. 中国近代教育史教学参考资料(上册)[G]. 北京:人民教育出版社,1986:168-171.
② 陈元晖. 中国近代教育史资料汇编:洋务运动时期教育[G]. 上海:上海教育出版社,2007:1001.
③ 陈元晖. 中国近代教育史资料汇编:洋务运动时期教育[G]. 上海:上海教育出版社,2007:971.

德各国官学、各厂提督兵船、海口要隘，其习营造者，于测量算绘久暂、台堡守城防隘水底设防各项；习枪炮者，于枪炮军械熔炼钢料各项；习硝药者于药弹棉药、新药、爆药、造药锅炉各项；习制造者于水师制造轮机、船身各项；习鱼雷者于新式鱼雷尺寸制雷、修雷各项；习驾驶者于行兵布阵、风涛沙线驶船用炮各项，莫不详求博览，理法兼精。[①]

第二届学生留学专业化程度超过第一届，所学范围也超出造船与驾驶专业。营造、枪炮、硝药、制造、鱼雷、驾驶莫不各具专长，或为往届学生所未备习，实足以仰备国家因材使器。[②]

1885 年，中法战争结束后，海军建设急需人才。北洋大臣李鸿章、南洋大臣曾国荃和船政大臣裴荫森奏请续派学生出国留学，得到批准。第三届留学生，分别从北洋舰队和天津水师学堂选拔 10 人，从福州船政学堂选拔 24 人（包括前学堂学生 14 名，后学堂学生 10 名），由周懋琦、斯恭塞格分任华洋监督。

1886 年，从福州出发，经由香港分赴英法等国学习。此届留学生，驾驶专业学习年限不变，但要求强化船舰实践；制造专业学习年限则从三年延长至六年。所学范围也多越出船政局规定内容，如林藩、游学楷、高而谦、王寿昌、何鸿年、许寿仁等入法国学部律例大学学习，成绩均列上上等。船政大臣裴荫森评价此届留学生，"各该生等所学，莫不尽探奥妙，各具等长，较之前届学生，亦学业较邃，创获实多，当此倡练海军之时，得此有用之才，洵足仰备国家器使。"[②]相较于前两届，第三届留欧生对环境的适应能力更强，学业更加精深。

甲午战争失败后，总理衙门和船政大臣主张继续派遣留学生。1897 年 6 月 2 日，以首届出洋学生吴德章为监督，以学堂成绩优秀且聪颖好学的前学堂学生施恩孚、丁平澜等六人，加上自费留学的魏子京改为公费生，第四届留学生共计 7 人赴法留学。这一届学生由于法语不熟练，学习能力较弱，只有一名学生进入船舶工程学校，其他几名进入土木工程学校。一年后，入土木工程学校的学生因学力不足，转入圣路易公立中等学校预科补习。原定留学期限为六年，后因经费困难于 1900 年 11 月提前回国，留学效果大不如前。

三、同文馆派翻译生

1862 年，同文馆在北京开办，又称翻译学院或外语学院。其创设是为了培养、训练语言专家，以便摆脱对洋人翻译和半瓶子醋的只能说"洋泾浜"英语的广东通事的依赖。[③]此后，上海广州也开办了类似的广方言馆、广州同文馆。北京同文馆一直延续到1902 年并入京师大学堂。

北京同文馆开始之初，只有 1 名英国传教士、1 名法国传教士，1 位俄国翻译共 3

---

① 陈元晖. 中国近代教育史资料汇编：洋务运动时期教育[G]. 上海：上海教育出版社，2007：975.

② 陈元晖. 中国近代教育史资料汇编：洋务运动时期教育[G]. 上海：上海教育出版社，2007：979.

③ [美]徐中约. 中国近代史（1600—2000）：中国的奋斗[M]. 插图重校第 6 版. 朱庆葆，计秋枫，译. 北京：世界图书出版公司，2013：195.

位教师。1864 年，美国传教士兼教育家丁韪良作为英文教习加入同文馆。①1869 年丁韪良擢升为同文馆总教习，并从海关总税务司赫德那里获得了财政支持。于是在丁的指导下，同文馆添加了各类课程，前三年专攻语言，后五年则攻读各门科学和综合课程。1879年该馆注册的在读学生计 163 人，其中 38 人专攻英语，25 人攻法语，15 人攻俄语，10人攻德语，33 人攻算学，6 人攻天文，7 人攻格致，9 人攻万国公法，12 人攻化学，8人攻生理学。②但因学生年龄偏大，素质较低，且动机不纯，多为津贴而来，所以学习效果不理想。

除留美幼童和海军留欧生外，同文馆（包括京师同文馆和各地方言馆）也会安排学生出洋，但是这些学生的留学与驻外使节密不可分。随同郭嵩焘出使英法的翻译官德明（张德彝）、凤仪即是同文馆学生，曾纪泽任内的翻译官左秉隆、联兴、凤仪、联芳也均为同文馆学生。先后两度出任驻欧洲多国使节的许景澄，在 1884 年建议：明定新章，翻译官外常置学生二员，专由同文馆遴派，不得以他员充当，庶几赓续相资，驰驱日众，岁费有限，裨益弥多。③

薛福成 1889 年被任命为出使英法意比四国大臣时，随带三名翻译学生出同行，三人为王丰镐、胡惟德、郭家骥。王丰镐是京师同文馆学生，出洋前为四品衔候选直隶州知州；胡惟德就读于上海广方言馆；郭家骥也是京师同文馆学生，出洋前为六品衔候选县丞。④

1890 年，薛福成一行抵达英国。翻译学生不仅有协助使节处理外交事务的任务，同时还有学习的任务。王丰镐入英国格林尼治大学（Greenwich）就读，后被补为使馆正式随员。1895 年大学毕业后回国。胡惟德一直在使馆工作，不久也升为正式随员，三年期满后任驻美使馆参赞。可以看出，随使节出洋的同文馆学生，有实习历练和留学的双重任务。③虽然使节出洋通常都带有学生，但对于是否必须带有以及具体人数并没有正式规定。

1890 年 4 月总理衙门奏准：出使英、法、德、美、俄国大臣每届酌带同文馆学生二名，帮助使馆办理文牍。⑤甲午战前驻外使节随带同文馆学生出洋留学，因为没有明确的留学规定，所以还处于不成熟的摸索阶段，要到甲午战争以后才有比较正式的规定出台。

1896 年 2 月，总理衙门再次奏准派同文馆学生分赴英、法、德、俄四国肄业，各国均为四名，分别学习语言文字算法，以三年为期，责成出使大臣严为稽核，往来资装肄业之费，由各该出使大臣，在出使经费内划给，即在使馆寄寓，以节旅费。⑥

同时，还拟定了章程，对同文馆学生出洋留学的年限、费用、奖励等制度作了初步

---

① [美]徐中约. 中国近代史（1600—2000）：中国的奋斗[M]. 插图重校第 6 版. 朱庆葆，计秋枫，译. 北京：世界图书出版公司，2013：195-196.

② [美]徐中约. 中国近代史（1600—2000）：中国的奋斗[M]. 插图重校第 6 版. 朱庆葆，计秋枫，译. 北京：世界图书出版公司，2013：196.

③ 祖金玉. 走向世界的宝贵创获：驻外使节与晚清社会变革研究[M]. 天津：南开大学出版社，2012：129.

④ 郝平. 北京大学创办史实考源[M]. 北京：北京大学出版社，1998：82.

⑤ 孙子和. 清代同文馆之研究[M]. 台北：嘉新水泥公司文化基金会，1977：242.

⑥ 孙子和. 清代同文馆之研究[M]. 台北：嘉新水泥公司文化基金会，1977：241.

规定，主要内容是。

（1）每名学生每月给薪水 50 两白银，到学堂后，按成绩由洋教习评定功课等级，由出使大臣递等加增，每等不超过十两。

（2）每名学生由北京起程时，发给整装银 150 两。

（3）各学堂费用不同，应由各驻外公使查明后发给。

（4）学生由天津出洋，由驻外使节代购二等舱位票，船费由总税务司专案报销。

（5）学生三年留学期满回华时，由驻外使节代购二等舱位票，船费由驻外使节发给，附案报销。

（6）各学生到留学国家后，寓居于使馆之中，除饭食零用应由日支薪水自备外，其余一切洋书洋纸笔墨等费，均有驻外使节支给。[①]

根据这个章程，驻外使节承担着照料同文馆留学生的主要责任，学生薪水的发放、往返船票的购买、日常学习的开销，均由驻外使节负责办理。这一章程的制定，标志着同文馆留学生的派遣已经制度化规范化了。按照这一章程留学的同文馆学生属于真正意义的留学生（表1-1）。

表1-1　京师同文馆第一届留欧学生名单[①]

姓名	籍贯	入馆时间	出国年龄	留学科目及学校	离校时间及原因	留学国家
陈贻范	江苏吴县	光绪十六年（沪）	26	法律（林肯法学院）	光绪二十五年毕业	英国
朱敬彝	—	光绪十六年（沪）	—	铁路		英国
王汝淮	汉军镶黄	光绪十六年（粤）	25	矿务	光绪二十七年丁忧回华	英国
丁永焜	—	光绪十六年（粤）	—		光绪二十五年在英病故	英国
世敏	—	光绪十一年以前	—		光绪二十四年在法自戕	法国
伊里布	—	光绪十一年以前	—		光绪二十四年在法戕人自戕	法国
双莆	满洲镶白	光绪十一年以前	—		—	法国
汇谦	汉军	光绪元年	35		光绪二十五年改就使馆翻译	法国
桂芳	汉军镶蓝	光绪七年	31		光绪二十五年改就使馆翻译	俄国
邵恒濬	山东交登	光绪十二年	26		光绪二十四年调回	俄国
陈嘉驹	四川金堂	光绪十二年	26		—	俄国
李鸿谟	山东牟平	光绪十七年以前	—		—	俄国
杨晟	汉军正红	光绪十六年（粤）	28	法律（柏林大学）	光绪二十六年毕业	德国
金大敏	江苏宝山	光绪二十一年	21	矿务（矿物大学）	光绪三十二年毕业	德国
治格	蒙古正白	光绪十七年以前	28		—	德国
黄允中	—	光绪十七年以前	—		—	德国

根据上述章程，1896 年 5 月，总理衙门派遣出第一届正式的同文馆留学生，并规定：如或不堪造就，由出使大臣随时咨回，如三年学有明效，出使大臣出具考语，

---

① 陈元晖. 中国近代教育史资料汇编：洋务运动时期教育[G]. 上海：上海教育出版社，2007：179-180.

送京考试请奖。

第一批同文馆派出的学生没有规定科目，也没有规定学习年限，由出使大臣根据情况派入各校学习，学习科目既有语言，也有制造、铁路等。1899 年，总理衙门派出第二届也是最后一届同文馆留学生，所派学生学习期限为六年，学习专业多为实业科，每三年考核优秀，奖励一次，并量才录用，为外交事务服务。

第三节　甲午战败向东洋

中国官派留学生从欧美转向日本，是甲午战争之后的事。"唤起吾国四千年之大梦，实自甲午一役"。中国留学生赴欧美是为了学习制造和驾驭"坚船利炮"的技术，但是甲午战争的惨败，北洋舰队几乎全军覆没的事实，也证明了这种流于技术层面的学习是有缺陷的。同样是向西方派遣留学生的日本，却迅速强大起来。士大夫们一致认为：中国欲强大，必须效仿日本做法。

从 1896 年清政府开始向日本大量派遣留学生，到 1911 年辛亥革命爆发之前，留学日本的活动可以大致分为两个阶段：第一阶段从 1896 年到 1899 年，是留日的启动阶段；第二阶段从 1900 到 1906 年，赴日留学人数超过万人，逐渐达到高潮。随着辛亥革命的爆发，留学人数开始下降，但仍然保持三千人的规模。

留日活动有两个明显的特征：一是人数众多。到 20 世纪初，中国赴日的留学人数超过万人，形成了近代中国留学史上的奇观。二是留日活动与政治运动联系紧密。留日学生开展了轰轰烈烈的反清革命运动，推动了近代中国走向民主的进程。

一、留日教育之肇始

1896 年，裕庚任驻日公使期间，因外交工作需要在上海、苏州等地招募 13 名中国学生到日本学习。实藤惠秀在《中国人留学日本史》的开头写道：1896 年旧历三月底，清朝首次派遣的唐宝锷等 13 名学生抵达日本，他们是通过总理衙门选拔考试而留学日本的。[①]

东京高等师范学校为他们设立了特别班并请专人教授，由本田曾次郎负责管理，还专门租赁房屋作为校舍和教室。其间有 4 名学生由于难以忍受饮食习惯的差异和日本人的歧视而离开，到 1899 年留下来并取得毕业文凭的只有 7 人。关于这 13 名学生是否是第一批官费留日生，学界是有争议的。[②]

清政府在甲午战争之后于 1898 年开始了戊戌维新运动，运动的主要发起人康有为就大力提倡留学日本，认为日本早年派遣留学生出国是其变法成功的重要原因。另外，西方典章文集已经由日本翻译、刊印，选译日本之书学习西方，"其成事至少，其费日无多"。

---

① [日]实藤惠秀. 中国人留学日本史（修订译本）[M]. 谭汝谦，林启严，译. 北京：北京大学出版社，2012：1.

② 舒新城认为"政府派遣学生去日本留学始于光绪二十二年"，根据这个记载，这 13 人当属第一批官费留学生。实藤惠秀也持相同的观点。但黄福庆认为，当时清政府并没有固定留学政策，此举只是半官方的"使馆学生"，只能视为中国最早之留日学生。

故此学习西方可以从学习日本开始。他在 1898 年 6 月的《请广译日本书派游学折》中指出：日本昔亦闭关也，而早变法，早派游学，以学诸欧之政治工艺文学知识，早译其书，而善其治，是以今日之强而胜我也。吾今自救之图，岂有异术哉？亦亟变法，亟派游学。[1]

盛宣怀在《筹集商捐开办南洋公学折》中指出：上院学生卒业后，则其优异者咨送出洋，照日本海外留学生之例，就学于各国大学堂以广才识而资大用。[2]张之洞在《劝学篇》中也极力提倡留学教育，他认为：出洋一年，胜于读西书五年，此赵营平百闻不如一见之说也。入外国学堂一年，胜于中国学堂三年，此孟子置之庄岳之说也。[3]可以说，派学生赴日留学几乎成为当时清政府朝野上下的一致看法。

与此同时，日本政府出于为实现日本在中国的长远利益之考虑，也积极推进中国学生赴日留学。当时的日本军政人员游说清政府，拜访国内权臣，推进留学生的派遣。驻清公使矢野文雄在《清国留学生招聘策》中提出：受我感化之人才播布于其古老帝国之中，实为将来在东亚大陆树立我之势力之良策。[4]他还代表日本政府致书清政府，表示若中国派学生赴日留学，日本将积极予以配合并承担 200 名留学生的费用。1898 年 8 月2 日，光绪皇帝谕令清廷各部派遣学生赴日留学，此后留学日本成为一项政策被确定并延续下来。

从 1896 年 13 名中国学生到日本留学，至 1899 年留日学生增加到 207 人，构成中国留学日本的第一阶段。第一批 13 名留日学生中仅有 7 人完成学业。其中唐宝锷从东京高等师范学校毕业后入东京专门学校，1905 年从早稻田大学政治经济学部毕业后回国。戢翼翚从东京高师毕业后入东京专门学校，毕业后在日本从事编译等工作，1908 年返回。朱忠光、吕烈辉、吕烈煌、冯阁谟、胡宗瀛五人从东京高师毕业即回国，服务于对外交涉、学校、翻译等部门。

1899 年，由清政府拨付经费，总理衙门从京师同文馆、两广、湖北、闽浙等学堂选择粗通日文的学生派遣留学日本。据《日华学堂沿革》[5]记载，该学堂成立于 1898 年 6 月，专为从速教成清国学生。截至 1899 年 4 月，共有学生 26 人，分别来自浙江求是书院、南洋公学、天津头等学堂等以及自费生若干。[6]由于戊戌政变的发生，导致留日学生并非都以留学作为主要目的，参与政治乃至军事活动也成为留学的重要内容。

二、赴日高潮之兴起

20 世纪初的中国，内有底层民众的革命运动，外临西方列强的军事蹂躏，国家的出路、民族的希望成为中国知识分子阶层首要考虑的问题。毗邻印度、土耳其等国家的衰亡与日本的迅速崛起形成显著对照。日本，曾经是拜中国人为师的"蕞尔小国"，却只

---

① 汤志钧. 康有为政论集[G]. 北京：中华书局，1981：302.

② 舒新城. 中国近代教育史资料（上册）[G]. 北京：人民教育出版社，1962：155.

③ 陈青之. 中国教育史[M]. 上海：上海书店出版社，2013：497.

④ 庄建平. 近代史资料文库（第 9 卷）[M]. 上海：上海书店出版社，2009：83.

⑤ 日华学堂是日本政府专为中国留日学生开设的留学预备学校，专为中国学生补习语言文字及各种学科。

⑥ 舒新城. 近代中国留学史[M]. 上海：上海世纪出版集团，2011：18.

用了三十年即实现由弱到强的转变，而中国却在半个多世纪里愈变愈弱，成为列强瓜分的对象。因此，到日本留学，一探日本由弱变强的究竟，就成了当时许多中国学子的选择。

中国留学生人数逐渐增加，1899 年增至二百人，1902 年达四五百人，1903 年有一千人；到了 1906 年，有谓竟达一两万人之多。据笔者研究的结果，1906 年留日学生实数约为八千人左右；即使如此，一个国家一下子送出八千留学生，而另一个国家一下子接受八千留学生，这种情况，历史上都不多见[①]

可以说，中国成为当时世界上派出留学生最多的国家。在大批留学的队伍中，不仅有青年学子，而且有老人、少年和妇女，甚至出现夫妻、兄妹乃至全家、家族留学的状况。留日大潮究其原因颇为复杂的，大体与以下因素有关。

首先，从政府层面来看，一方面是清廷统治政策的调整，另一方面日本政府制定了吸引中国留学生的优惠措施，积极配合清政府的留日政策。清政府从 1901 年开始"新政"，即在维护王权统治的前提下，制定出有利于资本主义发展的政治、经济、文化和教育的新政策。因为新政需要新式人才来实施，而新式人才主要靠外国来培养，所以留学就成为新政推行的重要举措之一。1903 年，清政府批准了张之洞所拟《鼓励游学毕业生章程》，使奖励留学生的做法具体化：对于毕业于日本普通中学堂、高等学堂、大学堂、国家大学院且成绩优异者，分别给以拔贡、举人、进士、翰林等不同功名。另外，游学生根据其原有出身，视其所学程度，给以官职。

1905 年科举制度废除之后，留洋归来可以获得科举功名，对于中国文人士子的诱惑力是巨大的，同时也更新了士人的价值取向和传统观念。比如秋瑾与兄长秋誉章的书信中提及，"吾哥虽云赴东三省图保举，但今日世界谋事，非知洋务不可；若能出洋留学数年，谋事较易"，"如能明年赴东，方不虚掷青年也"。

甲午海战之后，日本不仅从中国获得了特权和巨额赔款，而且还收获了优越感。日本为抵制俄国扩张，依靠英美，拉拢中国。大量吸引中国学生赴日留学亦是手段之一，这种做法既可缓解甲午战争带来的敌对情绪，亦可为未来与俄国周旋创造条件。于是，日本国内兴起了"中国热"，中日文化交流日渐频繁。日本军政大员频繁到访，游说清廷新政大员派学生赴日留学；日本教育界人士积极为中国学生赴日留学创造条件，专为中国留学生设立的宏（弘）文学校（学院）扩大规模，设立五所分校，便于中国学生赴日留学。此后，一批专门接纳中国留学生的学校得以创办，另有一些学校设立速成科，以满足清廷的速成留学教育。也有学者认为这是日本为感恩图报中国在过去对日本的恩惠而教育留学生。[②]1902 年创立的弘文学院到 1909 年关闭时，入学者共达 7192 人，毕业生是 3810 人，这是日本留学史上最大的预备、短期留学生学校。[③]

其次，与欧美相比，日本路近费省，地缘优势成为 20 世纪初中国学生留日的重要原因。当时留日学生约两万余人，以其地去中国近，文字易通，以同为亚洲民族，而倒

① [日]实藤惠秀. 中国人留学日本史（修订译本）[M]. 谭汝谦，林启严，译. 北京：北京大学出版社，2012：1.

② [日]实藤惠秀. 中国人留学日本史[M]. 谭汝谦，林启彦，译. 北京：三联书店，1983：176.

③ 严安生. 灵台无计逃神矢：近代中国人留日精神史[M]. 陈言，译. 北京：三联书店，2018：285.

幕府后维新变法，遂臻富强，则多慕之。中国舆论既善日本，而又有地理文字之关系，于是求学者多趋于日本。是时日本以其外交手段，亦颇善视中国留学生，留学界乃为空前绝后之盛况，于是求学者多趋日本。①

最后，获取新知、救亡图存，是留日高潮出现的根本原因。鸦片战争以来，被迫打开国门的中国，长期处于被压迫、被奴役的地位，鲜有变化与进步。洋务学堂虽以培养新式人才为名，却难以名副其实。陈天华指出：中国的人有本领有知识的有几个？而欧美各国以及日本的极下等人，其学问胜过我翰林进士。今后一定要送子弟讲求切实的学问。②1902 年以优异成绩从南京陆师学堂附属路矿学堂毕业的鲁迅，对自己所受新式教育充满疑虑：一别毕业，却又有些爽然若失。爬了几次桅，不消说不配做半个水兵；听了几年讲，下了几回矿洞，就能掘出金、银、铜、铁、锡来么？实在连自己也茫无把握。……所余的还只有一条路：到外国去。③

1902 年 3 月 24 日，鲁迅从南京出发，乘"大贞丸"号轮船前往日本留学，4 月 4 日抵达横滨港，后进入"为清国留学生教授日语及普通教育，以期培养成材"的东京宏文学院学习。

"成才，去国外"并非是鲁迅一人的选择，成家立业的吴玉章回忆：总觉得中国应该学习日本，走明治维新那样的道路。1903 年，我们一行 9 人，好像唐僧取经一样，怀着圣洁而严肃的心情，静悄悄地离开故乡，挂帆而去。④甚至一向被教育忽视的妇女也到日本去寻求救国之道。秋瑾赴日留学目的是为了寻找真理，"每闻鼓鼙声，心思辄震怒。其奈势力孤，群才不为助。因之泛东海，冀得壮士辅"；原因是"愧我年二七，于世尚无补。空负时局忧，无策驱胡虏"；于是，身着男装，"漫云女子不英雄，万里乘风独向东"。

基于以上原因，大批中国人开始赴日游历或留学。他们之中有官派的，有自费的；有中央部门派遣的，有地方大吏派送的，还有府州县派出的。人员从八旗子弟到身负功名的京师大学堂士子，乃至正在进士馆学习的准进士，不仅派出面宽，而且派出者的学阶也越来越高，留日高潮开始兴起。

三、民国两次留日潮

尽管当时日本是中国的敌国，当时有人以"日人我之仇雠，不当使之借箸"为理由反对效法日本，但更为流行的观念则是与其远效西人，不若近法日本。⑤虽然留日相比留学欧美从时间上要晚二三十年，但是留日活动从一开始就如海浪般波涛汹涌。

甲午战争之后，前往日本的留学生占到了留学人数的最大部分，但他们的目的并非学习日本，而是假借日本对西方的译介，从而间接学习西方。康有曾形象的比喻："吾

① 胡汉民. 胡汉民自述（1879-1936）[M]. 北京：人民日报出版社，2013：13-14.
② 刘晴波，彭国兴. 陈天华集[M]. 长沙：湖南人民出版社，2011：18.
③ 复旦大学，上海师范学院，上海师范大学. 鲁迅年谱（上册）[M]. 合肥：安徽人民出版社，1979：43.
④ 陈世松. 天下四川人[M]. 成都：四川人民出版社，2008：207.
⑤ [美]史黛西·比勒. 中国留美学生史[M]. 张艳，译. 北京：三联书店，2010：2-3.

以泰西为牛，日本为农夫，而吾坐而食之。"①

民国成立，政局稍稍稳定之后，政府就以"稽勋"名义派出留学生，其中许多革命人士的子弟很多被派到了日本。袁世凯复辟以后，国民党人遭到当局迫害，又有大批国民党人和留学生追随孙中山，集聚东京。

当时著名的描写留日学生众生相的小说《留东外史》中提及："原来我国之人，现居日本者有一万余人。"②之后，作者在《留东外史补》中记载，五年前（1914 年）的留学生，公费私费核算起来，人数将近两万，比最初的数目增加一倍。虽然这是通俗小说，不能视为真实史料，但是足以反映 1914 年留日学生之多。《中华留学生教育小史》记录：1913 年至 1914 年间，留学生人数颇多，最少也有五六千人，仅次于日俄战争前后的最盛时期。③

整体而言，民国留日学生在人数上也远远超过了欧美留学生群体，涉及不同阶层，来源复杂，也抱有不同的动机。而民国时期的日本，是近邻却并非友邦，受日本政府侵华政策的影响，留日学生忽而汹涌赴日，忽而慷慨回国，导致留日活动起起伏伏、波折不断。

从 1928 年日本出兵济南枪杀军民到 1931 年爆发"九一八"事变，日本的侵华意图逐渐暴露。留日学生更是义愤填膺，集体退学回到国内。从 1931 年 9 月 19 日开始，日本留学生都不返校上课，并组织集会，商议对策，并购买归国船票陆续回国。新成立不久的成城学校留学生部，到了（1931 年）10 月，课室和宿舍都空无一人。曾平静一时而专心学业的留日学生，又再因上海的战火，相率群聚于留学生监督处，请求发给归国旅费。监督处得教育部的指令，以预备金中的 19000 日元充当归国旅费，支付 660 名学生每人 20～24 日元。④但是当上海战火平息以后，他们又零星地重回日本，就读原来的学校，但须留级。东亚高等预备学校在 1932 年 4 月时，中国学生不过 7 人，5 月有 13 人，6 月有 19 人，9 月增至 27 人。成城学校留学生部，事变以来不能上课，到了 9 月才复校授课。④1933 年，留日学生日渐增多。1934 年，人数节节上升，仅仅 9～10 月间，初次赴日者就多达七八百名。1935 年秋，增势惊人，初来者，估计亦有三千人之谱。

1935 年 9 月，《留东新闻》第五期刊登的《留日学生突增二千人》一文说：故据本报之推测，本月底新旧留日学生当必在六千与六千五百之间。预料本年之内，中日之间，若无其他变化，又欧洲不致发生大战的话，接踵东来着，恐不难达一万之数。④虽然事实并非想象中的那么踊跃，但是 1936～1937 年，通常都有五六千留日学生。这是继 1905～1906 年、1913～1914 年之后的第三次留日高潮。

在战争一触即发的情况下，留日学生理应持续减少，但是仅在战后的二三年后第三次留日学潮就到来了。如此恶劣的留学环境，为什么还有如此多的学生来日留学呢？

第一，"九一八"事变以后，各方对日本的关注提高了很多，其他亚洲国家及远在

① 康有为. 康有为全集（第 3 册）[M]. 上海：上海古籍出版社，1992：585.
② 平江不肖生. 留东外史（上）[M]. 长沙：岳麓书社，1988：1.
③ [日]实藤惠秀. 中国人留学日本史[M]. 谭汝谦，林启彦，译. 北京：三联书店，1983：88.
④ [日]实藤惠秀. 中国人留学日本史[M]. 谭汝谦，林启彦，译. 北京：三联书店，1983：103.

西洋的国家均有学生留学日本，中国也掀起了研究日本的热潮。同时，许多留学者相信为了"抗日救国"，需要深入了解日本，学习日语的呼声也响遍全国。

第二，《国外留学规程》公布以后，赴欧美留学很难，不少学生转向日本。又因中日货币汇率的变化，留日的费用大大降低。1934 年 11 月 5 日《申报》刊登《留日学生激增——汇率低落最大原因》一文中指出：留学人数的增多"唯最大之理由，实为汇兑之关系"。

实藤惠秀在其所著的《中国人留学日本史》中指出：中华民国负笈东渡留学之学生数目，自"九一八"事变以来，原已渐见锐减。唯去年秋季，陆续东渡者，则颇不乏人。至今春以来，其人数忽倍增。尤以九十月间，中国与东北地区之留日学生一举而增加千人，实为近年来之新纪录。将来尚有激增之势。但究其东渡留学之理由，盖前因九一八事变之关系一时未便东渡，而近顷则中日感情已渐趋和缓之故。

唯最大之理由，实为汇兑之关系。二三年前，日一百元须以中国国币二至三百元方能兑换，最近则可以七十至八十元兑日币百元。其差甚远，故在上海攻读，反不如东渡留学为合算，盖较之二三年前，消费力仅为原来的三分之一。

中国货币对日本汇价的大幅上扬，使得在中国国内读书还不如在日本留学来的便宜。其他原因还包括逃离国内的失业危机，不满于国民党政府的文化限制到日本寻求新知等。此外，1932 年日本在东北成立了伪满洲国，派遣了大批学生到日本留学。

另外，在汇率对中国有利的同时，当时日本一些高校还不收学费。孙希伟在《我在日本留学的四年》一文中回忆到：每月补助 40 元，去了吃住尚余 32.5 元，学校不收学费。在校的日本同学也是不收学费的。但每月还要花掉些学杂费、穿戴费以及学习用品费等，这些每月 15 元足够，剩下的就是零花了。所余零钱买了一张桌子，一把椅子，一个桌上用的小型书架，这就是在日本四年间所形影不离的全部家当。其余每月的剩余，用到电影费、车费，有时买点书和水果等。看电影不仅了为活跃文化生活，更主要的是为了学习日语。[①]

由于人数突增，导致留学生的校舍与设备都缺乏，东亚学校曾一度停止办理入学申请。为了应对众多留学生，东亚学校和成城学校都开设夜班授课。由于原有的学校不足以让学生接受教育，原来类似私塾和补习班的学校应运而生。这类学校除了日本人开办的，也有中国人开办的，后者较前者更受中国留学生欢迎。

1937 年"七七"事变以后，中国驻日大使馆和留日学生监督处关闭，日本国内的中国留学生集体退学，回国抗日，且之后也没有再回到日本留学。尽管此后伪满洲国和汪伪政权继续向日本派遣留学生，使得留日教育延续。但是他们的派遣目的是为了培养亲日奴化人才，服务于殖民统治，且学生规模很小。因此，总体上，中国近代以来的留日活动接近了尾声。

---

① 政协吉林省扶余县委员会文史资料研究委员会办公室. 扶余文史资料：第 8 辑（伪满专辑）[M]. 扶余：政协扶余市委员会文史委员会，1988：4.

第四节　庚款留学清华创

一、庚款开启留美潮

八国联军侵华战争之后，1901 年清政府被迫与 11 国代表签订了《辛丑条约》，赔付交战各国战争赔款共计白银 4.5 亿两，分 39 年还清，本息总计 9.8 亿两，史称"庚子赔款"。1904 年 12 月，中国驻美公使梁诚与美国国务卿海约翰进行上述赔款交涉时，间接了解到美国获得的赔款过多，从而"乘其一隙之明，籍归己失之利"，向美国政府提出退还赔款要求。1906 年 3 月，在中国传教 20 多年的明恩溥在拜谒罗斯福总统时，建议退还中国的部分赔款，用于开办和补贴在中国的学校。与此同时，12 岁就留学美国、与美国政界要人建立了良好关系的时任中国驻美公使梁诚也代表中国政府积极斡旋。

1907 年，西奥多·罗斯福总统在国会咨文中提出"退还"庚款的议案。1908 年 5 月 25 日，美国国会通过了"退还"庚款的议案。罗斯福总统宣称：我国宜实力援助中国厉行教育，使此繁众之国能渐融于近世文化之林。清总理大臣庆亲王听闻消息，对美国的做法表示答谢：体会新近贵国总统希望鼓励我国学生赴美入学校及求高深学问之诚意，并有鉴于以往贵国教育对于我国教育之成效，大清帝国政府谨诚恳表示此后当按年派送学生到贵国承受教育。[①]

1908 年 12 月，罗斯福总统根据总的退款数颁布了关于退款的实施法令。实际退还分两次，1908 年退还赔款 1160 万美元，主要用于留美学生深造、兴办清华学堂、设立留美学生监督处等。1924 年第 2 次退还赔款 1254.5 万美元，并于当年 9 月成立了"中华教育文化基金会"。

基金董事会由中方颜惠庆、张伯苓、郭秉文、蒋梦麟、范源廉、黄炎培、顾维钧、周怡春、施肇基、丁文江 10 人，美方孟禄、杜威、贝克、贝诺德、顾林 5 人，共计 15 人组成。董事会其中一项主要工作是代管清华学校基金，其余为自办教育事业、合作教育事业、补助教育事业。

美国主动退款的用意在于扩大在华影响力。遥想 19 世纪末，在帝国主义列强瓜分中国的狂潮中，美国姗姗来迟，于是它提出了门户开放政策，以实现利益均沾，并开始在中国进行文化渗透、精神侵略。美国在中国办了许多教会学校。上海圣约翰校长卜舫济就指出教育不仅仅是"实现目的之手段，其本身就是目的"。虽然 1877 年至 1900 年间，美国曾在中国办了许多教会学校。但是，教会学校从未得到官僚阶级的多少支持，毕业生也极少可能找到官方任用的机会。而通过"退款办学"取得中国官方"自办"的形式，则更为有利。所谓"退款办学"就这样提出来了。[②]

又如伊利诺依大学校长詹姆士在 1906 年写给罗斯福总统的备忘录中提到的：中国正临近一次革命，哪个国家能够教育这一代中国青年人，哪个国家就能因为在精神和商

---

① [美]史黛西·比勒. 中国留美学生史[M]. 张艳, 译. 北京：三联书店, 2010：105.

② 清华大学校史编写组. 清华大学校史稿[M]. 北京：中华书局, 1981：2-3.

业上的影响取回最大的收获。他对中国留学日本和欧洲表示十分着急，认为：这就意味着，当这些中国人从欧洲回去以后，将要使中国效法欧洲，效法英国、法国和德国，他们将推荐英国、法国和德国的教师到中国去担任负责的地位，英国、法国和德国的商品要被买去，各种工业上的特权将给予欧洲。[①]他指出控制中国的发展"最圆满和巧妙的方式"是从知识上与精神上支配中国的领袖。虽然美国政府在退还庚款的过程中强调此举是为了"敦睦中美邦交"，但其真实目的是为了从精神上、文化上控制中国的未来发展。

暂不论美国主动退款动机之外，其举动至少造成了两个结果：第一，利用美国的高等教育资源为中国培养现代化建设所需的人才客观效果明显；第二，带动了其他国家退款，正如梁诚所设想的：贵国如能倡首，义声所播，兴起闻风矣。在美国实施庚子退款之后，英国、法国、意大利、俄国、荷兰、比利时也紧随其后，相继向中国退款。

为了实施庚款留美计划，清政府令学部与外务部共同负责制定留学美国办法，但是双方对派出学生的年龄和专业等方面存有较大的分歧。第一个问题是学部坚持招收 30 岁以上的学生，强调打好中国传统教育的根基，以贯彻"中体西用"的原则，防止彻底的"洋化"。而外务部官员多有留学经历，其主事唐国安为第二批留美幼童，主张招收 16 岁以下的幼童，像自己一样从小送到美国学习，否则对西方学术绝无专精之望。第二个问题是，留学生对学习课程的选择，究竟应主要学习法律与政治还是科学与技术。

鉴于留日学生蜂拥学习政治科学，回国后，除了想在政府里谋个一官半职外，别无雄图；显然，留美学生所学专业，应使他们学成后能够参加国家的经济和物质的重新建设。只应有一小部分人学习哲学、文学等人文科学。[②]

最终出台的《派遣留美学生办法大纲》是双方妥协的结果。大纲规定：在华盛顿设立"游美学生监督处"，作为中国留学生管理机构，负责学生留学期间的具体事宜；在北京设立"游美学务处"，负责学生选拔、派遣事宜。所选学生以 80%学习农、工、商、矿等实业科，20%学习法政、理财、师范等科。依各省在庚子赔款中所担份额按比例分摊学生名额。同时，在"游美学务处"附设肄业馆一所，即留美预备学堂，旨在为选中的学生做好出国前的知识准备，学习时间为 4 年。鉴于肄业馆尚未有毕业生，于是先从各省学堂考选几批学生，以供派遣之需。

二、清华学堂担使命

1909 年，美国庚款退还计划正式实施。同年 6 月，清政府在北京设立游美学务处，同时筹设游美肄业馆，负责选派学生。8 月，游美学务处招考第一批留美学生，报考者 630 人，录取 47 人（图 1-4）。9 月 28 日，外务部上奏《外务部为兴筑游美肄业馆奏稿》，奏请以清华园四百余亩[③]土地作为游美肄业馆的馆址，认为其于卫生最为合宜"，交通便利"与京张铁道路线距离仅有半里"，未来可以"建筑讲堂，操场、办事室、图书馆、

---

① 清华大学校史编写组. 清华大学校史稿[M]. 北京：中华书局，1981：3.
② 颜惠庆. 颜惠庆自传：一位民国元老的历史记忆[M]. 吴建雍，等译. 北京：商务印书馆，2003：73.
③ 1 亩≈666.6666667m².

教习寓庐、学生斋舍庶。①获批准后，游美学务处先对清华园的围墙和原有建筑群进行了整修，又将新建工程承包给奥地利建筑商斐士所经营的顺泰洋行。

图1-4　1909年第一批庚款留美学生合照

1910年6月，游美学务处考派第二批学生，报考者四百余人，收录70人。起初，游美肄业馆是作为学生赴美之前的预备学堂，后肄业馆决定扩大招生规模至500人，延长学制，分设初等、高等两科各四个年级。在高等科实行分科教学，参照美国大学的课程安排，毕业的学生将来可直接插班到美国大学学习，或直接读研究生。可见，游美肄业馆的教学目标是通过八年的学习，学生可达到大学预科的水平，并在某些学科上学有所长。随着办学目标的提高和学生规模的扩大，游美学务处向外务部和学部呈文，因"命名之初取义尚狭"申请将肄业馆更名。1911年2月，游美学务处和肄业馆迁入清华园。1911年3月，由于馆址系清华园旧址，因此沿用旧称呼定名清华留美预科学堂，简称清华学堂，专门培养留美预备学生。

1911年4月，清华学堂正式开课。根据其招考简章可知，报考学生年龄要求在15岁到18岁之间，录取名额为100名。考试科目有13门，从国文到英文，从历史到地理，从代数到几何，从物理到化学都在考试之列。另外还规定，除了国文、地理、本国历史三科以外，其余都需要英语作答。②是年5月，考选第三批共计63名学生赴美。

辛亥革命爆发以后，学堂被迫宣布停课。民国肇建，百废待兴，清华学堂也于1912年5月1日宣布重新开学。1912年，遵照民国政府教育部令，清华学堂改名为清华学校。1913年起，清华学校开始酝酿"逐年扩充至大学程度"的规划。时任校长周诒春在课程、师资、设备、校舍等方面进行了积极的筹划，在其任期内，清华早期"四大建筑"图书馆、体育馆、科学馆、大礼堂相继建成。但在1918年他却因"大兴土木"而为恶人驱逐，被迫离职。

---

① 清华大学校史研究室. 清华大学史料选编（第1卷）：清华学校时期（1911—1928）[G]. 北京：清华大学出版社，1991：3-4.

② 清华大学校史研究室. 清华大学史料选编（第1卷）：清华学校时期（1911—1928）[G]. 北京：清华大学出版社，1991：136-137.

1925 年 5 月，清华学校正式成立大学部并开始招生。大学部的办学方向定位为"以在国内造就今日需用之人才为目的"，设立了涵盖文理科的 11 个学系。由此，清华逐渐摆脱单纯了为学生出洋游学预备的办学目的，迈出了自主办学、学术自立、建立完备课程、独立培养高级专门人才的一步。

从 1911 年到 1928 年，清华派出了 931 名毕业生去美国留学。到 1930 年，在 5200 名从美国回国的学生中共有 1784 名得到了庚子赔款的资助。如果算上 1909～1911 年获得资助的学生 180 人，女学生 54 人，赴美读研的 57 人，以及在人文社会科学学院学习的 62 人和在美国期间接受过部分奖学金的 500 人，获得庚子赔款的人数还要翻番。[①]

一战以后，美国物价上扬导致清华留美费用骤增，战前较为充裕的办学经费此时变得紧张，学校只好逐渐减少了留学名额。此时，中国社会呼吁学术独立和教育自立，对清华的留美政策也颇多指责。在经济和社会的双重压力之下，1928 年 8 月，南京国民政府接管清华，并定名为国立清华大学，归教育部、外交部共管。1929 年，在时任校长罗家伦等人的努力下，将清华划归教育部管辖，解决了学校归属问题，纳入了国立大学的正轨。1929 年，留美预科部之使命结束，停止遣送毕业生赴美。1933 年，国民政府教育部颁布《考选清华留美公费生办法纲要》，令清华大学继续选派留学生，规定三年之内每年公开考试录取 25 名，三年共计 75 名，其选派范围扩大至全国各大学的毕业生。[②]

第五节　留学欧洲复兴潮

图 1-5　端方

1905 年，清政府实行新政，发布了派学生分赴欧美留学的谕旨：前经降旨谕令各省选派学生出洋游学，该督抚已陆续遵照办理。惟所有派出之学生，皆应讲求实学专科，以期致用，毋得避难就易，徒托空言。著各视其性之所近，责令分门肄习，殚心研究，务底专精。毕业回华，考试合格，优予出身，用备器使。现在留学东洋者，已不乏人，著再多派学生，分赴欧美，俾宏造就。[③]

这一政策将留学方向再次引向了欧美。朝廷中的一些开明大臣、洋务派人士，如李鸿章、曾国藩等，都对留学教育十分推崇。这其中端方当属留欧实业教育的一个切实推动者。

一、端方与实业留学

端方，字午桥，号陶斋，满洲正白旗人（图 1-5）。

① [美]史黛西·比勒. 中国留美学生史[M]. 张艳，译. 北京：三联书店，2010：97.

② 谢长法. 中国留学教育史[M]. 太原：山西教育出版社，2006：158.

③ 陈学恂，田正平. 中国近代教育史资料汇编：留学教育[G]. 上海：上海教育出版社，2007：4.

端方是一个颇受争议的历史人物，在政治上，他既是洋务派，支持维新变革，又不遗余力地镇压革命力量。他懂得为官之道，善于察言观色，他写过被称为"为官保命歌"的《劝善歌》，又在 1900 年庚子之难中"保护教堂最力"，护驾有功，得到了慈禧太后的赏识，"擢任湖北巡抚，旋加头品顶戴尚书衔"。

在端方之前，湖广总督张之洞就十分重视留学教育。端方上任以后，更是积极推动留学事业。1903 年，端方奏请派遣学生赴欧学习实业。他在《奏派学生前赴比国游学折》中指出：西方国家讲求实用教育，作为富强基础。开办了工业、商业、农林、路矿等实业学校。虽然中国地大物博，但较少讲求工艺，器械不能自制，开矿修路还需要雇用洋人。[1]

针对当时的留日热潮，端方在《选派学生游学折》中分析了日本和欧洲的教育环境及体制，端方认为，日本的学制虽是照搬西方，但西方的教育环境和教学质量远比日本要好，且留学生在日本受革命党的影响，不能专心向学，主张加大派往学生前往欧洲留学的力度。端方直言，如果朝廷目光短浅，顾惜资费，势必会造成"习于近便，继往无人"的状况。[2]

1904 年 3 月，端方选派 45 名学生分赴美国、德国、法国、比利时等各国留学。端方指出中国各省文武实业学堂虽然初具规模，但是研究不精，必须多派学生出洋学习，早有一日之经营，即早收一分之效验。[3]1905 年，清廷颁布分派学生留学欧美的旨意之后，端方更加积极推动赴海外留学。1907 年 6 月，端方利用他私人与耶鲁、哈佛等大学校长的关系，争取了近 20 个留学名额。经过宁、苏、皖、赣各省推荐和复旦校董严复主持的会考，择优选出胡敦复、王季香等人前往留学，学生中有男有女，从而也开启了官派女子留学的先河。

由于晚清政府国库亏空，留学经费十分困难。因此，端方就把目光投向了留学费用相对较低的比利时。比利时是一个新兴国家，重视工业发展，教育发达，特别是铁路和矿务的专业教育程度是欧洲其他国家望尘莫及的。这也成了端方向比利时派遣较多留学生的动因，他曾撰文写道：比利时教育、工业、技术、制造、矿业，各有专修学校，他如商业，则有高等专门学校，农业则有高等农会，矿业及其余工业又有实业工所。故其工艺，则机械最精，矿产则煤铁最富。其铁路通法国巴黎，长六千余里；路矿之学，尤为他国所推许。

近年朝廷作育人才，振兴实学，历年钦奉谕旨，谆谆以讲求实用为主。比利时实业较精，学费较省，诚能多派学生前往肄习。他日学成而归，上足以备任用，下足以裕资生，实于大局不无裨益。[4]

且 1830 年，比利时就与其他欧洲国家达成协议，作为永久中立国，没有国家和种族的歧视，政府对中国留学生持欢迎态度。在端方派遣的首批留学生抵达比利时以后，比利时延知华文教习二员，先授语言文字，半年后再延宿学二员授普通学，俟卒业方分

① 陈学恂，田正平. 中国近代教育史资料汇编：留学教育[G]. 上海：上海教育出版社，2007：284.
② 陈学恂，田正平. 中国近代教育史资料汇编：留学教育[G]. 上海：上海教育出版社，2007：289.
③ 张海林. 苏州早期城市现代化研究[G]. 南京：南京大学出版社，1999：12.
④ 潘越. 中国近代留学比利时研究（1903—1949）[D]. 广州：暨南大学，2012：19.

入专门学堂。所延四师，不取修金，曾以效电奉布。①在端方以及驻比利时公使杨兆鋆的呼吁奔走下，掀起了中国学生留学比利时学习实业的风潮。比如，1905 年，江苏选派8 人赴比利时学习路矿，清政府商部选派一批留学生赴比利时。

二、民国留英再启动

1912～1914 年，民国教育部留学工作的重点是对原有留学生的管理，对于因辛亥革命经费中断的官费生给予暂时的补助。1912 年 3 月，由冯自由担任局长的临时稽勋局成立，承担起了其派遣稽勋留学生的任务。

北洋政府时期海军留学生的派遣延续了清朝的做法。1913 年 9 月，海军部颁布了《留英海军学生监督办事处暂行章程》，并选拔了 13 名海军学员赴英留学。在此，海军部先后派遣留学生赴英学习，1918 年有郑耀枢等 6 人，1919 年有傅德同等 4 人，1920 年与1925 年分别有沈德燮等 6 人。②总数为 35 人次，所学的专业主要集中于无线电、飞机制造、潜艇等。

除了中央部门向英国派遣留学生之外，各省也有派出留英生。根据 1913 年 9 月欧洲留学生经理员的调查，按照派遣单位统计如下：稽勋局 9 人，交通部 15 人，海军部 1人，直隶 4 人，山东 4 人，江苏 14 人，浙江 4 人，广西 1 人，广东 22 人，福建 3 人，河南 3 人，安徽 3 人，江西 4 人，湖南 20 人，山西 18 人，四川 2 人。③1913 年底时，在英留学的中国官费学生有记录的共 127 人。1917 年时留英官费生总数有 67 人。1922～1925 年，寰球中国学生会统计到的留英人数总计仅有 25 人。

留英生所学专业也以习工科者最多，法科者居其次，其他各科兼有学习者。据 1917年的统计，留英生所习专业为：工科 29 人、法科 13 人、理科 8 人、农科 5 人、商科 3人、文科 3 人。④

1916 年，民国教育部制定了《选派留学生外国学生规程》，这是北洋政府制定的第一份完整的留学教育规程。北洋政府初期，官费留英生的经费基本沿袭清政府的标准。到 1924 年，教育部调整了留学欧美各国学生学费及川资费用。留英官费生的标准是：每月学费 20 英镑，出国川资国币 700 元，治装费国币 200 元，回国川资 100 英镑。这一经费标准，尤其是每月 20 英镑的学费标准在民国时期长期沿用，成为留英经费的基本标准。⑤ 南京国民政府成立以后，调整了留学政策，主要是提高留学资格，限制自费留学，限制留学学科，偏重理工科留学生的派遣。

20 世纪 30 年代开始，留英教育的发展非常迅速，特别是 1933 年中英庚款董事会选拔中英庚款留学生。1933 年至 1947 年间，先后举办了 9 届考试，共选派 193 人。中英庚款董事会考选留英公费生，严格考试，在抗战期间，国内科学人员缺乏之时，是一支

① 中国第一历史档案馆. 清代档案史料丛编（第十四辑）[G]. 北京：中华书局，1990：338.
② 李喜所. 中国留学通史（民国卷）[M]. 广州：广东教育出版社，2010：4.
③ 应俊，刘昌玉. 北洋政府时期留英人口统计与分析[J]. 教育现代化，2017（21）：171.
④ 周棉. 中国留学生大辞典[M]. 南京：南京大学出版社，1990：597.
⑤ 刘晓琴. 中国近代留英教育史[M]. 天津：南开大学出版社，2005：248.

有力的补充兵。[①] 庚款留英生的专业分布，理工农医类有 147 人，占比 76.17%，也符合民国派遣留学生重视理工科的特征。在国民政府举办的各类庚款事业中，以英庚款收效最好。

1929 年，南京国民政府海军部成立（简称海军部），与英国海军部达成了海军留学协议。同年 11 月，海军部派遣 8 名军官，12 名学生赴英国留学。[②]1930 年 11 月，海军部又派遣 4 名军官，6 名学生人赴英国留学。这两批学院都是学习航海技术。到 1932 年，海军部录用了 4 名轮机班学生（郑海南、陈昕、陈荫耕与陈恭烈）赴英国轮机大学学习轮机技术。二战后期，英国出于对日战争的需要，决定在军事上帮助中国，包括接受学生赴英学习海军以及赠予舰艇等。从 1945 年开始，国民政府选拔了 1000 多名军官、水兵及学生，赴英接受学习。

除此以外，还有其他几类学生。国民党中央训练部从 1929 年到 1933 年派遣四批党员留学生赴欧美日各国留学，其中有少量留英生。由于这类留学生主要是为了培养"党治"人才，而非培养专业技术人员，他们学习的科目主要是政治经济等文科。南京国民政府时期，各省也有少量派遣留英生，至 1944 年，国民政府将留学生的派遣全部收归中央。

1938 年颁布的《限制留学生暂行办法》将留学生的派遣资格提高到研究生以上，并限定了科目。1939 年 8 月以后，受二战的影响，教育部基本上停止了留学生的派遣，转移到留学生的归国和救济问题，留学人数骤减。二战的中后期，国民政府放宽了选拔留学人员的资格范围，留学人数又开始回升。

1942 年后，同盟国之间为加强文化联系，决定互换留学生。是年，英国文化委员会设置了 10 名留学生奖学金名额，英国工业协会资助了 31 名中国工科学生赴英国实习。1944 年 12 月，英美奖学金研究生实习生考试，录取留英研究生 65 名，实习生 69 名，留美研究生 61 名。[③]由于英国大学的教学设施在二战期间受损严重，加上战后青年军人复员后大量返校，学校无力再接纳大批外国留学生，故二战后中国留英学生很少。

三、留德教育后发展

中国人留学德国始于晚清，因洋务运动和发展现代军事事业的需要，以军事留学生为主。1905 年废除科举制以后，留学热潮兴起，康有为指出：德政治之美实甲百国，无利不立兴，无弊不立除，选吏既精，能用人，尤奉命，故内外百司莫不任职，皆德主威廉为之也。[④]因此被奉为模范的德国也成为中国人留学欧洲的目的地之一，1908 年至 1910年前后，中国留德学生有 77 人。[⑤]

从留学生的数量增长来看，20 世纪初，中国留德教育出现了两次高潮。第一次出现

① 刘晓琴. 中国近代留英教育史[M]. 天津：南开大学出版社，2005：348.
② 陈书麟，陈贞寿. 中华民国海军通史[M]. 北京：海潮出版社，1993：307.
③ 王春南. 抗战期间出国留学管理[J]. 学海，1997（2）：90.
④ 康有为. 康有为遗稿：列国游记[M]. 上海：上海人民出版，1995：153.
⑤ 张亚群，肖娟群. 20 世纪 20-30 年代中国留德教育论述[J]. 徐州师范大学学报（哲学和社会科学版），2007（5）：1.

在一战后。1921 年 5 月 20 日，中国作为战胜国与德国签订了新的双边协定。德国政府将在华的发展重点转向了文化和经济领域。作为中外交流的重要形式，留学也随着中德关系的转变得到了发展。另一方面的原因是，一战后德国马克贬值，物价低廉，这吸引了贫苦的中国学生前往德国留学，还有些学生出于生计考虑，从其他欧美国家转到德国留学。如 1920 年在美国哈佛大学学习的林语堂，转到了德国莱比锡大学。此外，还有一些学子为借鉴战后德国重建经验而留学德国。如 1920 年留德的王光祈认为"德方新败，上下竞图存，国内青年有志者，宜乘时来德，观其复兴纲要"。根据南京国民政府的统计材料，1921 年到 1925 年的 5 年里，中国留德学生有 239 人。但是学者们普遍认为这远非此时留德生的全部人数。有人统计，仅 1924 年的柏林一地，就有中国留学生近千人。[1]

20 世纪 20 年代后期，中德双方还建立了一些文化交流组织。比如德方在法兰克福大学设立的中国研究院，中方在北京大学成立的中德文化研究会等。这些文化举措加强了中国青年对德国的好感和兴趣，也极大地促进了战后留德热的兴起。

1925 年以后，欧洲经济危机导致德国物价上涨，留德学习和生活费用增加，人数因之锐减，1925 年为 232 人，1926 年为 214 人，1927 年为 174 人，1928 年为 153 人。[2]进入 20 世纪 30 年代以后，留德人数开始回升，进入民国留德历史上的第二个高潮期（表 1-2）。

表 1-2　1929～1938 年派出留德人数统计表[3]

年份	1929	1930	1931	1932	1933
人数	86	66	84	64	68
年份	1934	1935	1936	1937	1938
人数	61	101	117	52	22

根据上表中的人数统计，1929～1938 年，民国总计派出 721 人留德，在留欧生中仅次于留法生。与此同时，在德留学的学生总数也大幅上扬，1936 年留德人数已达 500 人。[4]1937 年留德人数增至 700 人，其中公费占 20%，自费占 80%；其中有 50%学习化学、机械和电机，40%学习医学和陆军，其余只有 10%学习文科。[5]这一现象的产生其原因是多方面的。

首先，随着南京国民政府的成立和全国统一局面的形成，留学教育也走上正规发展的道路。国民政府于 1929 年颁布了《选派留学生暂时办法大纲》，1933 年又颁布了《国外留学规程》，对留学教育加强管理，并鼓励学习理工科。

1930 年第二次全国教育会议强调："以后选派国外留学生，应注重自然科学及应用

---

① 丁建弘. 视线所窥，永是东方——中德文化关系[M]//周一良. 中外文化交流史. 开封：河南人民出版社，1989：134.

② 周一良. 中外文化交流史[M]. 开封：河南人民出版社，1989：134.

③ 李喜所. 中国留学通史（民国卷）[M]. 广州：广东教育出版社，2010：222.

④ 留德学生分布状态[J]. 全国学术工作咨询处月刊，1936（12）.6.

⑤ 王奇生. 中国留学生的历史轨迹：1872—1949[M]. 武汉：湖北教育出版社，1992：84-85.

科学", 并规定"省费留学生每次属于理工农医者, 至少应占全额十分之七", 同时国家还对学理工农医的自费留学生给予优先资助。①

而在 20 世纪初, 德国是世界上最优秀的高等教育与科研中心。1918~1933 年德国科研机构保持着最高的声誉和科研实力, 曾获得了 14 个诺贝尔自然科学奖。在国家政策的导向下, 又受到德国科研发展水平的吸引, 留学德国备受关注。

德国的军事技术也受到了国民政府当局的重视, 为了强化其政治统治, 培养军事人才, 国民政府除了聘用大批德国军事顾问和教官外, 还选派优秀现役军官赴德国深造, 并通过中央财政资助给予必要的经费保障。

与之相呼应的是, 德方政府的支持也成为大批中国青年留德的主要推动力, 因为他们希望扩大在华影响力。1925 年, 德国重建洪堡基金会, 资助外国科学家和博士研究生在德国学习, 来自上海的顾葆常成为中国获得该基金资助的第一人。1935 年, 德国学术交流中心与清华大学签订交换学生协议。1936 年 2 月, 德国驻华大使陶德曼在国民党中央电台发表讲话, 欢迎中国学生前往德国留学。②此外, 德国还通过设立奖学金、互换留学生的方式, 吸引中国学生前往留学。1935 年第一届派出哲学、历史、心理学 3 名学生, 其中有季羡林和乔冠华。1936 年第二届派出土木、机械、电机、经济、法律学 5 名学生。③

20 世纪 30 年代国内"毕业即失业"的现状, 也导致很多学子选择出国镀金。当时的国民党要员蒋介石、戴季陶、居正也将自己的子弟蒋纬国、戴安国、居伯强送往德国留学, 这些显要的亲属、亲信有的也在德国留学, 聚居柏林。权贵子弟趋之若鹜出洋留学, 也是民国时期留学的特点之一。

1937 年以后, 留德教育由盛转衰, 1938 年希特勒禁止中国学生前往德国学习军事, 不少留德学生纷纷辍学归国, 留德人数寥寥无几。1937 年为 52 人, 1938 年为 22 人。④1939 年, 德国发动第二次世界大战以后, 赴德留学完全中止。当时滞留在德的中国留学生约有 200 余人。⑤自此, 历经两次留德高潮之后, 中国人留学德国暂告一段落。

第六节 勤工俭学大学潮

在留欧的大学潮中, 1919 年至 1920 年的留法勤工俭学运动是最引人注目的。据不完全统计, 从 1919 年 1 月 17 日至 1920 年 12 月 15 日不到两年的时间, 共有 20 批学生赴法, 总计约为 1763 人 (表 1-3)。

① 孔繁岭. 南京时期的留德教育[J]. 历史档案, 2006 (2): 106-112.
② 王奇生. 中国留学生的历史轨迹: 1872—1949[M]. 武汉: 湖北教育出版社, 1992: 84.
③ 张亚群, 肖娟群. 20 世纪 20~30 年代中国留德教育论述[J]. 徐州师范大学学报 (哲学和社会科学版), 2007 (5): 3.
④ 李喜所. 中国留学通史 (民国卷) [M]. 广州: 广东教育出版社, 2010: 223.
⑤ 王奇生. 中国留学生的历史轨迹: 1872—1949[M]. 武汉: 湖北教育出版社, 1992: 84.

表 1-3 历届勤工俭学学生赴法一览表[①]

批次	从上海起程日期	船名	人数	抵法日期及地点	实际人数
1	1919 年 1 月 17 日	因幡丸（日）	89	1919 年 5 月 10 日抵巴黎	89
2	1919 年 3 月 31 日	贺茂丸（日）	26	1919 年 5 月 20 日抵巴黎	26
3	1919 年 4 月 14 日	伊豫丸	2	1919 年 6 月 6 日抵巴黎	2
4	1919 年 7 月 13 日	三岛丸（日）	57	1919 年 9 月 2 日抵巴黎	
5	1919 年 8 月 14 日	麦浪号（法）	78	1919 年 10 月 10 日抵马赛	78
6	1919 年 8 月 25 日	盎特莱蓬号（法）	54	1919 年 10 月 1 日抵马赛	43
7	1919 年 9 月 29 日	博尔多斯号（法）	19	1919 年 11 月 12 日抵马赛	17
8	1919 年 10 月 16 日	渥隆号（美）	48	1919 年 11 月 25 日抵马赛	42
9	1919 年 10 月 31 日	宝勒加号（法）	207	1919 年 12 月 17 日抵马赛	207
10	1919 年 11 月 22 日	勒苏斯号（英）	40	1920 年 1 月 23 日抵巴黎	21
11	1919 年 12 月 9 日	司芬克斯号（法）	158	1920 年 1 月 14 日抵马赛	158
12	1919 年 12 月 25 日	盎特莱蓬号（法）	92	1920 年 1 月 28 日抵巴黎	92
13	1920 年 2 月 15 日	博尔多斯号（法）	55	1920 年 3 月 25 日抵马赛	52
14	1920 年 4 月 1 日	宝勒加号（法）	110 余	1920 年 5 月 2 日	110
15	1920 年 5 月 9 日	阿尔基勒西号（法）	126	1920 年 6 月 15 日抵马赛	112
16	1920 年 6 月 25 日	博尔多斯号（法）	220 余	1920 年 8 月 4 日抵马赛	210
17	1920 年 9 月 1 日	盎特莱蓬号（法）	89	1920 年 10 月 19 日抵马赛	84
18	1920 年 9 月 1 日	博尔多斯号（法）	197	1920 年 12 月 13 日抵马赛	197
19	1920 年 11 月 24 日	高尔地埃号（法）	22	1920 年 12 月 27 日抵马赛	22
20	1920 年 12 月 15 日	智利号（法）	134	1921 年 1 月 20 日抵马赛	144

　　留法勤工俭学运动人数多、影响广泛。如果仅仅是从留学的成就看，勤工俭学运动收效不好，组织者准备不足，过于理想化，但是它提倡的"工学结合"、"工读并进"，顺应了思想解放的潮流，蔡和森、周恩来、邓小平等一大批勤工俭学生在运动中接受了科学社会主义思想，成长为无产阶级的革命战士，走上了与劳动群众相结合的革命道路。

一、勤工俭学的兴起

　　留法勤工俭学运动其实是受到欧美变革的余波影响。在中世纪的欧洲，教育是贵族享有的特权之一。19 世纪，欧洲社会连番巨变，贵族势力逐渐衰落，知识分子纷纷提出变革教育的主张，推动义务教育，打破贵族垄断知识，甚至变革高等教育。工业革命壮大了工人阶级的力量，各种社会主义者组成国际组织，发起工人运动，要求改善劳工环境，包括推行八小时工作制、成立五一劳动节等。各种带有理想色彩的思想、主义也纷纷传入中国，经过了席卷全国的五四运动的推广，最终汇成了一股工读、俭学的思潮。

　　① 郑名桢. 留法勤工俭学运动[M]. 太原：山西高校出版社，1994：43-45.

当时出国留学费用高昂，非一般家庭所能承受，而官费留学名额极少。李维汉回忆：留学生大部分都是只受过中等教育的青年，有提高科学文化水平的愿望，但因家境贫寒，无力升学，一旦知道可以到法国经过勤工达到升学的目的，便想尽办法奔向这条路上来。[1]如果采用俭学式留学法国，其费用是其他欧美国家费用的三分之一。可以说，留学成本的降低，给那些望洋兴叹的普通家庭的青年带来了希望。

据统计：1919 年共有 10 批学生到法国，其中五四运动以后有 7 批。1920 年则有近千人到法国勤工俭学，规模空前。[2]推动勤工俭学运动的华法教育会，在民国初年，曾推动过以百计的俭学生去法国读书，虽然规模不大，但持续进行，第一次世界大战前后人数增加了不少。如数学家何鲁就是第一批俭学生，他曾经读过南洋公学和清华，又在留法预备学校准备了半年，最后取得硕士回国。一战期间，去法国的华工多达十五万人。根据招工和约，法方要为他们安排业余教育。华工刻苦耐劳，广受好评。因此，俭学生和华工的成功经历使得到法国半工半读成为一种可能。

1918 年，蔡元培、吴稚晖、李石曾、汪精卫这些有社会名望的人都热衷于向社会鼓吹到法国去半工半读。早在 1912 年，李石曾认为在费用方面"以六百元为年费，为最廉之西洋留学"，至于国内学习法语人少的问题，"前国子监之南学，设留法俭学会之北京预备学校，以为预备之预备。多则一年，少则半年，即可成行"。李石曾还预计：五年之内，必有三千中国学生可赴法国。[3]吴、李等人除了设法文学校，谋划交通，介绍工作，他们甚至热心到代学生借钱，引起华法教育会其他会员不满。之所以要进行鼓吹，是因为他们认为人数多，对改造中国有好处。

1902 年 8 月，李石曾与张静江、夏循均以随员的名义随同清驻法国钦差大臣孙宝琦赴法。因李石曾久慕吴稚晖大名，当轮船途经上海时，对吴进行了拜访。这一次，二人谈得非常投契。吴说："这一次你们去法国，机会难得，以后最好能帮助国内青年也多有去法国的机会，以便吸取西洋知识，为国家造就人才，而且人越多越好。到国外吸取新知识，人不厌其多，但也需有人引荐。你们此去，等于打个先锋。"吴又幽默地补充说："出去的人越多越好，就算他们学不到什么，只学得改良茅厕，也是值得的。"李石曾还是第一次听到这样的见解，极为钦佩。这次会面，对他以后倡导留法勤工俭学，产生了重要的影响。[4]

当时勤工俭学生有 1700 人，经济情况大都不好，在中国很难进大学念书，一听到留法勤工俭学，便以为这是一个上大学的好机会，于是踊跃响应，不顾一切，争相赴法。[5]留法勤工俭学受到了青年人的热烈响应，从人数上看，自 1919 年中第一批 89 人到法国，本来每次只是数十人，但年底已有一次 207 人。经过了五四运动的洗礼，中国的青年普遍都仰慕新思想。

国际上第一次世界大战和俄国十月革命爆发，国内则正值新思想、新文化在国内广

---

① 李维汉. 回忆与研究（上）[M]. 北京：中共党史出版社，2013：10-11.

② 王政挺. 留学备忘录[M]. 杭州：浙江人民出版社，2003：186.

③ 吴稚晖. 吴稚晖全集（卷2）[G]. 北京：九州出版社，2013：69.

④ 郑名桢. 留法勤工俭学运动[M]. 太原：山西高校出版社，1994：329.

⑤ 贺培真. 留法勤工俭学日记[M]. 长沙：湖南人民出版社，1985：前言.

泛传播，工读思想和劳工神圣，结合青年学生热切的留学愿望，加之各地政府、社会贤达的大力扶持，最终推动了留法勤工俭学成为全国规模的热潮。

二、"两会"与勤工俭学

1912 年初，李石曾、吴玉章、吴稚晖等曾在欧洲留学的知名人士在北京成立了"留法俭学会"。其宗旨为：以节俭费用，为推广留学之办法；以劳动朴素，养成勤洁之性质。[①]该组织的任务是鼓励青年学生以低廉的费用和节俭苦学的精神赴法留学。

留法俭学会并不是一个严密的组织，没有正规组织机构，没有会费，甚至没有会长，很有点法国浪漫的味道。大家保持着松散的联系。俭学会在北京有一个简朴的办公室，位于船板胡同 3 号。室内一个办公桌和一部电话。学会发行了 3 本介绍和宣传手册：《法兰西教育》《留法俭学会摘要》《答友人问：留法俭学会书》。[②]在俭学会成立的两年中，1912 年、1913 年先后组织两批共 80 人到法国留学。这个数字在当时已经超过十年官费法国留学生的总和，而且其声势影响颇广。

1913 年国内"二次革命"失败，留法俭学会蔡元培、李石曾等人被迫流亡法国，留法活动停止活动。留法俭学会与组织留学美国的游学事务处相比，一个是民间的、一个是官方的；一个是自费的、一个是官费的。虽然两者都在办留学，但是留法俭学会则开创了一条留学的新路。

1915 年 6 月，李石曾与蔡元培等人在巴黎发起成立了"勤工俭学会"，其宗旨为"勤于做工、俭以求学，以进劳动者之智识"。他们把原有的"俭学"和"以工兼学"进行结合，提出了"勤工俭学"的口号。巴黎豆腐工厂"以工兼学"的工人则成了最早一批留法勤工俭学生（图1-6）。[③]

图 1-6 李石曾在巴黎创办的豆腐工厂

---

① 陈学恂. 中国近代教育史教学参考资料（中）[G]. 北京：人民教育出版社，1986：503-504.

② [法]王枫初. 移民与政治：中国留法勤工俭学生（1919—1925）[M]. 安延，等译. 北京：北京大学出版社，2016：72.

③ 巴黎豆腐工厂是李石曾于 1909 年在巴黎创办的，后来成立了豆腐公司。李石曾从家乡找来工人，进行生产，将中国的豆制品引入法国。他发现平时这些工人晚上无事干，就喝酒赌博打麻将，于是就在豆腐公司创办了白天上班、晚上上课，学习国文、法文、数理化和修身等科目的一所"以工兼读"的夜校。

第一次世界大战期间，法国后方劳动力严重缺乏，中国向法国派遣了十几万战地华工填补这个空白。大量华工来到法国后，他们要工作、要生活、还要社会文化交往，如果处理不好，将给法国社会造成很大的影响。对这些华工进行必要的教育成为中法教育界人士的共识。对法国来说，可以利用大批华工帮助打仗，日后还可以帮助建设；对中国来说，利用勤工俭学的方式对华工开展教育，使他掌握法国先进技术，日后回国发展事业大有裨益。

在李石曾、蔡元培、吴玉章等人的组织下，在与法国招工局等部门的多次磋商下，在法国教育工作者的帮助下，1916 年 6 月"华法教育会"在巴黎成立，其宗旨是：发展中法两国之交流，尤重以法国科学与精神之教育，图中国道德、知识、经济之发展。①蔡元培、欧乐分别担任中法两方会长，李石曾任书记，吴玉章任会计。至此，一个沟通中法的民间文化教育交流机构就这么诞生了。

教育会成立以后，具体开展了三项工作：一是编辑出版中、法文报刊书籍以传播法国新教育；二是联络中法学者，在中国创设学问机关、介绍中国学生来法留学、组织留法工人教育、在法国创设中文学校或讲习班，并组织法国人到中国去游学；三是发展中法两国经济关系，促进华工教育组织的发展。②

为了使更多的青年有机会来到西方学习技术，蔡元培和其他同仁于 1916 年 8 月 15 日在巴黎创办了《旅欧杂志》，这是中国第一份专为劳务输出而出版的期刊，向国内发行，主要是宣传赴法劳务的重要意义和相关事宜，吸引更多的志愿者，同时也及时反映国内的重要消息和形势变化。

1916 年袁世凯倒台后，宣传和组织赴法勤工俭学的活动逐渐恢复。1917 年 4 月，中断 4 年的留法俭学会在北京恢复活动。同年 5 月，华法教育会和留法勤工俭学会在北京成立，成为推动留法勤工俭学运动的总机关。在华法教育会的积极工作下，全国各大城市都相继设立留法勤工俭学预备学校。

1917 年夏天在保定高阳县布里村创办了第一所留法勤工俭学初级预备学校，它是直接向教育部报批成立的，学校的法语教师就是回国探亲的豆腐公司工人。1919 年，在大城市（如上海、长沙、重庆、天津、广州等），北京郊区的乡镇（长辛店），甚至还有村庄（布里村）相继成立了 19 所层次和名称不同但目标相同的预备学校。这些学校的基本特点相同：都教法语、基础知识和技能等。③

这一时期留法勤工俭学是个总的概念，因为当时留学法国的学生，有官费生、也有自费生、自费生中有俭学的也有勤工俭学的，有的地方政府也给俭学生一些补贴，所以当时留法的并不都是勤工俭学学生。

三、匆匆落幕显尴尬

勤工俭学是留法生缓解困境的一条途径，但是实际的情况是，大战结束不久，各国

---

① 陈学恂. 中国近代教育史教学参考资料（中）[G]. 北京：人民教育出版社，1986：527.
② 吴霓. 中国人留学史话[M]. 北京：中国国际广播出版社，2009：96.
③ [法]王枫初. 移民与政治：中国留法勤工俭学生（1919—1925）[M]. 安延，等译. 北京：北京大学出版社，2016：81.

全力医治战争创伤，法国工商业不景气，有些工厂甚至要裁员，而且法国士兵复员，也需要工作。1919年5月，第一批留法青年到达法国后，华法教育会曾向200家工厂求助岗位，被绝大多数工厂所回绝。这些变化都不在提倡者的计划内，而勤工俭学生已经到达，令这个理想色彩甚浓的留学运动变成不合时宜。1920年下半年，欧洲局势大变，经济呈现萧条，法国工业由战时转向和平，一批军工企业关闭，许多工厂停产，法国失业人口增加，物价飞涨。华工也被认为是"妨碍地方安定"的替罪羊，英法当局要迅速把他们遣送回国。

勤工俭学生本身在出国之前应该学习法语，掌握一定的工业技术，但是现实情况是许多青年学生认为与其在中国学法语，不如到法国学更有效，至于学工艺技术，由于设备和工艺落后，短时间内也不可能学到，在急于出国的情况下，也没有贯彻执行。因此，上千学生到了法国，既不会法文又没有技术，有些人甚至还没有钱。

受大环境的变化，加上勤工俭学运动自身的若干不足，留法学生也遭受到了严重的困难。相当数量的留法勤工俭学生出国之前对困难估计不足，出国后遇到情况不能很好地适应，经济和生存的沉重压力使他们已经喘不过气来，因而导致整体上根本没有进入留学的状态。这也是勤工俭学的倡导者和组织者没有预计到的。大批的留学游民，涌进了巴黎，涌进了巴黎华侨协会。日渐增多的人群，大笔的开销，混杂在一起的青年导致了勤工俭学生与勤工俭学组织者之间的矛盾。面对这样的结局，勤工俭学组织者调整了思路。

1921年1月，蔡元培到法国不久，就宣布华法教育会和勤工俭学生脱离关系，学生的问题有学生自行组织事务所解决，之后又宣布在经济上与勤工俭学生脱离关系。当华法教育会与勤工俭学生脱离关系之后，蔡和森等人就召开了留法勤工俭学生代表会，提出了要争取"三权"，即"吃饭权、工作权、求学权"，要求北洋政府4年内每年资助每个勤工俭学生400法郎。

1921年2月28日，中国驻法公使陈录与11位留法学生代表见面并发生争执，预先有所准备的法国警察介入，抓走了4名学生代表，后引发了学生的集体抗议，这就是"二二八运动"。这场斗争体现了勤工俭学学生的高水平，之后学生生活状况有所缓解。之后，法国勤工俭学生又发生了"八一三""里昂中法大学事件"。这些事件锻炼了革命的队伍，蔡和森、周恩来、赵世炎、王若飞、陈毅、李立三这些崭露头角的青年在法国进行了革命的大练兵和预演。因为几次大的学生事件，百余名学生被遣返回国，留法勤工俭学运动在国内也受到议论，也有许多留学生因不满当时混乱的局势，有一百多人去了比利时、英国、德国和美国，整体留法的高潮渐渐落下。经过诸多事件之后，勤工俭学组织者彻底放弃了勤工俭学的留学方式，转而以留学管理为重点，重新规划法国留学。

1933年，民国政府教育部颁布了新的留学章程，规范了留学行为，提高了出国留学的审查标准，规定只有从专科以上学校毕业或者高中毕业从事技术工作两年以上者，方可申请自费留学证书和护照。新的留学章程虽然有助于克服留学生良莠不齐的情况，但是也限制了留法活动的发展。

1925年，中法之间关于庚款退还问题达成协议。同年，4月12日，两国签订了《中法协定》，并在 28 日成立了中法教育基金委员会。该委员会将庚款用于办理中国的文教事业，其中有的用于办理或补助法国巴黎的中国学院、里昂的中法学院，同时还资助留法学生等内容。抗战期间庚款于 1939 年停止支付，但是中法实业银行仍将拨付给中法教育基金委员会的 120 万法郎照旧拨付，仍用于经办中国学院、中法学院以及救济留学生，一直维持到 1948 年。

第七节　以俄为师向革命

晚清留俄是近代留学俄国的开端。由于当时俄国整体水平落后于其他欧美发达国家，因此无论是官方抑或民间，都不看好俄国。另外，俄国在对外扩张的道路上，还不时与中国发生领土争端，导致两国关系不冷不热也束缚了留学俄国的发展。

随着中俄边界问题的解决以及两国关系的演进，清政府对通晓俄语的人才需求不断提高，中国人留学俄国的必要性和可能性日益显现。20 世纪以后，中俄两国关系发生急剧变化，特别是十月革命后马克思主义在中国的广泛传播，给予了处于迷茫中的中国精英分子拯救民族危亡的新希望，在很大程度上推动了 20 世纪 20 年代留苏热潮的兴起。

一、留俄先声同文馆

早在 1735 年，就有官员从培养俄文俄语人才的角度向清廷奏议了派遣学生赴俄学习语言，"由俄罗斯学校少年内，拣选学习略懂者四名，与今来之俄罗斯使臣同遣，勤习伊等语文三年而回。如此，翻译由俄罗斯国来文，不致遗谬。"[1]但是并未被采纳。直到洋务运动兴起之后，作为教育革新的重要环节，留学俄国才被正式提上日程。

晚清最早赴俄学习的是同文馆的学生，以"随使游历"和"住馆肄业"两种方式为主。"随使游历"，是指京师同文馆学生跟随使团出国考察，学习外国语言，了解外国国情，掌握外交礼仪等。例如，1866 年 3 月 6 日从北京启程的斌椿考察团，包括 3 名同文馆学生。1868 年 1 月 5 日的蒲安臣使团，随团出访的有京师同文馆英、法、俄馆学生共 6 名。1878 年 12 月 31 日，崇厚率领的访俄使团，同行的有分属英法俄三馆的同文馆学生 6 人。

1890 年 3 月，詹事府詹事志锐上奏称，同文馆学生只知道专习文字，"一旦托之语言只能按书翻译，多有与土语方言不合之处"，影响了学习的效果，也无法与外国人进行交流。为改变学生欠缺口语锻炼的劣势，他提出增加出使机会，"每于轮换出使大臣之时，令其带出四人，专习语言，三年之间断无不能通晓之理。"[2]清政府采纳了其建议。

1896 年以后，有第 1 批邵恒浚等 4 人，第 2 批张庆桐等 4 人，共 8 人随出使大臣赴俄。[3]与"随使游历"相比，"住馆肄业"使学生获得了进入俄国学校攻读专业课程的

① 郭力. 文明的对话：俄罗斯与中国[M]. 哈尔滨：黑龙江大学出版社，2014：270.

② 张泽宇. 留学与革命——20 世纪 20 年代留学苏联热潮研究[M]. 北京：人民出版社，2009：69.

③ 刘振宇. 清末民初中国人留学俄（苏）活动的历史考察[J]. 俄罗斯研究，2013（1）：190.

机会，已经是不小的进步。虽然有学者认为，同文馆学生"以襄赞使署公牍为务，无暇求学"，不能算真正的留学生。①但不可否认的是，他们由此所积累的外语知识和外交技能为后来的留学生提供了极为宝贵的经验。

1899 年和 1902 年，光绪帝两次下旨，要求留学生从学习语言文字转向学习农、工商及矿务等其他专业，并要求各省积极选派，给予资助，以备未来之用。国家派遣留学生的力度都加大了，也给官费留俄带来了机遇。1903 年，代理湖广总督端方选派萧焕烈、严式超、夏维松和刘文彬四人赴圣彼得堡皇家大学堂学习法政专科，首开地方派遣留俄学生之先河。1904 年，京师大学堂译学馆选派柏山、魏渤前往俄国圣彼得堡皇家大学堂学习法政专业。黑龙江将军程德全于 1906 年和 1907 年先后派遣王忠相等人前往俄国圣彼得堡学习勘探、矿物、理化、法政、商务、军事等专业，以为东北培养对俄外交人才。②

就晚清留俄而言，由清政府主导派遣的有详细资料可考的官费留俄生有 19 名，另有 4 人资料不全。③此外，还有来自新疆以及东三省地方自主派遣的官费留俄生。其中，东北地区的留俄方式比较独特。俄国利用多项不平等条约对东北地区实行殖民统治，在哈尔滨等地建立了大量的俄语学校。因此，地方政府选派学生在这些中国城市的俄语学校学习，成了其特殊的留学方式。如 1911 年 9 月，奉天选派男生 20 名、女生 10 名共30 名官费留学生，进入哈尔滨男子、女子商业学校攻读 8 年制商业经济专业。他们寄宿于俄国人家庭，日常生活皆用俄语对话，因而学业进步极快。④

除了官费留俄生之外，自费留俄的学生也出现较早，以新疆和东北等地居多。1883年，在新疆阿图什县伊克莎克乡出现了一所既授宗教课程又讲科学知识的新式教育机构，至 1885 年时，该校创办人胡赛英·木沙巴耶夫兄弟即派出 7 名学子赴俄喀山师范学校留学。⑤自此至清末，先后派出 50 余名学子分往俄国、土耳其等国留学。在东北的黑龙江，俄国先后通过不平等条约割占了中国外兴安岭以南、黑龙江以北和乌苏里江以东 100多万平方公里的土地后，在黑龙江与俄国远东地区之间便形成了长达 64 年的"开交通"时期（1858～1922）。在此期间，黑龙江沿岸的两国人民，不分国界，不用证件，可以自由往来。⑥因此，黑龙江地区赴俄者日增，自费留俄人数也自然日趋增多。据《黑龙江志稿·学校志》载：出洋留学之人数，亦逐渐增加。最近留学俄、日之学生，其数超过晋、豫各省。⑦

二、留苏热潮的兴起

民国成立以后，北洋政府曾派遣留学生到圣彼得堡大学和俄国炮兵学校留学。1917

---

① 张星烺. 欧化东渐史[M]. 北京：商务印书馆，2000：45.
② 刘振宇. 清末民初中国人留学俄（苏）活动的历史考察[J]. 俄罗斯研究，2013（1）：192.
③ 刘振宇. 清末民初中国人留学俄（苏）活动的历史考察[J]. 俄罗斯研究，2013（1）：193.
④ 黑龙江省文史研究馆. 黑土金沙录[G]. 北京：中华书局，2005：56-57.
⑤ 刘振宇. 清末民初中国人留学俄（苏）活动的历史考察[J]. 俄罗斯研究，2013（1）：196.
⑥ 刘振宇. 清末民初中国人留学俄（苏）活动的历史考察[J]. 俄罗斯研究，2013（1）：196-197.
⑦ 张伯英. 黑龙江志稿[M]. 哈尔滨：黑龙江人民出版社，1992：1104.

年，俄国爆发十月革命，北洋政府仇视苏维埃政权，官费留俄就此终止。但是，十月革命以后苏俄掀起了经济建设和普及教育的高潮，苏俄教育的发展大大吸引了中国的理想主义者。这个时候的中国非常关注这个北方大国的变化，中国学习西方的目光也由欧美转向了苏俄。苏俄成为革命的圣地，全国出现了学习俄国革命经验的浪潮。在 20 世纪 20 年代，全国约有 1400 余人到莫斯科去留学。

1919 年中国五四运动爆发，使在西方革命中遭遇挫折的列宁开始注意到中国。俄共（布）领导人的"世界革命"思想和苏俄的困境促使其意识到，向殖民地国家输出革命并取得成功的可能性，因而，为殖民地半殖民地国家培训革命干部成为其工作重点。同年，7 月加拉罕对华宣传产生了积极的影响。此外，中国先进的知识分子开始组成团体，研究苏俄的历史和现状，这些组织还担负了早的留学苏俄的派遣工作。其中上海外国语学社在 20 世纪 20 年代留学苏联的热潮中产生了较大的影响。该社名义上公开向社会招生培训，实际上学员均由各地共产主义小组选送。1921 年 3 月，学社秘书长俞秀松赴莫斯科参加第二届青年国际代表大会，同时负责联系中国学生赴苏留学事宜。俞秀松在此期间拜访了列宁，后者对中国学生留苏学习深表欢迎。[①]

自 1921 年 4 月开始，上海外国语学社选派的第一期留苏学生分批出发，他们其中包括罗亦农、刘少奇、任弼时、萧劲光、蒋光慈等人。最初的赴苏学员取道东北，经由黑龙江省过境，后来由于张作霖部队封锁严密，随后改道由上海乘船到海参崴（符拉迪沃斯托克）转火车去莫斯科。以后的留苏学生大多沿此线路。根据俄罗斯国立社会政治历史档案馆的最新解密档案记载，1921 年 8 月 1 日，萧劲光、刘少奇等 26 名中国学员在莫斯科东方劳动者共产主义大学（简称东方大学）登记注册，领取学生证。[②]

1924 年秋，孙中山确立了"联俄、联共、扶助农工"的三大政策，接受中国共产党和俄共（布）帮助，改组国民党，实施国共合作。孙中山逝世以后，苏联为纪念这位友人，为满足中国革命的发展需要，为继续加强中苏关系，建议在莫斯科创设中国劳动者孙逸仙大学（简称中山大学），专门为中国培养革命干部人才。1925 年 10 月在广州、上海、北京、天津等城市进行招考。具体考试包括面试，笔试和口试，淘汰率很高。广东作为革命大本营，报考人数最多，有 1030 人，最后只通过了 147 人。

当时苏联驻广州国民政府总顾问鲍罗廷，又推荐了 30 名国民党要人的子女免试入学，包括蒋经国，冯洪国、冯弗能等人。根据 1945 年 10 月 25 日蒋经国日记所写道：今日为余去国赴俄求学二十周年纪念日多感念，又结合蒋经国为第一批出发的学员，间接可知第一批赴中山大学学生必定于 1925 年 10 月 25 日前出发赴苏。这批留苏学生中多数为国民党员，少数为共产党人，中国后来的命运也与这批留学者密切地联系在了一起。由于苏联特殊的国家性质，与留学欧美相比，几乎从一开始就是严格而又有目的的革命干部培训，是一种特殊的革命留学。

① 郝世昌，李亚晨. 留苏教育史稿[M]. 哈尔滨：黑龙江出版社，2001：58.
② 李喜所. 中国留学通史（民国卷）[M]. 广州：广东教育出版社，2010：128.

第二章

考　试

从选派为主到选派与考试并举，再到严格考选，留学生的选拔越来越严格和规范，也反映了留学教育从最初政府的临时性应对政策到既定教育政策的变化。1905 年废除科举制之后，清政府举办了六次归国留学生学成考试和四次入官考试，作为文官选拔制度的过渡。北洋政府时期，先后举办了六届留学生考试，留学政策制定方面主要是延续以前的政策和进一步对其进行规范。国民政府成立以后，对留学生的选拔考试更加规范和严格，留学成了既定国策。

第一节　选派与考试并举

中国自明清以来实行严格的闭关锁国政策，直至鸦片战争战败，西方列强接踵而至，清王朝被迫签订了一系列的不平等条约，中华民族面临着被瓜分的危机。被迫开国的晚清政府为了应付西方列强，开始派遣留学生，以选派为主。

由于中央政府并没有专门的机构或部门管理留学生，所以在 1905 年以前，留学生的选派主要是地方大员主持，即选派学生出洋肄业，著各省督抚一律仿照办理。[①]留美幼童的选派是由曾国藩、李鸿章倡导和主持的，还在上海设立了出洋肄业局这一临时机构，福建船政学堂海军留学生的选派也是由左宗棠、沈葆桢、李鸿章等洋务大臣主持办理的。

1905 年 12 月学部设立，专管全国教育，下设专门司庶务科以掌海外游学生功课程度及派遣奖励事等，[②]成为近代中国第一个专门负责留学生派遣事宜的正式机构。

在甲午战争之前，留学海外尚未成为潮流，清政府对留学生的资格并没有严格的规

---

① 朱寿朋. 光绪朝东华录（第四册）[G]. 北京：中华书局，1958：4720.

② 舒新城. 中国近代教育史资料（上册）[G]. 北京：人民教育出版社，1962：274-279.

定：年龄十三四岁至二十岁为止，曾经读中国书数年[①]是留美幼童的选派条件。由于初次选派，困难较多，只好采用"访选"的方式。1873 年，沈葆桢首倡派遣福建船政学堂学生赴英法学习，从新式学堂中遴选学生出洋留学则成了清政府选派留学生的一种主要方式。

新式学堂的建立，以及端方、张之洞、张百熙等大臣组织的上至中央、下至地方的选派工作，使学堂选派学生出洋留学成为主流。

从学生的选派条件来看，以留美幼童和福建船政学堂学生为对比，学堂派出的学生已是成年人，既懂外语，有专业基础，亦有中学素养。总理衙门在 1899 年的《奏遵议出洋学生肄业实学章程折》中这样评价：自同治以来，江督所派幼童百五十名往美国肄业，因年太幼稚，志气未定，多有通洋语而抛荒华语，并沾染习气之病。……福建船政局先后派学生分批出洋肄习制造管驾等事，多系年齿较壮，通晓中西文字之选，……学生回华擢用要差者，亦不乏其人。[②]《清末留欧学生》一书中也写道：与 1872 年容闳率领的那批留美幼童相比，这批赴欧的都是二十几岁的青年，他们懂英语、法语，具有相当高水平的欧洲近代科学知识，当然，也具有一定的中国传统教养的根底。[③]

晚清的留学教育是在甲午战后才趋于活跃的。清政府派出了大批的留学生前往日本学习军事和政法，留日成为清末留学的主流。但是很快学务处就发现了问题：一是留日学生深受革命思想的影响，二是留日学生习速成科者较多，专业素养远远逊于留学欧美的学生。因此，清廷不得不对留学政策进行调整。

1905 年，清廷谕令各省：现在留学东洋者已不乏人，著再多派学生分赴欧美，俾宏造就。[④]1908 年，清政府出台《通行各省选送游学限制办法电》，规范管理留日学生，提高选派资格。其限定：学长期者，凡欲入高等以上学校及各专门学校者必须中学以上毕业，且通习彼国语言；习短期者，其习速成科者或政法或师范，必须中学与中文具优，年在二十五岁以上，有工作经验。[⑤]

对于留欧学生的选派，以留英生为例，在甲午战争之前，清政府选派的留英生主要有两类：一是同文馆学生，二是水师学堂学生，选派机构和人员包括总理衙门和南、北洋大臣、船政大臣。

甲午战争之后，留英的派遣机构逐渐增多，其中以地方各省选派留英生最多，选派的目的是为本省培养西学人才，规定学成后须归本省任用。事实上，各省、部派遣的留英生都是从各地学堂中选派的。如京师大学堂、南洋公学、北洋大学以及山西大学堂等。其中，京师大学堂实行学堂选拔、学务处考核并派遣的办法，山西大学堂则是由山西省派遣，只有南洋公学和北洋大学派遣的一部分留英生是属于学堂自己派遣，学生学成后应回本校任教。此外，还有各部派遣的留英生。1907 年清廷在陆军部下设海军处。1910 年海军部成立以后，海军留学生的派遣悉归海军部，其余各部则根据本部的实际需要派遣留学生。

① 中国史学会. 中国近代史资料丛刊：洋务运动（二）[G]. 上海：上海人民出版社，1961：158.
② 陈学恂，田正平. 中国近代教育史资料汇编：留学教育[G]. 上海：上海教育出版社，1991：8.
③ 陈学恂，田正平. 中国近代教育史资料汇编：留学教育[G]. 上海：上海教育出版社，1991：258.
④ 朱寿朋. 光绪朝东华录（第四册）[G]. 北京：中华书局，1958：5389-5390.
⑤ 舒新城. 近代中国留学史[M]. 上海：上海世纪出版集团，2011：87-88.

留英生的选拔方式主要是在学堂中择优选拔。19世纪末，留英生的选拔并不经过考试，也没有一定的选拔制度，只是在学堂中选择学业突出的学生。在学务处成立之前，各省选派学生出洋仅需奏报总理衙门即可，学务处成立之后，各省选派的学生还需经过学务处的考试或核定之后才能派遣。

随着留洋学生的增多，留学生的问题也随之增多，"近年出洋学生各省各派、各有各章，学生既未考究根底，所派之员又多不习外国语言学问，办理未能一律，费时糜费"，因此外务部提出：宜于未派出洋之前，先通中学，将派出洋之时，务必普通之学，既派出洋之后精求专门之学，夫而后中西可以贯通，成就可期远大。[①]

根据这一要求，外务部将留学生分为三种，贵胄学生、官派学生和游学学生（即自费学生），并分别对他们作了不同的留学资格限制。贵胄学生"凡王公大臣子弟皆是"，并无学业资格的限制；官派学生，如京师大学堂及各省督抚、学政暨各大臣所送者皆是。应于各学堂中择其已毕普通学之业，而又中学优长、器宇纯粹、年在三十岁以下者，略照同文馆奏派诸生办法，先期将该生衔名、年籍、派学何项专门，逐一咨会使馆，也就是说，官费学生有年龄、学历、中学基础以及道德品质的限制；游学学生"如自备斧资出洋"，则不限制年龄。也就是说，对于留学资格的限制主要是针对官费学生而设的。

1905年12月学部设立之后规定：外派游学生，无论官费私费，具有中学堂毕业程度，通习外国文字，能直入高等专门学堂者，始予给咨。[②]一直到清朝灭亡，对留学生的学历资格条件都没有超过中等学堂的程度。

在留学生资格的各项条件中，有一点值得注意，即重视中文水平，对外语水平不做强制性要求。留美幼童的选拔要求是"曾读中国书数年"；1904年的游学章程分通西文与不通西文两种。对于不通西文的要求是"宜选年十四五岁，文理晓畅者出洋"，因为如果没有中文根底，就无法造就中西通才。在清政府看来，派出留学生出洋留学，目的是为了"师夷长技以制夷"，良好的中文素养，才能做到"中体西用"，才可以有效地避免留学生西化程度太深、不服管教。

与留日生、留欧生不同，无论是留美幼童还是庚款留美生，都经过了专门的培训和考核，把学校选派与考试选拔结合起来。

第二节　为出国门入窄门

无论是最早的留美幼童还是后来的庚款留美生，官费留美生都得到了稳定的专款专项的资助，在出洋之前，留美生都经过了语言培训。清华学堂建立之后，庚款留美生经过了在清华长达八年的语言和专业学习，考试也十分严谨和规范。到美国后一般可进入大学三年级学习，对提高中国留美学生的层次起到了重要作用。

---

① 刘晓琴. 中国近代留英教育史[M]. 天津：南开大学出版社，2005：191.
② 刘晓琴. 中国近代留英教育史[M]. 天津：南开大学出版社，2005：192.

一、120 名留美幸运儿

在出洋风气未开的 19 世纪末，留美幼童经过了艰难地选拔，虽然招生困难，但是清政府并没有降格以求。1870 年，出洋肄业局在上海设立，下设"预备学校"，招收的幼童需集中学习一年中英文，经考试合格后，再送往美国留学。从预备学校的招生看，其挑选的条件极为严格，比如"身家清白，品貌端正，禀赋厚实，资质明敏""12 岁至 14 岁且文理略通"。[①]

预备学校是一栋两层楼房，教室、图书馆、餐厅和厨房在一层，办公室、接待室和宿舍在二层。学校有校长、副校长共 2 人，中文、英文教师各 2 人。学校对幼童每日的学习、生活均有严格的安排：夏令时五六点钟起上生书一首，八点钟用点心，写字一纸，请先生讲书；十二点钟午饭；一点钟至三点钟温理熟书，文义不明者质疑问难；四五六点钟学习外国语言文字。九点钟寝息。冬令时七点钟至九点钟课中国书籍或课古文字一篇，讲先哲格言数则。[②]章程中还规定，无事不准出门游荡，擅行私出三次者即除名撤退，争闹喧哗、不守学规、慢视教令、履戒不改者，亦予以除名。[②]

学校教学与私塾颇为相似：叩拜老师作为见面礼，认识及诵读中英文教科书是每日必修科目。集中了 40 名儿童的教室中，传出琅琅读书声，学生使尽力气高声朗读课文直到能够熟练背诵，不能通过者则被叫回座位继续背诵，当然，挨打也是常有的事。只有端午节和中秋节放假，在校读书时间多而游戏时间少。在学校静以修身是基本规范，体育活动尤其是各种球类被认为是有损斯文，不予以提倡。曾在此学习的温秉忠后来回忆：学校监督，是一位"暴君"，他力主体罚，而且严格执行。但多少年后，幼童们仍然怀念他，他们恐惧他手上的竹板，但是他强迫大家读写中文，在幼童回国后，都能致用不误。

今日中国学校制度已经大为改进，在他们那时，课程不多，但每科必需精念细读，强迫背诵古书，他们没有科学课程，故而拉着嗓门，高声朗诵是被认为最佳的学习方法。因此在教室中，嗓音震耳欲聋，但相信对学生的肺活量必有裨益。[③]

学生李恩富（图 2-1）当时从未接触过英文，对比中文，觉得英文字母长相奇怪，发音滑稽，他回忆道："我花了两天时间去掌握字母发音。R 最难发音，但我很快学会了用舌头的特别转动来发音。"[④]

图 2-1　就读于耶鲁大学的李恩富

---

① 钱钢，胡劲草. 大清留美幼童记[M]. 北京：当代中国出版社，2010：39.

② 李喜所. 中国留学通史（晚清卷）[M]. 广州：广东教育出版社，2010：85.

③ 高宗鲁. 中国留美幼童书信集[G]. 珠海：珠海出版社，2006：63-64.

④ [美]李恩富. 我的中国童年[M]. 唐绍明，译. 珠海：珠海出版社，2006：59.

一年之后，学校对幼童的中英文学习成绩、精熟程度和行为举止进行考核，并从中选出 30 名赴美留学，其余则留下来继续学习。被选中的中国孩子内心充满了喜悦之情，李恩富回忆道："因为成为三十分之一，我们的朋友和家族都沉浸在欢乐中。我们被赐予士官生顶戴和等级，这些就像科举考试得到的一个文凭，叫中举，是一个通向幸福、爵禄和影响的阶梯。大幅海报贴到了我家的大门上，用金色的大字向全世界宣告，伟大荣誉已到了我们的家。"[①]

考试合格的幼童，向上海道台辞行，李喜所回忆："那次接见使幼童感到如同觐见皇帝一般震慑，因为道台是第一次特准他们可以抬头看他脸的大官。"[②]1872 年 8 月 5 日《申报》曾详细报道了幼童谒见美国驻沪领事的情形。幼童身穿葛纱缺襟袍，腰系带钩，著凉帽、尖靴、荷包、扇坠，在正监督陈兰彬的带领下，冠履庄严，跄跄济济，一望便知"他时经纬之材也"；二人一行，立于使馆大厅，"大有鹭序鹓班之象"。

二、180 名游美"甄别生"

根据庚款留美计划中美方的要求，清政府应不迟于 1909 年 9 月派出首批学生。因为时间紧迫，外务部、学部决定变通办理，"专取第一格学生先行派遣"[③]，通电各省迅速选派学生来京应试。招考办法规定，各地考生于 8 月 26～31 日前往游美学务处报名填册。为杜绝舞弊，须由本人亲笔填写，并于册内粘贴相片。

1909 年 9 月，游美学务处举行第 1 次选拔考试。初试先考国文、英文、中国历史、地理，榜首为裘昌运；复试考物理、化学、博物、代数等，榜首为程义法。经过第 1 轮初试和复试后仅剩 68 人，又经后三场考试，于 9 月 13 日发榜，600 多名报名者最终录取 47 人。据外务部与学部称：遣生游美就学，于中国教育前途大有关系，此次仓促考试，虽未足百名之额，而所派学生四十七名程度均可观，年龄亦皆合格。[④]

考试之前，游美学务处组建了考试委员会，拟定了各科成绩必须在 50 分以上，或各科平均分在前 30 名的录取标准。此举在一定程度上防止了官僚政客利用职权营私舞弊，但还是有秉志等 3 名贵族子弟未经考试，和 47 名考取生于 10 月 12 日在上海一同启程赴美。

1910 年 7 月，再次举行第 2 次选拔考试。考试科目有：中文论说；英文论说；历史；地理；算学；格致；德文或法文，总计七门，文理均有。其中第 2 科至第 6 科需要用英文作答。1909 年冬，18 岁的赵元任和同伴章元善从江南水乡来到北京温习功课，准备赴美留学考试，他回忆："1909 年我们先后到了北京预备应游学生考试。他住他族叔赵剑秋先生在宽街的寓所，我住宣武门外兵马司中街家里。一在城的东北，一在城的西南，

① [美]李恩富. 我的中国童年[M]. 唐绍明，译. 珠海：珠海出版社，2006：59.
② 李喜所. 近代留学生与中外文化[M]. 天津：天津教育出版社，2006：25-26.
③ 根据 1909 年晚清外务部、学部呈报的《遣派留美学生办法大纲》规定，将所取学生拟分为两格：第一格年在二十以下，国文通达，英文及科学程度可入美国大学或专门学校。第二格年在十五以下，图文通达，资禀特异。以上二项，均须身体强壮，性情纯正，相貌完全，身家清白，始为合格。
④ 陈学恂，田正平. 中国近代教育史资料汇编：留学教育[G]. 上海：上海教育出版社，2007：204.

不便时常往来。我们只好商订课程表各自在家自学。星期日是互交功课的日子，到期轮流会见质疑问难，尽一日之欢。记得那时，我进了前门，雇上小驴沿东皇城根，早上北去，晚上南来，要占不少时间。冬季回家南来，城墙上钉有三角形玻璃灯照明，走到半路油干灯熄，只得摸黑到前门，再往西，过了菜市口，一进果子巷就又漆黑一路，摸回家来。雨雪天气，这种交通条件实在够人受的。"①

赵元任（图2-2）回忆来年的考试说：考试的项目颇多，有十几门功课。7月21日是考试的第一天，国文题目是"无规矩即不能成方圆"。下午考英文作文，时间三小时。后面他还考了代数、平面几何、希腊史、罗马史、德文等科目。400多名应试者中录取70人，其中赵元任以73.4分的成绩位列第2名。

图2-2　首批留美生赵元任

胡适，这位接受过9年传统教育又在上海的4个学堂接受了6年新式教育的学生，曾这样忆及自己参加考试的情形：留美考试分两场，第一场考国文、英文，及格者才许考第二场的各种科学。因为第一场国文考试中，胡适偏重考据的短文受到考官赞赏，获得百分，加上英文60分，平均80分，位列第10名。虽然后面各种科学考试很不理想，但庆幸占了第一场的优势，最终以59.075分排在第55名，最后一名是50.2分。他自己也说："取送出洋的共七十名，我很挨近榜尾了②。"这次考试还录取了备取生143名，其各科学力深浅不齐，而根柢尚有可取，年龄亦属较轻之各生，入肄业馆学习。1911年6月，游美学务处通过在清华学堂举行高等科考试，录取63名学生，即第三批庚款留美生。

清政府派出的三批留美生共计180人，并未达到原定数额。从这三批留美生的考试、录取过程来看，选拔非常严格，淘汰率很高，因此，这三批留美生的整体素质也相对较好。这些留美生通过游美学务处进行的"甄别考试"后直接送往美国留学，未经过预备学堂学习，所以又称为"甄别生"。

三、清华学堂

清华学堂的校门，是一个巨大的花岗岩大门，进门的两根柱子又高又粗（图2-3）。清华园是原醇亲王的花园，这座大门原是永恩寺的门。清华的窄门取代了令人生为畏的皇家考场（即所谓的学问的"痛苦之门"），在皇家考场里不同年龄的学生引经据典就是为了谋得一个官职。③

---

① 中国人民政治协商会议全国委员会文史资料研究委员会. 文化史料丛刊（第7辑）[G]. 北京：文史资料出版社，1983：26.

② 胡适. 四十自述[M]. 长沙：岳麓书社，1998：72-73.

③ [美]史黛西·比勒. 中国留美学生史[M]. 张艳，译. 北京：三联书店，2010：95.

图 2-3　清华园石拱门

科举制废除之后，原来的仕途之路已经被取消了，因此送学生到清华读书的家长们都普遍认为出国留学才是光宗耀祖的事。清华的奖学金很丰厚，足够支持贫苦的学生赴美读书。虽然"喝洋墨水"成了学生学习的极大动力，但学校严格的评分体系还是带来了较高的损耗。从 1911 年到 1921 年，入校学生中只有 42%能毕业（636/1500），301 名学生被开除，135 名学生因为个人或健康原因辍学，另有 45 名学生死亡。[1]

1911 年 4 月 29 日，清华学堂正式开学，共招收了 460 名学生。开始时学制为一到两年的语言学校，后来发展为学制八年（中等科四年，高等科四年）的预备学校，其中，高等科的最后两年基本上相当于美国大学的头两年。学生们进入学堂学习要通过各省的考试，或是由清华直接主办的在北京、上海或各省会城市举行的考试。

第三节　兴留学以代科举

在中国古代，儒家提倡的"学而优则仕"的观念可谓深入人心。到了晚清，留学大潮兴起，特别是清廷实行新政改革之后，传统的选官制度——科举制被废除，对于归国留学生的考验，将新式知识分子纳入官僚体系，成了清政府选官制度改革的一个重要组成部分。

清政府最初在派遣留学生时，主要强调了对留学生学习过程的考查，对于留学生归国后的任用，并没有执行严格的考试制度。例如，曾国藩和李鸿章对留美幼童日后使用的设想是"每年回华三十名由驻洋委员胪列各人所长，听候派用，分部奏赏顶戴官阶等事"；[2]但是由于幼童被中途撤回，未完成学业，所以回国后境遇也不佳。头批

① [美]史黛西·比勒. 中国留美学生史[M]. 张艳，译. 北京：三联书店，2010：96.
② 中国史学会. 中国近代史资料丛刊：洋务运动（二）[G]. 上海：上海人民出版社，1961：156.

21 名送往上海电报局，二、三批 23 名由福建船政局、江南制造总局留用，其余 50 名分拨天津水师等处。

一、归国留学生考试

1879～1880 年，首届 32 名福建船政学堂留欧学生相继回国，李鸿章认为这些学生重洋负笈，学业有成，并在奏折中为他们破例请奖：该驾驶学生留闽补用都司刘步蟾、林泰曾，制造学生尽先都司陈兆翱，均请以游击留于闽省尽先候补，并请赏戴花翎。[①]清政府对其中 7 名"成绩优异"的留学生，实行了一定的官阶、军职提拔。1886 年，清政府对第二届留欧学生中的黄庭等九人加官晋爵。1890 年，清政府对第三届留欧学生中的沈寿坤等 23 人，予以官阶和军职提拔。[②]而且船政生回国后一般都能按照所学专业分配，并大有作为，比如最早随日意格出洋的魏瀚，后来还做了 1906 年归国留学生考试的襄校官，负责机械科的出题及阅卷工作。1886 年 1 月 14 日，时任闽浙总督杨昌浚等在《奏请留用出洋艺成回国学生折》中，提及：出洋学成回华通晓制造学生十一员。学生知县魏瀚一员，月支薪水银八十六两四钱，又监造南洋快船加给银五十两，共一百三十六两四钱。该学生同治五年十二月选入前学堂学习法国语言文字、格致、算学。光绪元年正月出洋肄业，在英、法、德、比四国专学制船诸法，兼习制洋枪及钢铁甲等学。五年十一月学成回华，派在工程处总司制船。六年十二月复出洋在德国监验定远、镇远铁甲船工料，八年十二月回华，仍派工程处供差。出图自制横海、镜清等船，现总司快船、钢甲船工程，可备咨取考验。[③]

留学生日益增多以后，清政府为甄别归国留学生水平，转而采取考试方式，作为录用依据。1899 年 8 月，总理衙门上奏《遵议出洋学生肄业实学章程折》，首次提出：请将业成回华得有文凭之学生，甄别优劣，分发委用，量予官职以资鼓励也；清政府同时责成各出使大臣出具切实考语，方准咨送回华；由于学部尚未成立，故其由同文馆派出者，归臣衙门（总署）考试，评定优劣，其由各省派往者，归各督抚考试，一体量材委用，俟有成效。[④]

庚子赔款之后，举国上下以变法自强为中心，出洋留学更成为培养人才的唯一要政。1901 年 9 月，清帝发布"广派游学谕"，明令各省督抚对学成领有凭照回华，即由该督抚学政，按其所学分门考验。如果学有成效，即行出具切实考语，咨送外务部覆加考验，据实奏请奖励。自费游学生如果学成得有优等凭照回华，准照派出学生一体考验奖励，候旨分别赏给进士、举人各项出身，以备任用而资鼓舞。[⑤]

1903 年 4 月，留日学生集会声讨沙俄侵华罪行引起了清廷的警惕，为"杜流弊而励真才"，张之洞奉旨制定了奖励毕业生章程，对中国游学生在日本各学堂毕业者，视所

---

① 中国史学会. 中国近代史资料丛刊：洋务运动（五）[G]. 上海：上海人民出版社，1961：236-237.

② 朱有瓛. 中国近代学制史料（第一辑上册）[G]. 上海：华东师范大学出版社，1983：424，432-434.

③ 陈元晖. 中国近代教育史资料汇编：洋务运动时期教育[G]. 上海：上海教育出版社，2007：972.

④ 陈学恂，田正平. 中国近代教育史资料汇编：留学教育[G]. 上海：上海教育出版社，1991：11.

⑤ 朱寿朋. 光绪朝东华录（第四册）[G]. 北京：中华书局，1958：4720.

学等差，给以奖励，这是留学生毕业归国考试的最初起由，也使得"留学做官"有章可循。

1904 年 12 月，学务大臣奏定《考验出洋毕业生章程》八条，对留学生归国后的考核办法作了具体规定。首先由各省督抚学政出具应考学生学习科目的评价，然后送往学务处。通过两场考试后，合并计算成绩，拟定等级，请旨录用。

1905 年学务处举行第一次归国留学生考试，并于 7 月 3 日在保和殿举行殿试。第一次考试知道的人不多，应考 14 位全是留日生。曹汝霖曾参加了此次考试，他回忆：殿试悉循科举制。点名后，入保和殿。钦派阅卷大臣三人手捧钦命试题，分各生每人一份。题分理科、文科，文科题为策题一道。还有，引见授职的情形：吏部定日引见，在颐和园仁寿殿，御案移近殿门，引见者站在阶下，上下都能看见，每人高声自背履历。慈禧太后坐中间，光绪皇帝坐于左侧。揣引见用意，要观其容，听其声，察其举止而见。①

根据学务处公布的考试奖励名单，14 位应考者全部获得了科举身份并给予任用，比如，金邦平给予进士出身，赏给翰林院检讨；曹汝霖给予进士出身，按所习学科，以主事分部学习行走。②这是晚清组织的第一次归国留学生考试，全数授予科名和官职，奖励和任用合而为一。

二、归国留学生部试

1905 年，清末新政实施，科举制废除。同年，学部成立，并于 1906 年 10 月颁布了《考验游学毕业生章程》。学部仿照欧美文官考试制度，设置学成考试，考试及格者，只授予科名，不授官职。③这种考试也被称为"部试"。1908 年又增加归国留学生的入官考试，也被称为"廷试"。

部试主要内容包括：考试分两场，第一场就各毕业生文凭所注学科，择要命题考，第二场考试中国文、外国文；第一场每学科各命三题，作两题为完卷，第二场考试中国文一题，外国文一题，作一题为完卷；考卷由襄校分阅评记分数，再由学部大臣会同钦派大臣详细覆校，分为最优等、优等、中等。毕业生考试最优等者给予进士出身，考列优等及中等者给予举人出身；习文科者准称文科进士、文科举人，习法科者准称法科进士、法科举人，医科、理科、工科、商科、农科仿照此称呼。④

1906 年，学部举行正式的第 1 次归国留学生考试。"由于那里主事的大人们对于科学技术一无所知，故他们奏请皇上准予任命助手"⑤。为筹备这次考试，学部首先要选定主试官和襄校官，最后选定的主试官是联芳、唐绍仪、塔克什讷，襄校官是魏瀚、严复、詹天佑、屈永秋、吴仰曾、陈寿田、刘子贞七人。⑥襄校官负责出题及阅卷等具体

① 曹汝霖. 曹汝霖一生之回忆[M]. 北京：中国大百科全书出版社，2009：43-45.
② 刘真. 留学教育：中国留学教育史料（第 2 册）[G]. 台北：台湾编译馆，1980：772.
③ 陈学恂，田正平. 中国近代教育史资料汇编：留学教育[G]. 上海：上海教育出版社，1991：62.
④ 陈学恂，田正平. 中国近代教育史资料汇编：留学教育[G]. 上海：上海教育出版社，2007：65.
⑤ 詹同济. 詹天佑日记书信文章选[G]. 北京：燕山出版社，1989：98.
⑥ 荣庆. 荣庆日记[M]. 谢兴尧校. 西安：西北大学出版社，1986：107.

考试事宜，他们均为"中学优长、谙习各国语言文字及通晓专门科学"之人。

考试分两场，第一场中，"订应试各人，得自由选其擅长之文字，书为考卷"。第一场考试是三选二做普通论说，题目包括"施行义务教育，农业改良，中美新约修订"①等晚清社会讨论的热点。第一题原题为 Whether it is advisable compulsory education in China，即关于在中国施行义务教育的问题。此时晚清新政教育改革的序幕已经拉开，癸卯学制已经制订，学部的设立更是体现了清政府对教育问题的重视。

在第二场专业课考试中，出题的考试官如下： 严复负责哲学、法政、公法、商学四科；詹天佑负责工程科；魏瀚负责机械科；陈寿田负责理化科；程经世负责德文科；屈永秋负责理化、医学两科；吴仰曾负责医学、牙医两科；刘庆汾负责日文科。②

严复所拟的政治宪法类试题，体现了清政府在预备立宪政体改革中所恪守的"立宪"话语体系。试题有三道：

一、政治学有最大之观念名词，曰法典、曰权利、曰义务，试各为至精当之界说；义务有法律上与道德上之分别，其异同安在？

二、国家见于历史者，共有几式？试为举似发凡并论其形式、性情之异。

三、立宪何以为优胜，其所以孜孜求达之目的为何？假中国而欲求宪法之精善、治安之永久，其此时所先事宜治者为何？②

根据《荣庆日记》记载，这次考试于 1906 年 10 月 14 日正式开始。"考试游学生第一场。三钟半验题，四钟到署，照料缮题，至七钟半乃毕。七钟半点名，八钟发题，晚六钟前散场，照料分卷，七钟毕"。③15 日停考一天，16 日第二场，17 日、18 日阅卷，19 日结束。

参加这次考试的颜惠庆对考试过程也有详细的记录：这次会试与传统的科举考试截然不同，堪称史无前例。会试主考官是唐绍仪，副考官包括有严复和詹天佑。实际上是由副考官负责出试题和阅卷。应试者包括许多不同专业和学校的留学生，其中还有两位牙医。我报考的专业是哲学，严复为主考官。④

李方也回忆了当时参加考试的情形：与考的人都会齐了，试题却是分别发给，人各不同。因为留学生所去的国度不同，所学的也不同，试题没法不是这样发给的呢。我是学法律的，第一天的试题就是关于法律的试题。第二天的考题，却是一篇普通论文。很通融。⑤另外，两人的回忆都谈到此次考试题目和答题均可以使用英文，这给留学欧美的学生提供了大好的机遇。

作为襄校官的詹天佑在考试之后这样感叹：这是开中国考试的先河，过去注重的八股文终于是废除了。此次考取者，一律均授予中国学位。按照各生所学，考外国语文和学识，也是中国有史以来的创举。各生依其留学国语文作答，例如德文、英文及日文等。

① 刘真. 留学教育：中国留学教育史料（第 2 册）[G]. 台北：台湾编译馆，1980：786.

② 刘晓琴. 严复与晚清留学生归国考试研究[J]. 南开学报（哲学社会科学版），2014（1）：117.

③ 严修. 严修日记（第 2 册）[M]. 天津：南开大学出版社，2001：1347- 1348.

④ 颜惠庆. 颜惠庆自传：一位民国元老的历史记忆[M]. 吴建雍，等译. 北京：商务印书馆，2003：52-53.

⑤ 刘晓琴. 严复与晚清留学生归国考试研究[J]. 南开学报（哲学社会科学版），2014（1）：118.

使各生都有公平机会展示所学，担作'副试官'，他深感荣幸！①

这次考试中共录取留学生 32 名。最优等 9 名给予进士出身，分别是陈锦涛、颜惠庆、谢天保、颜德庆、施肇基、李方、徐景文、张煜全、胡栋朝。以上除李方留学英国外，其余都是留学美国。优等 5 名给予举人出身，分别是田书年、施肇祥、陈仲篪、王季点、廖世纶。前三人为留美生，后两人为留日生。中等生 18 名给予举人出身，其中 13 人为留日生。②

从留学生的留学国度来看，参加考试的留英生、留德生录取率为 100%，留美生的录取率为 87.5%，但是留日生的录取率仅为 47.5%，且无一人入闱最优等。这一录取结果引起了日本媒体的关注，大阪《每日新闻》则提到，以唐绍仪为主考总裁，而唐为第三批幼童赴美之留学生，难免有偏袒欧美留学生之处。

事实上，襄校官在进行试题设计时，为免使游学日本毕业生，在中国文字应用上，占领优势起见，因订应试各人，得自由选其擅长之文字，书为考卷。而留学欧美生"获得进士出身各人，竟有人不能解读政府所颁文凭上中文字句"。③这一问题也引起了严复的重视，为此他向清政府建议，设立国文馆以使欧美留学毕业生得以入学国文。尽管该建议没有被清政府采纳，但是在此后的历届考试中，清政府规定"考试必须作中文论说一篇，庶应试者平时对于本国文字知加重视"。④当时两位牙科留学生参加考试，但是领袖军机庆亲王认为，牙医属于方技之流，赏给举人足矣，所以未能得到进士头衔。颜惠庆在《参加清末第二届留学欧美毕业生考试的忆》一文中记述了随后的引见，并与留美幼童的归国境遇做了对比：按照朝仪，臣下在殿上，必须脱去眼镜。我系近视，脱去眼镜，对于太后、皇帝尊容，一片模糊。惟据同列见告，各人报名时太后注目凝视，频频点头，亦似对于各人面貌尚感满意。

当时清廷对于回国之留学生颇存猜忌。学部既负引见之责，对于留学生所着官服，及进退容止，在至尊之前有无失仪，或竟发生其他意外，不免战战兢兢，大担其事。政府一面很想利用留学生等所受的现代教育和所学的新知识为国家服务，同时又怕变为革命分子，推翻清朝，心理至为矛盾。

但此次考试留学生所受待遇，比 1880 年代所派游美回国之幼生的遭遇，简直不可同日而语，一位参予者这样回忆："我们所得的待遇，直同被褫夺国籍的罪犯。上岸之后，即由兵士一队，押解入上海县城，安置一所破旧不堪，久无人迹的书院里。每人发两张床板一袭秽被。室内潮湿霉烂，臭气熏人，可达里许之外。大门小户，布满兵卫，既禁止我等外出，亦不许亲友入内探视。我等手中不名一钱，直蛮荒野人之不若。"⑤

参加第六届部试的朱葆勤认为，参加部试的归国留学生可分为三类：第一类是存心做官的，以学法政者为最多，约占全部百分之五十；第二类是想得一相当地位以便于谋事的，以学实科者为最多，约占全部百分之四十几；第三类是已经参加中国同盟会，为

① 高宗鲁. 中国留美幼童书信集[G]. 台北：传记文学出版社，1986：42.

② 刘志强，张学继. 留学史话[M]. 北京：社会科学文献出版社，2011：13.

③ 刘真. 留学教育：中国留学教育史料（第 2 册）[G]. 台北：台湾编译馆，1980：789.

④ 刘真. 留学教育：中国留学教育史料（第 2 册）[G]. 台北：台湾编译馆，1980：786.

⑤ 陈学恂，田正平. 中国近代教育史资料汇编：留学教育[G]. 上海：上海教育出版社，2007：74.

避免反动派的注意以便从事革命活动的，约占全部百分之几。[①]

1907 年举行第 2 届学部考试，10 月 12 日结束。参加的留学生有 42 人，获得身份的有 38 人，其中留美生 13 人，留日生 25 人，但是获得最优等的仍以留美生居多（留美生 5 人，留日生 2 人）。从 1906 年至 1911 年，清政府共举办了 6 届留学毕业生考试，及格者共 1338 人。最优等的 161 名，授予进士出身；优等的 315 名，中等的 898 名，均授予举人出身。

三、归国留学生廷试

1908 年 1 月，学部制定了《游学毕业生廷试录用章程》，凡经学部考验奏请赏给进士举人者，均由廷试分部授职。留学生通过部试之后，由京外衙门和各部院，就考生所分之科，分别调用，加以试验后，再奏请录用实官。这样就将学成考试与入官考试分开了。学部认为，采用这种办法，可使国家教育进步，政治修明。

廷试是仿照旧式科举办法举行的。凡经学部考试合格，奉旨赏给进士、举人出身的留学毕业生，每年八月考验毕业后由学部奏请钦定，在保和殿举行廷试一次。试题中经义题钦命，科学题由阅卷大臣按学科门类拟题，每门各拟二题，仿殿试例恭候钦定。由明通科学及外国文之京外各官为襄校官，钦派深明中国文学及科学并外国文之大员数人为阅卷大臣。

廷试不仅考试题目加入了科学论说，而且规定相对灵活。按照规定，学医科、工科、格致、农科及各种实科的留学毕业生，"仅以科学见长不工文字，此项学生仅做科学论说一篇不必兼作经义"，且可以使用西文写作。

阅卷大臣按照中文与科学兼优为一等，中文平妥，科学优长为二等，科学优长而中文未妥为三等的标准评定，后奏请钦定。授官由学部引见，分为进士廷试一等，进士廷试二等，进士廷试三等，优等举人廷试一等不同的级别。其中，进士廷试一等可以授予翰林院编修或检讨。即使是末位的中等举人廷试二等也可以授予七品小京官，廷试三等可赏给知县分省试用。[②]

从 1908 年至 1911 年，清政府先后举办四届留学毕业生廷试，共录取合格学生 824 名，均授予相应官职，其中第一届录取 40 名，第二届录取 102 名，第三届录取 238 名，第四届录取 444 名。[③]

清末的留学毕业生考试，无论是部试还是廷试，都制订了比较完善的办法，要求严格，且严密关防。例如部试由主试官命题阅卷，襄校官分拟各科试题，分校各科试卷。主试官与襄校官一经派定，均须于当日赴学部住宿，发榜之前，不得外出，形同入闱。各项试卷，非经主试官评定分数，不得开拆弥封。廷试也规定，阅卷大臣与襄校官在派定后，先期在内阁值宿。

由于要求严格，一大批符合报考条件的考生，因为预试平均成绩未达 50 分以上，

① 中国人民政治协商会议广州市委员会. 广州文史资料（第 10 辑）[G]. 政协广州市委员会文史资料研究委员会，1963：120.
② 陈学恂，田正平. 中国近代教育史资料汇编：留学教育[G]. 上海：上海教育出版社，1991：60-69.
③ 刘志强，张学继. 留学史话[M]. 北京：社会科学文献出版社，2011：6-7.

故不能参加正场考试，可以说淘汰率很高。如 1908 年，京外衙门咨送学部的考生共 178
人，经预试合格，准予参加正场考试的仅 127 人。1909 年共咨送 383 人，经预试准予参
加正场考试的仅 285 人。1910 年共咨送 721 人，经预试准予参加正场考试的仅 560 人。
1911 年共咨送 587 人，经预试准予参加正场考试的仅 526 人。[①]

由于廷试开了实官奖励的先例，参加考试的归国留学生越来越多，清政府开始对报
考的留学生进行限制，特别是当时在日本私立法政大学的留学生人数既多，且程度低，
管理混乱。因此，学部于 1908 年奏请，日本私立法政大学毕业生，须先参加一场专门考
试，及格后方能参加游学毕业生考试。1909 年，学部又特定章程八项，对于留学生的资
格文凭与考试程度都做了严密的规定和检查，同时又调整了授官的原则，以解决官员分
配过程中中央地方分配不均的问题。1911 年，廷试共授予正七品小京官三百余人，为解
决人力分配不均现象，学部提出"所有廷试录用之小京官，如有自愿外用者，拟请均准
其改为即用知县，俾得分布各省以资任使"。但是，留学生宁愿留京供差导致中央壅塞，
也不愿外就，这导致边远省份实业人才匮乏。

1911 年，辛亥革命爆发，1912 年民国建立，科名被取消，实官奖励制度被废除，
但是随着民国以来归国留学生越来越多，深感进身无路，求官无门，纷纷投书《教育杂
志》，对北洋政府表达不满。因此以袁世凯为首的北洋政府，决定仿照清末留学毕业生
考试办法，举办考试，给留学生授予出身和官职，史称民初留学毕业生甄拔考试。

1914 年 9 月 17 日，袁世凯以大总统名义发布命令，规定归国留学毕业生，赴政事
堂报名参加考试。具体由留学毕业生甄拔考试委员会负责实施。1915 年 2 月 12 日进行
初试，报考 249 人，实考 192 人，录取 151 人。分属法、文、理、医、农、工、商、矿
等八科。[②]事后由铨叙局负责考试及第后的任用。其中 8 名超等，44 名甲等，52 名乙等
共 104 名毕业生分往外交、内务、财政、陆军、司法、教育、农商、交通等八个部及审
计院，以备任使。47 名丙等毕业生按照考生本人所请省份，由各省长官按考生所学学科，
分往各机关练习，以裨实用。[②]

民初留学毕业生甄拔考试，从形式上来说是清末留学毕业生考试的继续，但它的范
围和规模却远远小于清末留学毕业生考试，且仅举办了一届，也是中国近代教育史上最
后一次留学毕业生统一考试。

第四节 省选部派相结合

在民国初年，教育部将留学教育的重点放在对旧有留学生的核定、救济和管理上，
其留学政策未做太大的调整。虽然北洋政府时期国外留学生的数量相比清末要少，但是
这一时期的留学教育与清末有着本质的区别。

民国政府以"注重道德教育，以实利教育、军国民教育辅之，更以美感教育完成其

---

① 谢青. 略论清末民初留学毕业生考试[J]. 安徽师大学报（哲学社会科学版），1992（2）：217.
② 谢青. 略论清末民初留学毕业生考试[J]. 安徽师大学报（哲学社会科学版），1992（2）：218.

道德"的教育方针，替代了清末"忠君、尊孔、尚公、尚武、尚实"的封建专制主义教育宗旨，这一转变体现了新兴资产阶级关于人的全面发展的教育思想。1914年，北洋政府教育部在确定教育规划时，对清末的留学政策进行了批判，认为清末留学政策"一误于选派时无一定之方针，再误于回国时以考试为荣典"。同时，也明确了民国留学教育"在求外国高深之学术，促进本国之文明，启发社会之知识"的主要目的。

除袁世凯复辟帝制尊孔读经以外，在整个北洋政府统治时期，教育界逐渐确立了一套完整的资产阶级教育宗旨。向西方学习的留学教育也得到了重视，一个重要标志就是北洋政府从中央到地方都设置了专管留学的教育机构，在中央设置专门教育司，下设"留学科"分管留学生事项，在地方教育厅下设第三科主管地方留学教育等事务。为鼓励和规范留学生派遣工作，北洋政府教育部以及各省教育厅还制定、出台了一系列留学派遣政策，主要包括特别官费留学、一般官费留学和自费留学三个部分。

特别官费留学政策包括三部分内容。

第一是稽勋局派遣有功于民国人员出国留学，史称稽勋留学生。稽勋留学生共派出78名，直到1913年10月，北洋政府教育部通知各省暂停派遣东西各国留学生，停派原因一是各留学生水平参差不齐，二是经费严重困难。

第二是海军留学生。1913年12月，海军部颁行了《留英海军学生监督办事处暂行章程》，加强管理的同时，对海军留学生给予特别官费。这一时期的海军留学生主要是由海军部派遣，以欧洲和美国为主要留学国，总数超过了180人。但是这些海军留学生，人数零散，派遣没有很强的计划性，主要变化在于所学专业与时俱进，如无线电、飞机制造、潜艇等专业。

第三是派遣优秀教师出国留学进修。1918年开始，北洋政府教育部决定每年从各大学、高等专门学校选派教授若干赴欧美留学。8月份选派北大刘复和朱家骅、北京高等师范学校邓萃英、北京女子高等师范学校杨荫榆等7人赴美。但是之后北洋政府并未将这项工作继续下去。

1914年，北洋政府教育部在整理教育方案草案中提出，要"改订选送方法，各省游学经费每岁划出若干，并定东西洋游学定额若干，各有缺额时，一律由部选送。"也就是实行以省派为主，即中央下达各省公费留学名额，各省根据名额、派遣规定进行选拔，经费由各省划拨，不允许超额。例如1914年各省分配留学名额为：直隶50人；山东77人；山西48人；河南35人；陕西68人等。其中最多的浙江有140人，而最少的黑龙江只有1人。1914年7月，教育部又制定了《各省官费留学生缺额补选规程》，规定了补选官费留学生的资格，包括各省如遇缺额，则由教育部招考补选，不合格者不派遣；各省派遣留学生都须经教育部核定或考试后才能派遣。简言之，整体趋势为省派部选相结合。

在上述政策的基础上，1916年10月，教育部出台了《选派留学外国学生规程》，这是北洋政府制定的第一份完整的留学教育规程。该规程体现了三个特点：其一，提高了留学资格，要求在国内外大专院校本科毕业以上，以实现到国外研究专门学术，而非接受普通教育的目的。其二，加强考试环节，注重选派质量。选拔有初试，有复试；有笔试，有口试；还注重平时学习成绩和研究业绩。其三，加强对留学生管理。留学生派遣名额、国家、年限、科目、经费等都由教育部议定，另外还对留学生的日常管理也作了详细规定。但是不足之处在于对留学生的学习科目没有作具体的规定，各学科均得到提倡，体现了留学政策的自由倾向。

同时，北洋政府也取消了清政府给以出身、职务的留学毕业生考试制度。教育部的规程规定很简单：留学生拿着留学毕业证明送到教育部注册，有听从教育总长指派职务或各部院咨调任用之义务。也就是说，毕业生回国后不必再经考试就可以由教育部分派（或推荐）工作。

北洋政府时期，有记载的考选留学生共计六届，1917年34人，1918年9人，1919年21人，1920年43人，1922年25人，1925年22人，总计154人。从整体上看，这一时期考选的留学生人数不多，以留美、留日最多。留苏有所不同，但也是要考的，尤其是南方国民政府所在的广东。在北方政府以及敌对军阀控制的地方，有时靠推荐。

在中央政府制定留学政策、派遣留学生的同时，湖北、广西、河南、江苏等省也制定了自己的留学政策，比如湖北省制定的留学规程，对留学目的、名额、科目、资格、年限、回国服务等内容都做了全面而简要的规定，它的大部分内容后来被北洋政府吸收为教育部留学规程的内容。1913年10月，根据广西临时省议会通过的《派遣留学生东西洋办法议案》，广西在桂林举行出国留学生考试，录取了留日生8人，欧美生9人。1917年在南宁举行考试，录取了留日生13人。

针对自费留学中存在的问题，北洋政府通过相继颁布《管理留欧学生事务规程》（1915）《管理留美学生事务规程》（1916）《留日官自费学生奖励章程》（1918）等规章，对自费留学生的派遣做出了要求。1924年，教育部又专门颁布了《管理自费留学生规程》。新规程对自费留学的限制并不高，中学毕业即可，但是规定自费生必须取得留学资格证书，而且抵达留学国后要向驻该国务机关报到。这意味着北洋政府试图加强对留学教育的控制，将留学派遣的权力收归中央。

此外，针对当时大规模的留法勤工俭学运动，北洋政府及各省当局也在政策上给予了赞助和支持。1917年8月，教育部对关于呈请设立勤工俭学会预备学校的报告做出批示：查勤工俭学会设立宗旨，趋重职业教育，用意甚属可嘉。至该会所拟各处组织预备学校办法并所拟初级预备学校试办简章亦无不合。应准备案。[①]

在此背景下，广东、山西、浙江、河南等省也相继出台了支持留法勤工俭学的规章。以山西为例，当时山西督军阎锡山热情赞助留法勤工俭学。1919年8月，政府制订赴法勤工俭学生贷款章程，规定：由本省考取送入留法预备学校者和自行考入留法预备学校毕业，呈请省公署核准者，均可于启程赴法时申请限额为270元的贷款，如有特别情形得酌量多贷，每元每月6厘行息，由省政府向山西银行借出。[②]较低的中学自费留学门槛加之鼓励勤工俭学等因素使得这一时期的自费留学稳步发展。

---

① 张允侯. 留法勤工俭学运动（一）[G]. 上海：上海人民出版社，1980：61.

② 晋省长资助留法学生[N]. 时事新报，1919-08-30.

第五节 权归中央严考选

1927 年 4 月南京国民政府成立以后，基本继承了北洋政府时期的留学政策，只是限制更加严格。1928 年 10 月，国民政府将大学院改组为教育部后，首先对留学生的学科作了限制：鉴于建设技术人才之需要，通令各省今后选派学生，须注重理工科并严格考试[①]。在这一政策指导下，中央大学区（即江苏省）率先出台了《派遣出洋员生大纲》，规定了留学生选派的资格以及以考试作为选派的办法。其中规定：留学生以本大学（中央大学）与其他国立大学及立案之私立大学毕业生，经考试选派之，但以苏籍为限。[②]

1930 年，教育部拟定"改进高等教育计划"，其中的"增派国外留学生办法"成为此后教育部对留学政策进行调整的主要依据。这一办法不仅提高了公费留学生和自费留学生的资格限制，且规定留学科目以派遣理、工、农、医科留学生为主，属于此科目内的公费留学生比例应占到全额的十分之七，自费留学生学此类科目的，可以优先补给公费或津贴。国民政府这一留学政策的导向对留学教育产生了很大影响。20 世纪 30、40年代，国民政府的留学教育都是以实科类学生的派遣为主。"增派国外留学生办法"也表明政府已经着意扩大留学生的派遣，留学教育在 20 世纪 30 年代以后进入了快速发展期。

1930 年 9 月 3 日，国民党中常执委会议通过了《三民主义教育实施原则》，其中专立第八章讲"关于派遣留学生者"。规定：须根据三民主义的精神，融合东西文化之所长，以造成三民主义的新文化。公费留学生须大学生或专门学校毕业，素无违反三民主义之言论行动，并经考试合格，始得派遣；私费留学生须高中以上学校毕业，素无违反三民主义之言论行动，并经考查合格，方得出国；无论公费或私费留学生，出国以后，其学业状况及言论行动，应由各该主管机关，严加考核，其考核办法另订之。[③]

由此可见，国民政府时期对留学生的思想控制非常严格，比清末有过之而无不及。清末选派留学生只规定"中学优长"，但是国民政府派遣留学生的政治条件是"素无违反三民主义之言论行动"。而所谓的违反三民主义的言行，即凡是对校务有意见的，反对校长贪污经费的，参加集会、散发传单和参加罢课的，都属受共产党诱惑，都属违反三民主义言行之列。

1932 年，教育部部长朱家骅再次强调留学教育应符合"研究专门学术以改进本国文化之本旨"[④]，指出留学不是到国外接受普通的教育，而是以研究学术为主要内容。国民政府教育部于 1933 年公布实施了《国外留学生规程》，该规程多达 46 条，对于公费生资格、考选办法、经费及管理等内容作了详细地规定，对于自费生资格、经费筹备及管理等也作了限定，还制定了公费生和自费生呈领留学证书办法等。

---

① 刘真. 留学教育：中国留学教育史料（第 4 册）[G]. 台北：台湾编译馆，1980：1661.

② 中国第二历史档案馆. 中华民国史档案资料汇编（第 5 辑第 1 编教育）[G]. 南京：江苏古籍出版社，1994：363.

③ 刘志强，张学继. 留学史话[M]. 北京：社会科学文献出版社，2011：22.

④ 刘真. 留学教育：中国留学教育史料（第 4 册）[G]. 台北：台湾编译馆，1980：1663.

规程规定，留学生的选派是通过考试录取，考试分省市初试、教育部复试两级，还规定了考试的科目。初试包括普通科目（党义、国文、本国史地、留学国国语）、专门科目三种，复试包括留学国国语（作文、翻译、会话）、专门科目两种。体检也是留学生必须符合的条件之一。自费生无须经过考试，但须筹备足额经费。留学生的选派机构依然是各省、市教育行政机关（即省派）和公告机关（即部派），但是选派资格提高了，规程规定：无论公费生或自费生，都需要在国内外公立或私立专科以上学校毕业；公费生还要求在学期间成绩优良，从事相关学科技术职务两年以上或继续研究生学习两年以上，还需要有专门著作或其他业绩。

从《国外留学生规程》来看，国民政府对有关留学的方方面面都做了详细规定，提高了留学生整体层次，为培养各科专门人才奠定了良好基础。这是民国时期制定的最详备的留学政策，是南京国民政府时期有关留学教育的最基本法规。

这一时期，国内社会、经济、文化发展相对比较稳定，在详细的留学政策的指导下，国民政府通过各种途径派遣留学生，每年都有大批学生留学国外，留学教育发展较快。

除此之外，还有中美、中英、中比庚款留学生，以及一些其他类别的留学生，如中央训练部留学生、陆海军留学生等。从1929年12月公布的《军政部考选留学员生细则》来看，留学项目为航空（20人）、兵工（50人）、军需（20人）、交通（20人）、军医兽医（30人）、宪兵（16人），[①]笔试内容为党义（建国方略、建国大纲、三民主义）、国文、留学国语文、各别科目。这些类别的留学生由于要求比较高，所以录取率比较低。

20世纪30年代，只要是公费资格，都要经过激烈的考试。季羡林认为：官费有两种：一种是全国性质的官费，比如留英庚款、留美庚款之类；一种是各省举办的。二者

图2-4 何炳棣

都要经过考试。这两种官费人数都极端少，只有一两个。在芸芸学子中，走这条路，比骆驼钻针眼还要困难。是否有走后门的？我不敢说绝对没有。但是根据我个人的观察，一般是比较公道的。录取的学员中颇多英俊之材。[②]

以第六届庚款留美考试平均分最高分的历史学家何炳棣为例（图2-4）。在《读史阅世六十年》[③]中，他认为"留学"在当时已成为"新科举"，为学子跃龙门之所必需。何炳棣1938年毕业于清华大学历史系，毕业后一直当助教。从1940年准备第一次考试，到1944年考取留美公费生，再到1945年赴美在哥伦比亚大学读书，他花费了五六年的时间作留学的准备，年近三十才开始读博生涯。第一次参加庚款留美考试，只有"经济史"一科可考，他以微弱分数落选。

---

① 陶德臣. 民国军事留学生群体生成探析[J]. 军事历史研究, 2014（3）：135.

② 季羡林. 留德十年[M]. 上海：东方出版社, 1995：7.

③ 何炳棣. 读史阅世六十年[M]. 北京：中华书局, 2012.

期间因为战事耽搁，又涉及"西洋史"一科可能取消，最后从沦陷区出来，他以三个月时间备考，凭借积蓄的实力考取，其历程几多坎坷。

当然，任何考试都有例外。据留日军事生李昊回忆：当时四川军阀保送到日本的 3 个军事留学生，准备报考日本士官学校，但"因为不会日语，怕考不取"，便请他帮忙说情。随后李昊联系日本人山田疏通，3 人在考试前拿到题目和答案，熟记后参与考试，而后被录取。①此外，就士官学校而言，在晚清时期还有人利用地方行政和留学生管理上的混乱而在名单上做文章。首先设法在派遣名单上加进去一两个虚构的姓名，到东京再让合适的人顶替入学，享受其官费资格。②

为节省外汇，同时满足抗战对留学科目的需求，1938 年 6 月行政院颁布《限制留学暂行办法》，将留学生的派遣资格提高到研究生或研究人员以上，将留学科目规定为有关军事国防的军、工、理、医各科，这大大缩小了留学的范围。

1939 年 8 月，教育部又公布了《修正限制留学暂行办法》，规定"在抗战期内公费留学生，非经特准派遣者，一律暂缓派遣；自费留学生，除得有国外奖学金或其他外汇补助费，足供留学期间全部费用无须请购外汇者外，一律暂缓出国"。③同时，对已在国外的留学生，视情况要求他们回国。

从 1939 年 8 月起，教育部基本上停止了各类留学生的派遣，而将主要工作放在留学生归国和救济上，留学人数大大减少。1938 年到 1942 年，出国留学者仅在 50 人到 100 人之间。国民政府实行这一政策，是根据战时形势和抗战需要做出的，但是长期看来，限制留学带来的弊端远远多于所节省的外汇，大批学生被迫回国，造成了教育资源上的极大浪费，且归国留学生的安置工作也没有做好，更加剧了人才的浪费。

1943 年，世界反法西斯战争胜利的局势已经确定，国民政府也开始考虑战后的重建工作，制定长期留学教育计划，废止以前的限制，对于有志出国深造青年，不论其所习何种科目，均酌量予以扶植，并鼓励，唯以不降低留学生的程度④。1927 年以来的限制留学政策解冻之后，大批青年纷纷申请自费留学。当时，在重庆"大抵家有余粮百石或腰缠余金十万者，不问条件如何，均欲作美洲之游"。

1943 年 10 月，国民政府制定了《国外留学自费生派遣办法》，首先放宽了自费留学的限制，凡具专科以上学校毕业之资格而愿留学者，均可发给留学证书。其次规定：本部为改进国外留学教育，造就各科专门人才，以配合今后建国之需要起见，凡自费生请求出国留学，一律由本部统筹派遣，并管理之。⑤办法加强了对自费生的管理，且第一次规定对自费留学生也须通过考试才能派遣。同年 12 月，教育部举办了第一届自费留学生考试，共录取 327 人，陆续派往英美留学。

抗战后期，所有公费留学生的派遣，或是国外赠予奖学金的留学生的派遣，统一由教育部负责管理，取消了各省的权力。这一时期举办的留学生考试有第八届中英庚款留

① 文闻编. 国民党中央训练团与军事干部训练团[G]. 北京：中国文史出版社，2010：213.
② 严安生. 灵台无计逃神矢：近代中国人留日精神史[M]. 陈言，译. 北京：三联书店，2018：195.
③ 中国第二历史档案馆. 中华民国史档案资料汇编（第 5 辑第 2 编教育）[G]. 北京：档案出版社，1997：865.
④ 刘真. 留学教育：中国留学教育史料（第 4 册）[G]. 台北：台湾编译馆，1980：168.
⑤ 中国第二历史档案馆. 中华民国史档案资料汇编（第 5 辑第 2 编教育）[G]. 南京：江苏古籍出版社，1997：872-873.

学考试，英美奖学金研究生，实习生考试，清华大学第六届公费留美考试等。

1946 年 7 月，国民政府分九区举办公费留学考试，包括教育部公费生 120 名，法国政府交换生 50 名，中英文教基金董事会公费生 20 名，共 190 名。此次考试录取教育部公费生 131 名，还有中英文教基金董事会留学生 17 名，共 148 名。与此同时，第二届自费留学考试也在进行，录取自费留学生 1216 人，参加第一届公费考试落选而成绩合乎自费录取标准者，也取得了自费留学资格，所以一共录取 1934 名。除此之外，教育部还举办了青年军公费留学考试、翻译官公费留学考试，还派遣了少量的赴各国考察研究人员。

1947 年 4 月，教育部公布了新的《国外留学规则》，对留学生资格、考试办法等做了进一步的调整，但是都过于简略，也反映了内战期间国民政府心有余而力不足，无法进一步扩大留学规模。1948 年 1 月，国民政府以"外汇支绌"暂停公、自费留学生的考试，南京国民政府派遣公费留学生即宣告终止。

第三章

出　行

经过了招生考试、层层选拔又或者是多年的学习培训，青年学生终于可以踏上向往的远方了。不管是远涉重洋，还是跨越欧陆，都是一段漫长而艰辛的旅程。只不过对于公费生来说，坐头等舱，不需要为钱发愁，提前学习过西餐礼仪，可以尽情感受异域餐饮文化带来的新奇和快乐，而对于自费生尤其是贫苦的勤工俭学生来说，只能坐货舱，忍受晕船的痛苦，有的还要打工赚取旅途的生活费。在这长程的旅途中，有人看到了现代化国家的风光，有人感受到了殖民地人民的屈辱，留学生们的见闻也各不相同。

第一节　万里航程始少年

梁启超曰"少年强则国强，少年智则国智，少年进步则国进步。"带着来自家人的期待和朝廷的厚望，十几岁的留美幼童就这样登上了去往遥远国度的轮船，开启了中国人留学的大潮。

1874 年，祁兆熙负责护送第三批 30 名幼童，其中就有自己 12 岁的儿子祁祖彝。他在《游美洲日记》中，记叙了一个多世纪前的这次跨海旅途。在上海启程时天蒙蒙亮，幼童兴冲冲早起，观看轮船驶出吴淞口。起航十多天后，风浪更加凶猛：二十二日　同人犹有晕浪者。余虽不晕浪，在此摇荡之间，记此三日事，亦甚无味。水如黑水洋，该处海面最大，余唯笑看千万黑山飞过而已。夜，雨浪入舱，衣箱易所。

二十三日　方与容阶坐谈于卧房，浪砰然洞窗入，一吓而忘言。

二十九日　午后雨大风急，晕浪者七八人。云江最苦，不能起。余嘱三弟、祖彝同船上佣人，以开水淘饭进。晚饭后，船极不稳，免理诸生书。有泼水进房舱者，移卧中舱。①

---

① 钟叔河. 走向世界丛书（第 1 辑 2）[G]. 长沙：岳麓书社，2008：217-219.

幼童的适应性很强，晕船者开始减少，并"嬉戏自得，毫无恐怖"。祁兆熙每天上午给幼童宣讲《太上感应篇》《三训合刊》，背诵有差误的幼童会被打手板。幼童晚上则学习欧美书籍。幼童甚至喜欢风高浪急，因为这时就可以不用学习功课。

开始时，幼童吃不惯船上的西餐，但航程刚刚过半，多半已经慢慢习惯。早晨八点半，晚上六点半，当用餐的小锣敲响，他们就会饶有兴趣地坐到餐桌旁。每人坐处大碟一、勺一、刀一、叉一；洋布手巾一方，束以白铜圈。食物有牛肉、羊肉、鱼、甜咸皆有的面饼，饮料有奶茶、冰水，饮毕，进高脚瓷盆四，装水果、干果二，每人随意食之。干果即胡桃、杏仁、葡萄干等。幼童还学会了外国人投掷沙包的游戏，在甲板上，互相抛掷，作消闲舒筋骨。①

在那个没有飞机的年代，一个月的航行是艰苦而又令人疲倦的。但是对于这些年仅十几岁的孩童来说，事事都具有新鲜感。在他们的回忆录中，即使是在数年以后，那些旅途中的场景依然记忆犹新，充满了诗情画意。温秉忠1923年在北京税务专门学校做长篇演讲时就提到了他的这次旅行：横渡太平洋花了二十八天，一个漫长疲困的航程，但对幼童而言，太平洋是风和日丽水波不兴。他们在甲板上散步，注视着蓝天和飞鱼，来打发他们的晕船。有时一只鲸鱼向空中喷出一道水柱，引起大伙无比的兴奋。有时在甲板上游戏，在不知不觉中旅程到了最后一天——他们的船驶到旧金山大桥下。②

第二节 未出国而先洋化

留学运动日趋成熟起来，所以留学前，不管是公费生还是自费生都需要进行一些准备工作。特别是公费留学生，除了制装、办理相关手续外，通常还会系统学习一些西方礼仪。正如一名学生所说：他终于要去美国了，要亲眼看看即便是阿拉丁神灯也无法创造、即便是讲一千零一夜故事的人也无法描述的伟大奇迹。然而，这种快乐并没有维持多久。他不得不面对这一转变，使自己适应新的饮食，勇敢地克服航行中的危险，最重要的是，要学习所有外国人的生活方式。③

陈鹤琴就曾经提到他们从清华毕业考取庚款留学，在上海进行了临行前的准备。环球学生会朱少屏先生替他们办护照、定舱位，还筹备欢送会。而周诒春校长则差不多给他们上了一个多月的吃饭课。

第一课 坐席

周校长说，中国人让左，外国人让右。女主人的右手座位是首席，男主人的右手座位是次席，女主人的左手座位是第三席，男主人的左手座位是第四席，其余类推。美国人坐起来，总是男女隔坐的，女主人的左右座位普通是男宾坐的，男主人的左右座位普通是女宾坐的。这样男女宾主就可以一对一对地坐谈了。但是入席时，从客厅走到饭厅，女的总是先进去，男子只可随后跟跟，若要"捷足先登"，那就要吃主人

① 钱钢，胡劲草. 大清留美幼童记[M]. 北京：当代中国出版社，2010：47.
② 李喜所. 近代留学生与中外文化[M]. 天津：天津教育出版社，2006：26.
③ [美]史黛西·比勒. 中国留美学生史[M]. 张艳，译. 北京：三联书店，2010：98.

的白眼了。

同席的来宾若是很多，座位名次多是预先规定，男女来宾可以按照名签就坐，若是同席的不多，普通总是由女主人指定座位，请来宾一个一个坐的。

但是"就坐"不要坐得太快，就坐也有一定的礼貌。女主人坐下，来宾方才可坐，女主人还没有就坐，来宾绝对不可坐的。女主人怎样就坐的？这里也有一点规矩，你不能忽略的。首席的来宾一看见大家站立好了，女主人正预备就坐，应当立刻走到女主人的旁边，把女主人的椅子轻轻地拉开来，对她说："某夫人请坐"，再看她将要坐下去的时候，就把椅子轻轻地往里面移一移。其余男宾一看见女主人就坐，也照样请左手的女宾坐下。[①]

第二课　坐的姿势

饭厅里的椅子不是那样舒服的，椅背又高又直，你坐下来，一定要把椅子移进去，把你的胸挺直，把你的背紧紧地靠着椅背，这样你的背就不驼了，坐的姿势就对了。[①]

第三课　喝汤

第一，头不要往下垂。第二，不要出声。第三，汤快要喝完的时候，你若要把汤余舀起来，不要把汤盘往里面侧。[②]

其余还有吃面包，用刀叉，谈笑的要求。再谈制装问题，像庚款留美生还有总数为500大洋的服装费，他们在去美国之前可以做些体面的西装。对此，梁实秋在《清华八年》中这样回忆：毕业期近，学校发一笔三五百元的制装费，由上海恒康西服店派人来承办。不匝月而新装成，大家纷纷试新装，有的肥肥大大如稻草人，有的窄小如猴子穿戏衣，真可说得上是"沐猴而冠"。[③]

对于自费留学生来说，条件则艰苦得多，如赴法的勤工俭学生。当时所有由华法教育会和留法勤工俭学会组织的留学生，也是先在上海汇合，再由上海安排赴法。由于从上海到法国的邮轮每月才一次，所以上海华法教育会特别设立了留法勤工俭学招待所和俱乐部，以接待过路留法学生。他们负责安排住处、订购船票和协助办理出国手续。1920年9月，邓小平等一行84人就是通过华法教育会的安排赴法留学的。

勤工俭学生一般要加入华法教育会，每人缴入会费两元，四寸照片一张。入会时，还要填写入会志愿书一份，填上年龄、籍贯、姓名、履历、家中通信地址及赴法目的。

起程前要预备的东西有三件：一是办理去法国的护照，二是预定去法国的船位，三是办理行装，准备路上和到法国后需要的生活用品。办护照和定船位由华法教育会帮助办理。如果自己办护照也不难，找个交涉署的介绍信，往上海交涉署办护照没有什么困难。至于定船位最好是由华法教育会办理。船费100元。开船前几天向会中取得介绍书，并携带护照向在上海的法兰西火轮公司购位、缴费。华法教育会所联系的轮船只限于法国轮船，如果要坐英国船或日本船，只能自己联系购票。如果坐法国的船，女学生每位收费120元，搭三等舱；男生则收100元，搭四等舱，沿途比较辛苦。其辛苦的程度各

① 陈鹤琴. 我的半生[M]. 上海：上海三联书店，2014：127-128.
② 陈鹤琴. 我的半生[M]. 上海：上海三联书店，2014：129.
③ 梁实秋. 我们这些流浪的中国人[M]. 北京：北京时代华文书局，2015：62.

船也不同。

关于衣服，主要是秋天和冬天的衣服，夏天的衣服可不准备。制作一二身学生装的香港布衣，西装也行。在船上穿得了。一到马赛，天气就冷了。马赛以北则更冷。衣服以哔叽、佛南绒为好，厚呢的冬衣及冬外套也应各制一件。至于在国内穿的府绸及夏布等衣服都不要带，白色的衣履帽等都不宜带。所有衣服当在上海办齐。皮靴在法国价格贵得很，应多制几件。长皮大衣比较好，法国人喜欢穿长的，短的不好用。帽子夏天来则草帽一顶，冬天来则呢帽一顶，以法国式的为好，白帽无用。至于袜子、毛巾、内衣、牙刷、牙粉、中国鞋、雨伞、中国纸笔等物都应在国内备齐。旅行箱以坚固耐用为好，箱上应在明显的地方写上自己的名字，中文和法文都有。被子等东西，法国的学校里都有，只有进工厂时才用得上。毯子是不能省的，茶叶在法国是稀有品，但法国人一般喝生水。准备的衣服鞋帽，都要雅、洁和合身，不可差，以免与华工相混。途中所需要的食品，如罐头、四川榨菜、油花心、青笋、豆腐、腐鱼及肉类罐头，都应带一些。饮食不好的船更要多带。牛奶可以充饥，藕粉价廉物美，可以多带一些，以便晕船时吃。另外还得准备一些水果。如果坐四等舱，最后每人还准备一把椅子，以便平时坐或到甲板上乘凉。①

第三节　西洋新风海上来

留学的主要目的地是欧美和日本。去往欧美的主要选择坐船，航程较长，和留美幼童相同的是留学生都有晕船以及适应西餐等西方礼仪的过程，不同的是在这些年龄较长的学生眼中，旅途中不仅有新鲜和兴奋，还有苦闷，以及弱国子民的自卑心态和救亡图存的坚定意志。

张福良是第一批通过庚子赔款考试的留学生之一，1909年10月12日，他和他的同学共47人在上海的海运码头集合，登上了一艘名为"SS中国号"的蒸汽船。在张福良看来，每位学生都"有种自以为是的做派，好像中国的福祉都在他的肩上一样"。

在航行过程中，张福良接触到了西餐和西式礼仪。他回忆：又冷又生的牛奶和冰水把我的胃都冻住了。牙齿也开始打战，黄油和奶酪有种奶牛身上的气味，令人作呕。把柠檬放进茶里使之变酸，再加些糖使之变细，看起来真让人搞不懂。其他学生也不喜欢美国食物，如沙拉、土豆、焖羊肉、大块牛排（看来好像是生的）、蛋糕、派和糖果。②其间还闹出了一场笑话。在吃第一顿饭时，由于不知道如何使用桌上的餐巾，而当他们看到一名黑人服务员将餐巾搭在左前臂上以后，全桌学生都把餐巾放在左前臂上，并且全部起立。

而对于出国之前学习过西餐礼仪的陈鹤琴等留学生来说，一日六餐的船上饮食让他们充满了新奇和快乐，他回忆：每餐的餐车总是印的满满的外国菜名，有时候，菜名来得古

---

① 刘道慧. 邓小平的旅法留苏岁月[M]. 北京：人民出版社，2004：44-45.

② [美]史黛西·比勒. 中国留美学生史[M]. 张艳，译. 北京：三联书店，2010：106.

怪，一个都不认识。他们只好从菜单天字第一号吃起，一直吃到点心为止。我们先吃清汤。吃了清汤，再吃混汤。吃了鱼，又吃虾。吃了猪排，又吃牛排。吃了家鸡，又吃野鸡。吃了蛋糕，又吃冰激凌。吃了茶，又吃咖啡。那年同船的还有好几个外国人呢。有一个在中国传道的美国人，名叫 Newton Hayes，看见我们吃得这样高兴，着实替我们担忧呢。[①]

《缪云台回忆录》中还写道：头等舱中大多是白人，同舱的几个中国人里，有当时任清华大学代理校长的周诒春先生和他带领的几十名清华的留美学生，他们从日本长崎上船。二等舱中白人、中国人都有，人数不多。三等舱中人数最多，约有二三百人，全部都是中国人。

那时乘船去美国，路上约需 28 天。由于旅途时间长，轮船公司为了减少旅客途中的寂寞，也为了做生意赚钱，在三等舱里准备了各种饮食和娱乐活动（因为一、二等舱乘客少，三等舱却每次客满，轮船公司全靠三等舱赚钱。）三等舱里特别热闹，简直像个小型的华埠。饮食方面，有各种各样的广东小吃，晚上还供应夜宵。娱乐方面有广东戏和各种赌博，供旅客消遣。[②]

和庚款公费留学生不同，去往欧洲的自费留学生、勤工俭学生，他们的旅途生活更加艰辛。去往美国的庚款留学生坐的是头等舱，对他们来说，海上旅行是一桩最愉快的事，有学生这样形容：天空的颜色反射在水上，就像是万里长的花纹丝绸……谁说风浪危险，如此令人迷惑的旅行带来了宁静的祝福。[③]

1920 年 9 月，邓小平和他的川东老乡乘坐的是一艘名为"鸯特莱蓬"号的法国邮船。船上的舱位分为三等，一等舱的票价是 800 元，二等舱是 500 元，三等舱是 300 元。船上原本没有四等舱，这是为了照顾留法勤工俭学生而临时设的，其实就是货舱。货舱在半明半暗的船底，到处堆放着各种货物，四面无窗。虽然上通三层楼之船顶，但是空气流通并不好。舱内空气非常恶劣，加上天气闷热，臭虫又多，蚊子肆虐，几十个人坐卧其中，大家都感到氧气不足，全身发紧，胸口发闷。许多人就买个躺椅到甲板上去消磨时间和睡觉。[④]

何长工回忆："我们留法勤工俭学生都住四等舱，在船的下层。那里空气不流通，为了使睡觉时空气好一点，船过香港的时候，几乎每个留法勤工俭学生，都买了一把能折叠的帆布靠椅。大家把靠椅一排排地摆在甲板上睡觉。"[⑤]

1927 年自费留法的常书鸿住的也是船底统舱。他回忆："为了能看一看沿途的风土人情，并且挣点钱解决初到法国时的困难，我找到了在船上伙房里打杂的工作。洗碗盏、洗菜、削洋芋、杀鱼宰鸡等下手活，都由我一人承担。最让人难受的就是从上海到马赛要在下舱底闷一个月的时间。经过地中海等海洋时，又正值 7 月炎暑，下舱密不透风，那闷热实在令人难熬。"[⑥]

① 孙立明. 留学生活[M]. 北京：首都经济贸易大学出版社，2014：57.
② 全国政协文史和学习委员会. 缪云台回忆录[M]. 北京：中国文史出版社，2013：10.
③ [美]史黛西·比勒. 中国留美学生史[M]. 张艳，译. 北京：三联书店，2010：106.
④ 刘道慧. 邓小平的旅法留苏岁月[M]. 北京：人民出版社，2004：47.
⑤ 何长工. 勤工俭学生活回忆[M]. 北京：中国工人出版社，1958：26.
⑥ 周作人，等. 留学时代[G]. 北京：三联书店，2012：88.

勤工俭学生乘坐的船抵达法国之后，通常会有华法教育会的接待员来接待。每位学生要交 250 法郎作晚餐及招待费，然后大家一起去吃晚餐。晚饭的时间，招待员会教学生怎样用刀叉，喝汤不要出声，吃完后刀叉放回盘中等。

从中国到欧洲，要经过东南亚、印度还有非洲，留学生在这条路线上所见到的都是弱国，不同人的眼中有不同的印象。在学科学的严济慈看来：离上海后所经各港口没有一个独立的地方，西贡及吉布提是法国领地，其他都是英国领地，言之可欺。人一离国门，种族思想油然填胸。去勤工俭学的聂荣臻回忆：港口上多衣衫褴褛的苦力和乞丐，有些还是很小的孩子，在那里做工或讨饭。这些城市的情况，同在上海见到的情形很相似，大多是英法帝国主义的殖民地，真是哪里有帝国主义统治，哪里就逃脱不了贫穷落后的命运。学艺术的赵无极回忆："这次旅行对我来说百无聊赖，每天出现的风景好像都是一模一样的。我从未对大海产生过很大的兴趣，在很长一段时间内它对我来说是外来侵略的同义词，必须抵抗。"[1]

第四节　穿越欧陆求真理

在各种留学旅途中，由中国去苏联是最危险的，有可能被扣留甚至杀害。所以多数采取的路径是从上海坐船到海参崴，然后坐火车到莫斯科，这条路花费最少，但是要掩饰身份和目的地。从上海去海参崴，先躲在货船上偷渡出境，到了公海才敢走出货舱；走东北陆路经满洲里出境，要受到日本军队以及张作霖的东北军盘查；在中国境外，早期红军与白匪还在作战，留学生会受到白匪攻击。无论走哪条路线都辗转时间较长，甚至有生命的危险，但是这些危险并不能减少青年人的留学热情。

从上海乘船需要 7 天到海参崴，而从海参崴到莫斯科还有近万公里。苏联的西伯利亚大铁路也是走陆路到欧洲的必经之路，当年以清华大学交换研究生身份赴德留学的季羡林走的就是这条路。

根据清华大学与德方的交换学生协议：双方交换研究生，路费、制装费自己出，食宿费相互付给：中国每月 30 块大洋，德国 120 马克。当时的官费留德学生一个月有 800 马克，而 120 马克只能勉强支付食宿费用，条件并不理想。据季羡林回忆，他从工资节余了一点钱，又向朋友借了一些，勉强做了几件衣服，因为到了德国更不可能有多余的钱买衣服。

在那个年代，出国的手续相对比较简单，但是要到天津去办。季羡林和乔冠华一起乘火车赴天津，因为途径苏联，所以需要到苏、德两个领馆去请求签证，领馆的工作人员只是简单地问话之后，就办完了。

这条路线需要首先经过中国东北三省，到了山海关，就要进入当时日本人建立的伪满洲国。然后从哈尔滨登西伯利亚火车，经满洲里，即苏联与伪满洲国的交界处，大概经过八天时间到莫斯科，到波兰地界后，换乘波兰车，直达德国柏林。如果不算停车时

---

① 张倩仪. 大留学潮[M]. 香港：商务印书馆，2015：106.

间，大概需要十天。

车上有卧铺，每间四个铺位。季羡林等六个中国学生，住在两个包厢内，多的两个铺位，经常变换旅客。季羡林等人到哈尔滨后，就开始购买旅行所需的食物，而且是必须置办的。哈尔滨有许多苏联人开的店铺，你只要走进去，说明来意，立刻就能买到一大篮子装好的食品。主体是几个重七八斤的大'裂巴'（俄语中面包的意思），辅之以一两个几乎同样粗大的香肠，再加上几斤干奶酪和黄油，另外再配上几个罐头，共约四五十斤重，足供西伯利亚火车上约莫八九天之用。① 车停满洲里的时候，季羡林等人又到市内的商店，买了几个日本产的甜酱菜罐头，做佐餐之用。

车上的生活，单调而又丰富多彩。每天吃喝拉撒睡，有条不紊，有简便之处，也有复杂之处。简便是，吃东西不用再去操心，每人两个大篮子，饿了伸手拿出来就吃。复杂是，喝开水极成问题，车上没有开水供应，凉水也不供应。每到一个大一点的车站，我们就轮流手持铁壶，飞奔下车，到车站上的开水供应处，拧开水龙头，把铁壶灌满，再回到车上，分而喝之。②

车上有餐车，也有牛排等西餐，但价钱极贵，只收美元。据季羡林回忆：有一天中午，一个高大的苏联女餐车服务员，端来了一大盘新出锅的炸牛排，让人馋涎欲滴，但是每块3美元的价格，却吓人一跳。对季羡林这些贫困的中国学生来说，是没有人肯出3美元大快朵颐的。但是同车的苏联军官往往可以凭借军人的身份享用良好的食品，他们用自己的军官证就可以领到一份裂巴，以及奶油、奶酪、香肠之类的东西。

车上的吃喝问题就是这样解决的。谈到拉撒，却成了天大的问题。一节列车住着四五十口子人，却只有两间厕所，经常是人满为患。季羡林每天往往很早就起来排队。有时候觉得已经够早了，但是推门一看却已有人排了长龙。③

车上的生活也不全是困难，也有愉快的一面。季羡林等六个中国学生一般都是挤坐在一间车厢里。虽然在清华大学时都是同学，但因行当不同，接触并不多。此时却被迫聚在一起，几乎都成推心置腹的朋友。他们闲坐无聊，便上天下地，胡侃一通。因为都是二十三四岁的大孩子，阅世未深，每个人眼前都是一个未知的世界，堆满了玫瑰花，闪耀着彩虹。他们的眼睛是亮的，心是透明的，说起话来，一无顾忌，二无隔阂，从来没有谈不来的时候，小小的车厢里，其乐融融。也有无话可谈的时候，就下象棋。物理学家王竹溪是此道高手，在车上的八九天，其他人就没有胜过王竹溪一局。④

季羡林还回忆：侃大山和下象棋，觉得乏味了，就凭窗向外看。万里长途，车外风光变化也不算太大。一般只有大森林，郁郁葱葱，好像是无边无际。留给我印象最深的是贝加尔湖。湖水碧绿，靠岸处清可见底，渐到湖心，则转成深绿色，或者近乎黑色，下面深不可测。真是天下奇景，直到今天，我一闭眼睛，就能见到。⑤

———————————

① 季羡林. 留德十年[M]. 北京：中国人民大学出版社，2004：23.

② 季羡林. 留德十年[M]. 北京：中国人民大学出版社，2004：28.

③ 季羡林. 留德十年[M]. 北京：中国人民大学出版社，2004：29.

④ 季羡林. 留德十年[M]. 北京：中国人民大学出版社，2004：29-30.

⑤ 季羡林. 留德十年[M]. 北京：中国人民大学出版社，2004：30.

第五节　五花八门新世界

不管是东去日本、美国，还是西去欧洲，不论是坐船还是火车，旅途少则十天，多则一月，在这长程的旅途中，亦是留学生增长见闻的好时机。只不过横渡太平洋去美国，中途只经过日本，留学生看到的是现代化的痕迹，而海路到欧洲的，沿途经过的是东南亚、印度和非洲，看到更多的是殖民地的面目，还有铁路到欧洲的，主要经过的是苏联，令人印象深刻的是苏联的新景象。

去往美国的旅程，只有日本和夏威夷可以做陆上观光，留学生一般停留夏威夷的少，较多的是趁机在日本停留，因为中国人在日本无须检查证件就可以登陆。许多留美生起初看不起日本，但是观光之后，态度转变。再与抵达美国旧金山后，所见唐人街喧嚣肮脏的景象相对比，感触就更深了。缪云台回忆：船行数日，到了日本。轮船公司为了照顾客人的旅游，让一等舱旅客愿游览者在大阪下船，然后把船开往横滨，在那里等候客人。我下船后，由大阪坐火车去东京，在东京玩了一趟，就到横滨去乘船。由于语言不通，在观光游览中只能靠笔谈。这次游览的时间虽然不长，但有几件事却给缪云台留下很深的印象，这些也充分反映了日本当时的社会情况：[①]第一件事是感到日本当时妇女参加工作的很多，轮船一靠拢码头，我就看到加煤是由许多女工排成长队。在邮政局、银行中也有不少妇女在工作；第二件事是感到日本的中小学教育比较普及，在旅馆中我看到，下女有闲时，就坐在门槛边读报，说明识字的人多，报纸也很普遍；第三件事是感到当时尽管日本的工业生产已较发达，但人民仍过着十分俭朴的生活。人民仍然穿着和服、木屐，很少着西装，生活并未西化。我们在旅馆中洗脸使用的是单布不是毛巾，牙刷也都是将竹或木棍一头打碎做成的，伙食也比较简单；第四件事是感到日本人民很注意清洁卫生，他们的住房，街道和一些公共地方都很干净。

从中国到欧洲的留学生，当时多是从上海或香港出发，经东南亚的越南和新加坡、南亚的印度和斯里兰卡，抵达非洲东岸港口，过红海、地中海，抵达法国马赛或其他港口，再转陆路到欧洲各国，这条路线所见都是弱国和殖民的景象。

香港的夜景虽然美丽，但是却和现实形成了难堪的对比，特别令留学生不自在，比如留法勤工俭学的沈沛霖回忆："'波尔多斯'号自上海开航，经东海南行，第一站为香港。因为装货的原因，在港停留三日，我与同学偕同上岸观光。同为炎黄子孙，语言障碍颇大。港人多操粤语，不谐国语。我等以英语交流，因不熟练，反为港人耻笑，故只有手势加英文。"[②]

航船经过东南亚，主要停靠的是法属越南的西贡和英属的新加坡。西贡没有正式街道，都是些亭子，疏疏落落地散建在大树底下。有几栋比较高大的洋房，那是法国人的住宅或商店。在西贡，像是最普通的交通工具，街道上随处可见。象背上顶着一座小房

---

① 全国政协文史和学习委员会. 缪云台回忆录[M]. 北京：中国文史出版社，2013：10.

② 中国人民政治协商会议江苏省委员会文史资料委员会. 耆年忆往：沈沛霖回忆录[M]. 南京：江苏文史资料编辑部，1998：16.

子，人就坐在里面，讲究的小房子，还有玻璃窗。[①]

船在西贡停了好几天。西贡广东、福建华侨很多，这里还有一条广东街。何长工回忆："当地华侨打着国旗像欢迎亲人一样来欢迎我们。他们热爱祖国的心情以及对祖国的怀念与期望，集中地流露在对我们这一批祖国青年的接待上。他们热情地招待我们游览、看戏、参观，有了困难，也给以亲切的帮助，体贴得无微不至。"[②]

西贡的市内建筑虽然是现代化的，但是与新加坡相比，不可同日而语。新加坡是英属殖民地，港口有警察检验护照和检查疫病，其整洁程度令人印象深刻。1935年姜亮夫赴法国巴黎进修，途径新加坡，写下几点印象：一是十字街头的警察背着一块宽五六寸的藤板，如人平举两手于左右，即以代指挥车辆之用；二是黄包车特别的大，往往乘坐两人。我曾在车篷下见到一对半拥而坐的男女；三是还有一点笼统的感觉：觉得这个地方"明净得很"！"新鲜得很！"绿树罗列在白色的房屋之下，道路罗列在绿荫之中，而满街行走的人，也都配上非常协调的白衣，再点缀一点马来人的红裙红巾，令我这初游的人非常高兴。[③]

和西贡相同的是，新加坡的华侨也很多。1920年，赴法勤工俭学生途经新加坡时，福建华侨林义顺派了二十部汽车，接学生去他家的橡胶园吃饭。他希望青年学子，好好学习，将来富国强兵，我们在外面也免得受欺负。临走时，他和学生拍照留念，给每位学生送了一套衬衣裤、一双胶鞋和一件雨衣，还有菠萝、香蕉、肉桂，万金油、人丹等。[④]而过了槟城之后，华人的踪迹就很少了。

过了马六甲海峡，首先停靠的是科伦坡，这里当时为英国殖民地，表面欧化，骨子里处处存留印度风光。和新加坡不同，街上看不见一个中国人一个中国字，闹市中的房子全盘西化。给姜亮夫留下了深刻印象："我不敢说，一般人都说他们很懒，也许不太错。但我还觉得有点'贪财'。我们一停留在什么地方，便有人无缘无故地问我们要钱。汽车夫都偷着把计算里程数的表加上二三里。博物馆里的侍役，也会伸出手向客人讨钱。一切人都好似满不在乎地问人讨钱。中国人是暗地揩油，印度人是伸手要钱，说不定就是英国人所能统治他们的一个原因。不仅释迦的精神扫尽，就是甘地、泰戈尔的精神，有些也是白白抛弃呵！贪鄙也当是亡国的原因，我想起我们老大的中国。"[⑤]

过了科伦坡，大部分船都是横越印度洋。姜亮夫回忆：印度洋航行，航程最长，达七昼夜之久。海浪甚大，许多同学都晕船呕吐不止。有四川籍同学某君，突患急症，上吐下泻，最后病死船中，可谓"壮志未酬身先死"，依例为其举行海葬：将其遗体用布裹扎后，自甲板掷入海中，同学排行甲板，为其送行。[⑥]

过了印度洋，直驶非洲的吉布提（今吉布提共和国）。通常进法国的船会在吉布提

① 周永珍. 留法纪事[M]. 北京：北京图书馆出版社，2008：131-132.
② 何长工. 勤工俭学生活回忆[M]. 北京：中国工人出版社，1958：26.
③ 姜亮夫. 姜亮夫文录[M]. 昆明：云南人民出版社，1999：12.
④ 何长工. 勤工俭学生活回忆[M]. 北京：中国工人出版社，1958：28-29.
⑤ 姜亮夫. 姜亮夫文录[M]. 昆明：云南人民出版社，1999：283.
⑥ 中国人民政治协商会议江苏省委员会文史资料委员会. 耆年忆往：沈沛霖回忆录[M]. 南京：江苏文史资料编辑部，1998：17.

停靠时间较长，因为要加煤或加油，顺便带一些土特产回国。而英国船则会停泊在对岸的英属殖民地。吉布提是沙漠地带，很荒凉。只有几栋洋房，是法国人的住房和银行、邮电机关。还有咖啡馆、面包房、杂货铺等散落各处，不成街道。

沈沛霖回忆："船抵吉布提，已为非洲之东岸。吉城亦属法国殖民地，船靠岸停泊。我们上岸后，发现马路奇脏，有许多似蚊虫般的小虫满天飞，手一抓可获许多，又见沿岸房屋低矮，多为草房。由于天气炎热，当地土著，无论男女，均赤身露体，仅在私处围一布巾。我们游兴顿时大减，无心进城，仅在码头周围转了一圈，复回船上。"[1]

当地人住的都是土筑的矮房，他们三五人围成一圈，睡在地上铺的芭蕉叶上，中间放一个铜制的高约三四尺的大烟筒，直径约一尺，每筒可装一麻袋烟叶，筒下面有几个插着橡胶管的小孔，睡觉的人嘴里含着橡皮管，一边睡一边抽烟。因这里野兽多，出产兽皮，回欧洲的船通常会在这里买些骆驼皮、牛羊皮带回国贩卖。这里的治安也不是太好。学生们上岸都结伙走，不敢走散。因听说以前有载人上岸的小划子停在半途，拿出刀胁迫旅客多付钱，也有人在汽船中丢失了外套等物品。学生们也不敢往狭小的街道走，怕出意外。[2]

过了吉布提就进入狭长的红海。进红海之后，在埃及南部、苏伊士运河口处，可以停靠苏伊士港。将到苏伊士市城时，船已行在两山之中，山完全是童童然的，除了黄的土外，似乎什么也没有，连一片草一枝树都看不见，而又都是横躺着。这个城市在沙漠上用人工建起房屋，修了柏油马路，种起棕树，一片一片的罗列在海中，倒也非常美丽。[3]

出了苏伊士运河是地中海的塞得港。这里是英国占领下的埃及土地，曾经疟疾横行，卫生条件一般。沿河口两条街较热闹，但商店的人或小贩常常强人买货。"但在这最丑的市场，确有两件事值得注意，一为埃及古艺术的模仿最发达。不论什么用品都有埃及古代的图案，从文化用具到拖鞋，而照片犹多；一是日本货之充塞，有许许多多用品上，用着埃及图案，然而都是日本货。"[4]进入地中海以后，欧洲大陆已近在咫尺，旅程也到了尾声。

季羡林回忆：陆路到欧洲去须乘坐火车穿越欧亚大陆，首先经过中国的东三省，留学生们在哈尔滨登上由苏联经营的西伯利亚火车。火车在满洲里停车，接受苏联海关严格细致的检查。所有的行李，不管是大是小，是箱是筐，统统一律打开，一一检查，巨细不遗。留学生躬身侍立，随时准备回答垂询。[5]

火车从满洲里出发，经过大概八天的时间到达莫斯科。作为当时世界上唯一一个社会主义国家的首都，莫斯科显得颇为神秘，也成为许多人的向往之地。虽然行车时间表上没有在莫斯科停车的规定，但是列车总会因为种种借口，在莫斯科停上一天。原

---

① 中国人民政治协商会议江苏省委员会文史资料委员会. 青年忆往：沈沛霖回忆录[M]. 南京：江苏文史资料编辑部，1998：17.

② 周永珍. 留法纪事[M]. 北京：北京图书馆出版社，2008：134-135.

③ 姜亮夫. 姜亮夫文录[M]. 昆明：云南人民出版社，1999：295.

④ 姜亮夫. 姜亮夫文录[M]. 昆明：云南人民出版社，1999：297.

⑤ 季羡林. 留德十年[M]. 北京：中国人民大学出版社，2004：27.

因是十分明显的。苏联当局想让留学生领略一下社会主义的风采，沾一点社会主义的甘露，给留学生洗一洗脑筋，让在大吃一惊之余，转变一下自己的世界观，在灰色上涂上一点红。①

一群外国游客被送上一辆大轿车，到莫斯科市内去观光。导游小姐用英文讲解。车子走到一个什么地方，眼前一片破旧的大楼，导游说：在第几个五年计划，这座楼将被拆掉，盖上新楼。……车子到了另一个地方，导游又冷漠地说：在第几个五年计划，这片房子将被拆掉，盖成新楼。……但是到了第三个地方、第四个地方，导游说的仍然是那一套，只是神色更加冷漠，脸含冰霜，毫无表情。游客一座新楼也没有看到，只是学了一下苏联的五年计划。季羡林疑团满腹：哪怕是看一座新楼呢，这样不是会更好吗？难道这就叫社会主义吗？

这一位女导游最后把游客带到一幢非常富丽堂皇的大楼里面。据说这是十月革命前一位沙皇大臣的官邸，现在是国家旅游总局的招待所。大理石铺地，大理石砌墙，大理石柱子，五光十色，金碧辉煌，天花板上悬挂的玻璃大吊灯，至少有十米长。仿佛置身于一个神话世界。这里的工作人员，年轻貌美的女郎居多数，个个唇红齿白，十指纤纤，指尖上闪着红光；个个珠光宝气，气度非凡。季羡林回忆：他刚从荒寒的西伯利亚来到这里，莽莽苍苍的原始森林的影子，还留在脑海中，一旦置身此地，不但像神话世界，简直像太虚幻境了。

---

① 季羡林. 留德十年[M]. 北京：中国人民大学出版社，2004：31.

第四章

管　理

　　留学是一个新生事物，直到在 1901 年清政府才设立专管留学生的管学大臣，1905年之后，留学生工作归学部主管。民国建立以后，留学生工作归属教育部主管。派驻国外管理机构，是清政府留学生制度的一大特点，它随着留学教育的发展而演进，并逐渐走向有序和规范。从清朝的监督制到民国时期改成了经理制，功能类似。所不同的是，清政府更加注重对留学生品行的控制，强调"中体西用"，预防留学生文化上的异化。而民国成立以后，则主要侧重于事务性的管理。在这其中，无论是晚清还是民国，留学费用的管理都是非常重要的一环。

第一节　专员监督论纲常

　　清政府最初的留学生管理，基本上是由奏派留学生的洋务大臣或各省督抚负责，中央没有专门的机构负责此事，曾国藩和李鸿章就是最早的兼领留学生事务的大臣。张百熙任管学大臣也负责留学生管理。从派驻国外的管理机构来看，清末留学生管理制度简言之就是监督制。1901 年以前，除出使大臣随带之学生人数甚少无专人管理外，其余均派专员监督。

　　第一批留美幼童出国时，陈兰彬和容闳担任正、副委员，负责管理幼童的学习生活事务，还在美国设立了中国留学生事务所，有两到三位中文教习和英文翻译。1881 年，留美幼童撤回之后，管理人员也一并撤回。福建船政学堂留学生前往英法学习，委派华、洋监督各一人共同负责管理，这是洋人首次参与管理出洋肄业事务，此时也没有设立专门机构。

　　监督负责事宜如下：其一，选择学习之所，聘请或更换教习；其二，督课、约束及照顾学生，随时监督约束；其三，经费发放。华人监督、洋人监督各负责一方教员和学生的经费；其四，选派并考验生徒学业，不能造就者予以遣返。此外，监督还需要记录并呈送游历见闻，对别国新样之船身、轮机及一切军火、水陆机器，随时探明，觅取图说，分别绘译，在指授生徒学习研究的同时，汇送船政衙门以便核查。还有就是两位监督要互相监督，否则共受惩处。

早期驻外留学管理机构和管理人员都是临时性的，随着留学使命的结束而终止。但就核心职能而言，不管是随行使臣监督还是专员监督，他们的首要任务是强化留学生的思想品行教育，要求留学生在学习西方科学技术的同时，学习中国传统的经、史、子、集并以此为载体向留学生灌输尊君亲上的封建传统伦理纲常。这些举措是为了从思想上、政治上控制留学生不要参加所在国的政治运动，以免他们从中接受革命道理和方法回国参加反清运动。

清政府十分重视留学生的经史水平以及对传统纲常伦理的价值认同，以防留学生观念西化、用夷变夏。根据《选派幼童赴美办理章程》：幼童赴美有中文教员随行，肄习西学仍兼讲中学，课以孝经、小学、五经及国朝律例等书，随资高下，循序渐进。每遇房、虚、昴、星[①]等日，正副二委员传集各童宣讲《圣谕广训》，示以尊君亲上之义，庶不至囿于异学。[②]

也就是说，按照朝廷规定，每七天就要向幼童宣讲《圣谕广训》一次，比国内的宣讲次数还多了一倍。

所谓的《圣谕广训》是清朝康熙皇帝在 17 岁时告诫老百姓做人的道理和应遵守的规章制度，共 16 句话。[③]雍正皇帝又对每条"圣谕"进行了阐释，做成《圣谕广训》，共一万多字，故又称"万言谕"。《圣谕广训》是清代童生考试（即考秀才）的必考内容，在幼童出洋的同治、光绪年间，每半月一次讲解《圣谕广训》早已成为一项强制性制度。

除此之外，清政府对幼童还有三方面的限制：不准半途而废；不准入籍外洋；学成后不准在华洋自谋别业。"中体西用"不仅是清政府处理中西文化的基本原则，也是其留学教育的基本价值观念。而留美幼童的最终召回也与此相关，清政府认为幼童认同西方价值观念而不惜令幼童留美事业功亏一篑。待到"年已及壮"的福建船政生去英法留学时，清政府仍然要求：学生于闲暇时，宜兼习史鉴等有用之书，以期明体达用"，并由"华监督酌量调考华文论说。[④]

此后，清政府还强调留学生必须敦崇道德而后知爱国家，必须悟守法律而后能专心学问。[⑤]早期的留学教育中，清政府通过让留学生学习经史，"望阙行礼"，最终达到"俾娴礼节而昭诚敬"的目的，其教育方法以引导为主。

随着留学教育的发展，特别是赴日自费生的与日俱增，以及留日学生在海外进行的一系列反清革命活动，清朝统治者十分恐慌，其管理增加了许多限制、防范和惩罚性措施。1903 年，主要针对留日学生的《约束游学生章程》出台，限制学生"妄发议论，

---

① "房、虚、昴、星"，是中国古代天文学家确定的二十八宿的其中四宿，每七日分别出现。

② 中国史学会. 中国近代史资料丛刊：洋务运动（二）[G]. 上海：上海人民出版社，1961：158-159.

③ 敦孝悌以重人伦，笃宗族以昭雍睦，和乡党以息争讼，重农桑以足衣食，尚节俭以惜财用，隆学校以端士习，黜异端以崇正学，讲法律以儆愚顽，明礼让以厚风俗，务本业以定民志，训子弟以禁非为，息诬告以全善良，诫匿逃以免株连，完钱粮以省催科，联保甲以弭盗贼，解仇忿以重生命。

④ 顾廷龙，戴逸. 李鸿章全集（7 奏议七）[G]. 合肥：安徽教育出版社，2008：259.

⑤ 陈学恂，田正平. 中国近代教育史资料汇编：留学教育[G]. 上海：上海教育出版社，1991：300-301.

刊布干预政治之言论"，对学生参与政治的警告限制达四处之多，且以退学论处。①相比之下，游学生"品行不轨于正"仅是"减其品行分数"而已。由此可见，清政府对留学生思想品行管理的重视。1910 年，学部奏定《管理欧洲游学生监督处章程》，规定：凡游学生如有品行（如赌博、冶游及犯有玷名誉之事）学业不进者，经监督处查明，即行勒令退学，咨回原省，并将事实咨部备核，如系官费学生，并应追缴历年所用官费。②

第二节　驻外使臣代监管

随着晚清政府洋务事业的推进，福建船政学堂从 1877 年开始派出首批学生分赴英法学习制造和驾驶，李鸿章也于 1876 年、1889 年派遣了陆军留学生前往德国学习。1877 年，李凤苞和日意格分别被任命为第一批福建船政留学生的华、洋监督。李凤苞还兼任德国陆军留学生的监督，"按三个月一次由轮车驰赴德国，兼查卞长胜等功课"。

由于欧洲的留学生数量较少，出于节省经费的考虑，1900 年，清廷谕令：四届出洋学生交出使大臣照料，裁省监督并翻译等员③。1904 年，在《游学西洋简明章程》中又再次重申：学生出洋，如无监督，应由出使大臣约束考察，毋得沾染习气，不求实学，买椟还珠，为世诟病。④

驻外使臣是处理涉外事务的钦差大臣，相比单纯的留学生监督，权力大，而且在 19 世纪末军备竞赛白热化的欧洲，积极推行洋务、追求富国强兵、拥有广阔市场潜力的中国深受欧洲各国的追捧，驻外使臣自然也成了"香饽饽"。无论是政府人员还是工厂企业，都会对中国公使的要求慎重考虑。

例如，第一批福建船政生于 1877 年 5 月间抵达英国，由于距离英国皇家海军学校入学时间还早，且英文程度不足，为了不耽误时间和经费，驻英使馆一面安排学生补习英语，一面向英国外交部申请参观访问。经英国外交部与海军部协商后，7 月上旬，中国教育使团由华、洋监督李凤苞、日意格率领，前往朴次茅斯，先后参观该处船厂、船坞、炮台、海港等项设施，以及练船教育情形，获得颇多的知识。⑤在此期间，又通过驻英使臣郭嵩焘（图 4-1）与英国外交部协商，将具有一定驾船经验的刘步蟾、林泰曾、蒋

图 4-1　1876 年出任中国第一任驻外公使的郭嵩焘

① 陈学恂，田正平. 中国近代教育史资料汇编：留学教育[G]. 上海：上海教育出版社，1991：55-59.
② 陈学恂，田正平. 中国近代教育史资料汇编：留学教育[G]. 上海：上海教育出版社，1991：305.
③ 张侠等. 清末海军史料（上）[G]. 北京：北京海洋出版社，1982：210.
④ 陈学恂，田正平. 中国近代教育史资料汇编：留学教育[G]. 上海：上海教育出版社，1991：26-27.
⑤ 张传磊，赵可. 甲午战前清朝驻外使臣对旅欧军事留学生的管理[J]. 徐州师范大学学报（哲学社会科学版），2011（4）：2.

超英三人派入英国舰队实习。

在晚清军事留学生旅欧期间，大到学馆安排，小到住宿生活，驻外使臣都尽力给予支持，做了大量的工作。1877 年 8 月，严复等 6 人顺利通过英文考试，但按照英国皇家海军学院的规定，外国学生入学不得超过派遣人数的 20%，[①]也就是说留英船政生最多只能 3 人入学。鉴于此，郭嵩焘通过英国外交大臣德尔比与英国海军部交涉、磋商，同意破例让全部中国留学生进入该校学习。[②]而因英文考试失败无法入学的黄建勋、林颖启、江懋祉三人，又是经过郭嵩焘向英国外交部申请，后经英国海军部同意，安排他们进行登舰实习。[③]

按照清廷规定，留学生监督需要向驻外使臣汇报留学生工作。根据《出洋肄业章程》规定：留学生学习功课，游历见闻以及进阶之事，均需详注日记。李凤苞在亲自阅看日记之后，还将其呈给郭嵩焘阅看。1878 年 6 月 2 日，李凤苞将严复、李寿田、吴德章、梁炳年的日记呈郭嵩焘阅看。郭嵩焘认为其中"多可采录"，并依据日记认为：四人中，尤以吴德章向学为笃。[④]郭嵩焘还将"确是有益"的日记信息，摘录到了自己的日记之中。李凤苞还时常亲谒使馆，与郭嵩焘等人畅谈时事，或就学生的学习、学馆安排等问题交换意见。

驻外使臣也会参访中国留学生所在学校，亲自考察他们的学业。1878 年 5 月 30 日，郭嵩焘等一行游历格林尼治学馆并看望了在此学习的中国留学生。严复等全程陪同，他向郭嵩焘介绍了对数、万有引力、热力学、水压机原理等，郭嵩焘极赏其言，属其以所见闻日记之。[⑤]驻英使馆参赞张德彝奉命赴德国查访卞长胜等出营一事时，观看了查连标等人的军事操演，认为他们外貌气质"赳赳有骁勇状"，对他们在队长号令下演练的急步慢行、二人举枪对刺等技，均表示十分满意，甚至还赏给队长二镑，赞其教演得法。[⑥]

翻阅驻英、法公使的出使日记可见，留欧学生拜谒公使也是常有之事。1878 年 2 月 2 日是农历光绪四年正月初一，李凤苞以及格林尼茨肄业生 6 人来驻英使馆拜年，郭嵩焘关切地询问读书章程，并与他们讨论交流。郭嵩焘发现严复"谈最畅"，且"其言多可听者"，印象颇佳。[⑦]1878 年 12 月 22 日，刘步蟾前来拜见郭嵩焘，具述洋人水雷三种以及大连湾情形。郭嵩焘自觉受益，在当天的日记中详细记录了他们的谈话。[⑧]

1878 年 12 月 22 日，专使崇厚途经英国，莅临使馆，被询及英法两国留学生"所成就与其志愿"，郭嵩焘向其汇报说：魏翰、李寿田、吴德章皆匡时良才；制造则杨廉臣、林怡游、郑清濂；数学则陈兆翱；水师良才曰刘步蟾、方伯谦、萨镇冰、何心川。林泰

① 汪祖荣. 走向世界的挫折：郭嵩焘与道咸同光年代[M]. 长沙：岳麓书社，2006：213.
② 王家俭. 中国近代海军史论集[C]. 台北：文史哲出版社，1984：46.
③ 张传磊，赵可. 甲午战前清朝驻外使臣对旅欧军事留学生的管理[J]. 徐州师范大学学报（哲学社会科学版），2011（4）：2.
④ 郭嵩焘. 伦敦与巴黎日记[M]. 长沙：岳麓书社，1984：607.
⑤ 郭嵩焘. 伦敦与巴黎日记[M]. 长沙：岳麓书社，1984：589.
⑥ 张德彝. 随使英俄记[M]. 长沙：岳麓书社，1986：352.
⑦ 郭嵩焘. 伦敦与巴黎日记[M]. 长沙：岳麓书社，1984：449-450.
⑧ 郭嵩焘. 伦敦与巴黎日记[M]. 长沙：岳麓书社，1984：836.

曾、林永升、叶祖珪办事精细，而胆略不及刘步蟾等。因此推荐刘步蟾主兵，林泰曾等
3人专守海口，布置于平时。萨镇冰虽年轻体瘦，但能比他人透过一层，亦可以任将。[1]
郭嵩焘对严复特别不吝溢美之词，称"以之管带一船，实为枉其材"，宜于办理交涉事
务，即使酬应精干的陈季同，其识解也远不逮严复。[2]由此可见，驻外使臣对留学生十
分熟悉。从管理流程来看，留学生的考察任用、综合评价要由华、洋监督给出，经过驻
外公使认可，方可汇报至总署备用，所以驻外公使在留学生推荐任用上的影响是不容忽
视的。

1907年，随着留欧学生增多，清政府设立了欧洲游学生监督作为专门派出机构管理
留学生，监督之下设学官多人，同时还录用翻译和书记若干名，并提供了充足的经费（共
三万五千两）。1909年，为加强对学生的管理必要性，学部又在各国使署中专设游学生
监督处，原有的欧洲游学生监督使命结束。

第三节　留日学生风波起

留日大潮兴起之后，由于留学人数众多，且成分复杂，管理相对混乱。官费生由各
省派遣的，有的有委员监督，有的没有，自费生在保送入学后，就不受约束了。"出使
大臣虽有稽查照料之责，而交涉事繁，兼顾实难周到"。

1902年7月，因驻日公使蔡均拒绝保送自费生入成城学校学习军事，引发留学生大
闹使馆，导致警兵将诸生掓入警署，该事件凸显留学生管理中存在的问题。清政府速派
专使载振赴日处理此事，后双方达成协议，由清政府在日本设置留学生总监督，加强对
留日学生的管理。

同年10月，外务部奏派员外郎汪大燮为首任留日学生总监督，并提供办事人员和
专项经费。总都督职权范围包括：所有官派自费各学生统归管辖，会商日本外部文部参
谋部妥定章程，随时认真经理。……准其酌带随办文牍及翻译共二三员，所需薪水用项，
每岁准支银二万两，由出使经费内提拔。三年期满，再行奏请更换，随带人员届时照出
使章程请奖。[3]

鉴于"出洋学生流弊甚多，饬筹防范之法"，1903年张之洞拟订了约束游学生章程，
其主要针对留日生。章程规定，以后再去往日本的留学生，无论官费、自费，无论官学、
私学，都必须由出使大臣总监督公文保送才能入学。张之洞制定的章程侧重于由中国总
监督察访，转请日本各学堂照办。当时各省派遣日本留学生虽各有监督管理，但是管理
通则都以张之洞的章程为准。

1906年12月，学部出台了《管理游学日本学生章程》，正式设立游学日本学生监
督处，并设有总监督和副总监督两名，由出使大臣兼任总监督，副总监督由学部派出。

---

① 郭嵩焘. 伦敦与巴黎日记[M]. 长沙：岳麓书社，1984：838.
② 郭嵩焘. 伦敦与巴黎日记[M]. 长沙：岳麓书社，1984：839.
③ 陈学恂，田正平. 中国近代教育史资料汇编：留学教育[G]. 上海：上海教育出版社，2007：400.

撤销各省派监督，另设分课办事及分校监督察等员，概由总监督委派。[①]1908 年 10 月，学部又重新改定了章程，建议裁撤总副监督，另设专员管理游学生事宜。

1909 年 11 月，学部参照日本留学生的管理办法，在欧洲各国（英、法、德、俄、比五国）的使署分设游学生监督，任期三年，并规定：凡关于游学事宜，即行遵照臣部前奏办法，悉心办理，遇有重要事件，仍请出使大臣主持，平时咨行各署文牍，由该员具稿呈请出使大臣核定印行，其与日本游学监督处均归一律；除以上诸国外，未设监督处之各国，所有游学生事务，均归相距最近之监督处兼管。[②]自此，出使大臣代管留学生的使命结束。

1909 年，外务部、学部会奏的《派遣学生赴美谨拟办法折》中规定：择其学业优美、资性纯笃者随时送往美国肄业，以十分之八习农、工、商、矿等科，以十分之二习法政、理财、师范诸学。可以说，对留美生的管理，比对留日生和留欧生来说，更为详细。

可见，在甲午战后留日大潮兴起以后，清政府对留学生的管理有了很大的改变。在此之前，清政府主要派出了留美幼童、福建船政生、德国陆军留学生，主要的监督方式是派出随行专员监督，再加上驻外使臣监督。在每一批学生出国之前，也都制订了相应的章程，比如《选派幼童赴美肄业办法章程》《选派生徒出洋肄业章程》等。

留日大潮兴起以后，特别是 1902 年成城陆军留学生学潮事件以后，清政府加强了对留学生的管理，留学监督处成为管理留学生的正式机构，对留学生的留学资格、学业范围、修业年限等规定也越来越细致。

第四节　删繁就简经理制

民国建立以后，因经费不足，留日留欧的游学监督处都取消了，但是由于国外的留学生还很多，许多交涉管理事务不能无人负责，1913 年教育部颁发《经理欧洲留学生事务暂行规程》，经理制替代了从前的监督制。1914 年颁布《经理美洲留学生事务暂行规程》，其办法也与欧洲留学生基本类似。

根据规定，经理员的主要职权是经理留学各国学生学费事项，但俄国除外，其学费由使馆兼管。"经理员除经理学费事项外，教育总长得随时饬令调查左列各款：关于学生成绩事项，关于各处学校情形，关于学术事项"。

与晚清时期的游学监督相比，经理员的职权主要局限于管理学费，对学生的其他方面谈不上监督管理，且经费很少。经理员每月薪俸定为 450 元，书记薪俸 150 元，事务所办公费 100 元，此外不得另支公费。凡发电汇款等费及因公前赴各国川资宿费，得核实报部呈请补给。晚清政府初设游学生监督处时，每年经费有 38000 两，到了 1909 年，分派英、德、法、俄、比五国监督，将原有经费分摊，每处也有 7600 两。但是到了民国，改为经理员之后，其管理全欧留学生的经费还不及过去一国的经费数额。

---

① 陈学恂，田正平. 中国近代教育史资料汇编：留学教育[G]. 上海：上海教育出版社，2007：401.
② 陈学恂，田正平. 中国近代教育史资料汇编：留学教育[G]. 上海：上海教育出版社，1991：302-303.

但是 1914 年 1 月民国教育部公布的《经理留学日本学生事务暂行规程》则有所不同，第一，因留日学生数量众多，经理员除教育部委派一人外，其余各省或每省委派一人，或数省合派一人，由各省查核学生人数酌量办理；第二，留日学生经理员的职权重于留欧学生经理员，这与清末的监督没有很大差别，《规程》第七条规定，其重要工作涉及：官费自费生送学；官费生发费；收验官费生证书公文；考核官费生之品行及学业；留学事项报告。此外，完成教育总长或各省行政长官或驻日公使临时委任的事务。①

之后教育部又对原有的三十二条规程做了修改，其中：①将中央之经理员改为部派监督；②各省经理员对于部派监督为从属关系；③部派监督得详请教育总长撤换经理员之不称职者，留学生送学事项之在日本文部省直辖之高等专门学校及帝国大学统由部派监督办理，其他各校由部派监督或各省经理员分部办理；④部派监督规定薪俸 300 元，办公费 200 元。是年十月，教育部又将留日学生监督处扩充，设简派之监督一人，支薪 600 元，外办公费 200 元，邮电杂费 500 元，荐任待遇科长三人，委任待遇科员十人。

1915 年 8 月，民国教育部颁布了新的《管理留欧学生事务规程》，1916 年颁布了《管理留美学生事务规程》，各三十七条。与留日规程相比，留欧和留美规程较简单，没有设置各省的经理员。其组织也极为简单，均只设监督一人，欧洲监督的薪水为 500 元，美国经理员薪水为 400 元，各办公费每月国币 300 元，监督可延用书记，但薪俸在办公费下开支。

另外，民国以后，因庚款留美而设立的清华学校隶属于外交部。由于留美学生数量很多，所以专门设立了驻美游学监督处管理各项事宜。其管理原则与其他学生类似，唯一不同的是"驻美游学监督处为清华学校派出机关，其一切重要事务，应直接商准清华学校校长办理"。清华的留美生所享受的留学经费也比其他的官费生充裕。

监督的主要职责有：监督代表清华学校校长总理该处一切事务，并指挥监督处所属各职员；对于清华游美学生之德智体三育，负考核、诱导、督率之责；代清华学校物色相当人才，荐充教职员，并开送名单，以凭审择；每年须出巡各学校，并将情形报告清华学校校长；协助清华学校职业介绍部，清华校友进行一切，并与美国大工厂及实业家互通声息，俾资赞助。②

第五节　整齐划一从军去

军事留学生的派遣是清末新政的一项重要内容。1900 年，八国联军入侵北京，清政府被迫签下《辛丑条约》，激起了朝野上下振军经武、重建国防的热潮。1904 年，出使日本大臣杨枢极力称道日本陆军，认为当时留学生学习武备人员较少，希望政府添派学生送入日本陆军各学校，培养更多的干城之才。在充分肯定杨枢的建议并综合衡量了国内军事学堂与练兵之重要关系后，练兵处很快便制订了此后军事留学生派遣的"整齐

---

① 中国第二历史档案馆. 中华民国史档案资料汇编（第 3 辑教育）[G]. 南京：江苏古籍出版社，1991：584-585.
② 舒新城. 近代中国留学史[M]. 上海：上海世纪出版集团，2011：112-113.

划一之规"，即 1904 年颁布的《选派陆军学生分班游学章程》。

在该章程颁布以前，清政府军事留学生的派遣主要是由各省督抚自行选送，主要集中于两江、两湖地区，其余各省份也有零星的派遣记录。新章程规定：咨送各生应由练兵处统一选派一监督，专司考查约束。并规定了各省选派的名额：京旗等省各六名；奉天等省各四名；山西等省各三名；江宁等十三处驻防各一名，共一百名，为第一班。[①]

但是在具体实施的过程中，实际派遣人数及各省定额与规定不符。特别是新章程颁布之后的最初几年，由于新政初始，各省急需人才，军事留学生的派遣仍是中央统一考选与地方督抚私自选派并行。其中，仍以湖南、湖北、江苏、浙江、四川为最多。

章程还规定了留学生的资格：所选学生必须身家清白，体质强壮，聪明谨厚，志趣向上，并无暗疾嗜好。于中学已有根底，武备各学已得门径，年在十八岁以上，二十二岁以下者为合格。其未设武备学堂之处，于武事本未谙习，而经史时务之学必须优裕。[①]

1900 年，有 40 名留日生攻读军事学科。1904 年，练兵处颁布新章程之后，留日军事生每年约增加 100 人，到 1907 年总数达 520 余人。截至 1911 年，中国陆军里约有 800 名军官或在日本军事院校学习，或是这些学校的毕业生。[②]

军事留学生作为特殊留学生，清政府明文规定"学习兵事，专为国家振武之用，自应由官遣派，不得私自往学"。[③]北洋政府时期，解除了自费军事留学禁令。1931 年，自费留日学生中军事科 339 人，航科 23 人，共 362 人。[④]1935 年，国民政府颁布《取缔私送军事留学生办法》，再次把军事留学收归政府管理。

受政局动荡的影响，民国时期军事留学生整体上的规模不大，但来源多样化，中央政府、各地方政权、伪政权、各地军阀等都或多或少地派遣过军事留学生，因此管理上比较混乱。北洋政府时期，1918 年 11 月和 12 月，海军部颁布了《驻外公使海军武官管理留学生规则》和《英美海军留学员生规则》。1928 年 7 月，南京国民政府时期颁布了《国民政府军事委员会派遣陆海空军留学生章程》，强调了留学生的知识背景，要求：年龄在二十岁以上三十五岁以内，精通某一国之语言文字，高中以上毕业或具有同等学历及军事知识，学术劳绩俱优等；1929 年 2 月和 4 月，又接连颁布了《考选留学国外陆海军大学条例》和《陆海空军留学条例》，对军事留学人员的学历资格、工作经历等提出了更高的要求。例如，国内外正式陆海空军学校毕业，其修业期在 1 年半以上；军校毕业后在国内部队服勤务 2 年以上。[⑤]

第六节　千金散去留学难

留学运动兴起之时，清王朝正走向没落，内忧外患、割地赔款，国库亏空；留学运

---

① 陈学恂，田正平. 中国近代教育史资料汇编：留学教育[G]. 上海：上海教育出版社，1991：24.

② 冯兆基. 军事近代化与中国革命[M]. 上海：上海人民出版社，1994：88-90.

③ 陈学恂，田正平. 中国近代教育史资料汇编：留学教育[G]. 上海：上海教育出版社，1991：25.

④ 中国第二历史档案馆. 中华民国史档案资料汇编（第 5 辑第 1 编教育）[G]. 南京：江苏古籍出版社，1994：398.

⑤ 杨智磊，王兴亚. 中国考试管理制度史[M]. 郑州：中州古籍出版社，2007：746.

动进入高潮之时，民国新建、军阀混战，积贫积弱，财政入不敷出。1919 年，全国教育经费仅 273 万余。[①]

尽管国内百废待举，教育经费紧张，中国政府依然在留学教育上投入很大。根据舒新城的粗略计算，民国初年，公费加自费留学的费用约为 11 023 650 元，而当时全国高等教育经费只有 13 950 424 元，留学费用占比高达 79%。[②]

一、中央公费和省费

不同时期留学的经费来源不同。19 世纪 70 年代的留美幼童经费由江海关洋税项下年拨六万两，福建船政学堂学生经费由福建海关及该省从南北洋海防经费中提用，每三年共计二十万两，出使大臣带赴各国学生的经费由出使经费项下指拨。[③]

甲午战争之后，派遣留学生成为清政府的既定国策，经费的格局与派遣机构保持一致，分为中央公费和各省的公费。中央政府的经费主要由教育或外交部门负责，涉及军事和交通等的部门，由各自负责，如海军部、交通部。

晚清政府因财政吃紧，曾经不止一次地下旨要求各省尽快派学生出国，因此省费是公费留学的另一个重要来源。只是各省的经济实力不同，省费的名额、资助额也有差别，不同省籍的学生考到同一间学校，享有不同公费是常有的事。只是到了民国，军阀混战、各自为政，中央无法向各省收税，省费留学也就难以为继了。

中央公费和省费并不是分得特别清楚。很多重要留学计划，比如清华的庚款留美，日本的五校协议，最后的费用都是分摊到各省的。清华学校是按省招生的，因此清华官费也是以省为单位的。1909 年 7 月 10 日，关于遣派学生赴美留学办法折中提出：至于学生名额，自应按照各省赔款数目分匀摊给，以示平允，其满洲、蒙古、汉军旗籍，以及东三省内外蒙古、西藏亦应酌给名额，以昭公溥。[④]在实际执行中，庚款留美的各省人数与赔款比例并不完全一致。江苏负担赔款最多，也是留学名额最多的省。其赔款占近 13%，留学却占到 21.7%。而有些省虽然负担少量摊派，但是经常不能派出学生，如新疆，负担 1.7% 的赔款，但是学生只占到 0.4%。

20 世纪初，留日生虽人数众多，但多进入非正规教育机构，接受的是"速成教育"，这与政府派遣留日生取道日本、学习欧美的初衷背道而驰。为了促成留日生在日本接受正规的高等、专业教育，1907 年，经过多次交涉，清廷与日本正式签订了"五校特约"协议。协议规定：从 1908 年至 1922 年，日本"五校"每年共招收中国留学生 165 人[⑤]，入学考试由各校分别实施，学生每年缴纳 650 日元学费和培养费（其中培养费 200 日元，相当于日本学生学费的四到七倍）。中方按照各省分配名额，经费由各省负担。据当时

① 董宝良，周洪宇. 中国近现代教育思潮与流派[M]. 北京：人民教育出版社，1997：381.

② 舒新城. 近代中国留学史[M]. 上海：上海世纪出版集团，2011：97.

③ 舒新城. 近代中国留学史[M]. 上海：上海世纪出版集团，2011：95.

④ 清华大学校史研究室. 清华大学史料选编（第 1 卷）：清华学校时期（1911—1928）[M]. 北京：清华大学出版社，1991：116.

⑤ 其中，第一高等学校 65 人，东京高等师范学校 25 人，东京高等工业学校 40 人，山口高等商业学校 25 人，千叶医学专门学校 10 人。

中方测算，15 年间应有 2475 人，如果再加上每年 65 人就读第一高等学校（简称一高），且毕业后进入帝国大学的学习费用，其全部金额大约需要 775 万日元。[1]

二、经费开支明细多

学费一般包括交于学堂以及书籍、旅行、实验等费用。1905 年学部成立以后，开始对留学经费实行预算，并根据留学国不同制定了不同的给费标准，改变了过去没有经费预算、管理机构与留学生所在学校直接结算学费的状况（表 4-1）。

表 4-1　学部时期留学海外人员给费标准情况表　　　　　（单位：人/个）[2]

国别	月给费	年给费
日本		官费生学习普通学科，及肄业私立高等专门学校与私立大学者，每人每年学费日币 400 元；官费生肄业官立高等专门学校者，每人每年学费日币 450 元；官费生由高等学校毕业，升入官立大学者，每人每年学费日币 500 元，其入官立大学习选科者，每人每年学费日币 450 元
英国	16 英镑	192 英镑
法国	400 法郎	4800 法郎
德国	320 马克	3840 马克
俄国	135 卢布	1620 卢布
比利时	400 法郎	4800 法郎
美国	80 美元	960 美元

留学生治装费多少视各派出机构的财政状况而定，来回川资还要视路途远近。如 1906 年，北洋大臣选派学生赴英、德两国学习管轮枪炮，其中赴英治装费每人 450 两，赴德 420 两，单向川资均 500 两。[3]

1909 年学部会计司为了便于年度预算，统筹划一，规定赴英、美留学生给予治装费龙洋 150 元，川资龙洋 700 元；赴法、比、德、俄留学生给予治装费龙洋 150 元，川资费 650 元；赴日不给治装费，川资费给银 120 两。1910 年，学部再次统筹规划，游学欧洲学生每人均发给治装费中国银 300 元，川资 500 元，毕业归国川资 500 元，不再发给治装费。[4]自费生改为官费者只补给回国川资，不回国者不补。

留学海外学生众多，难免有生病或病故的情况，因此在各省监督或出使大臣的经费开支中有一项给予学生的"体恤"费，其目的为"激励修途，体恤学生起见。" 这项规定主要是针对留日学生而言。

此项经费一般包括以下方面：①官费生生病治疗费。官费生生病入院，一切费用由监督派员与医院结算，不用学生自己经手，且入院后学费停止，出院后续发，后来由于

① 严平. 近代中国留学日本大学预科研究[J]. 清史研究，2012（4）：57.
② 学部通行京外议定游学欧美学费数目文[J]. 东方杂志，1907（4）：116-117.
③ 盛海生，汪明舟. 清末公费留学经费情况考察（1895—1911）[J]. 徐州师范大学学报（哲学社会科学版），2008（2）：4.
④ 刘真. 留学教育：中国留学教育史料（第 1 册）[G]. 台北：台湾编译馆，1980：727.

经费紧张，改为出院后取消其公费资格；②自费生生病回国治疗给予一定的川资补助。自费生在海外生病，如果治疗时间过长，经费无着落，可以申请 50 元左右的回国川资；③留学生海外病故给予棺殓运柩费等。留学生如果在海外病故，视其家属所定，可以就地殡葬，或给予一定的棺殓运柩费。在日本一般不超过 300 元。1905 年留英学生左承治在英病逝，办理运柩回国等经费都由学部负责，体现了政府对海外学生的关怀。1910 年，学部对留欧学生的"体恤"又重新作出规定，除非学生生重病，否则不准私自回国，如病重回国，由监督筹给川资，但不得超过 500 元。

对遭遇自然灾害的留学生，政府也会拨款以示救济。1906 年，旧金山地震并引发大火，学部向旧金山总领事和西美留学生会汇寄 2000 美元，救济该地区受难的 23 名中国留学生，防止退学失学等情况的发生。家境贫困且勤奋学习的自费留学生，政府往往准其改为官费或给予一定补助。如留俄学生魏立功，政府准其改为官费；留日学生郭凤藻，津贴 200 日元。留英学生李顺义，呈请政府改给官费。还有自费留日军事生，因成绩很好进入联队学习，呈请改为官费获得通过。①

管理与照顾留学生的过程中，办事人员的工薪和办公经费也是留学经费中一项大的开支。学部成立前的留学管理经费缺乏确切统计数据。学部成立以后，在留学生集中的日本、美国、欧洲都设置了相应的统一管理机构，工薪与办公经费都有明确的规定：留日学生监督处常年经费银 2 万两②，管理人员工薪每年至少银 1.824 万两；游美学务处工作人员工薪每年须银 1.8456 万两，另须相应的办公经费③；游欧学生监督处常年办公经费银 3.8 万两，由驻俄、英、法、比、德五个分支机构分摊，每个机构常年办公经费银 7600 两，每员每月给银 300 两，另外每年需银 4000 两，用于房屋伙食及书记仆役等工薪开支。④

除去上述开支，还有其他一些杂项。如 1898 年湖北派遣学生去日本留学，每年给予日本学堂大约 6000 日元修火费；大学堂在派遣学生时每人每月给予 12 日元津贴；1904 年四川学生游学日本，学务处支付日本学校约 4000 日元开办费；练兵处派遣学生赴日本振武学校学习军事，需要支付学校修缮费，并且教习的津贴也由中国支付；还有学生交给食堂与住宿之费等。④

第七节　庚款退还促留学

在民国的公费留学中，有两类比较特别，一是稽勋留学，是为革命有功而奖赏留学；一是庚款留学，即用中国政府的钱，按照外国政府的安排，派遣留学生。庚款数额巨大，也最稳定。

庚款不是一笔光荣的款子，我们用庚款一钱，自然纪念到我们的国耻，思量如何洗

① 盛海生，汪明舟. 清末公费留学经费情况考察（1895—1911）[J]. 徐州师范大学学报（哲学社会科学版），2008（2）：4.
② 学部总务司. 近代中国史料丛刊（三编第 10 辑）[M]. 台北：文海出版社，1986：434.
③ 刘真. 留学教育：中国留学教育史料（第 1 册）[G]. 台北：台湾编译馆，1980：153-154.
④ 盛海生，汪明舟. 清末公费留学经费情况考察（1895—1911）[J]. 徐州师范大学学报（哲学社会科学版），2008（2）：5.

雪过去的屈辱，我们主要的目的，是要将每一分从庚款得来的钱，切实而有效地用于建设国家，复兴民族的工作上面。[①]

当时的教育界人士对于庚款的思绪是复杂的。一方面，是挥之不去的屈辱，同时又有着忍辱负重办好教育的志向。20世纪初，时局动荡，财政困难，教育经费更是处于风雨飘摇之中，如何利用好这样的一笔巨款，是时人所关心的重点。

美国庚款不仅数量巨大而且稳定，又有中美两国的共同监察和互相防范，比政府公费还稳定，对留学生安心求学起到了很大的作用。撇开美国的政治意图，美国的退款客观上确实为中国培养了不少人才，还推动了公费留美的大潮。

清华大学的创设也与此不无关系。清华学堂建立之初是一所留美预备学校，在几任校长的努力之下，1925年清华学校成立大学部，正式转型为一所培养文理科各类人才的大学。1928年改大学后，不再保送毕业生去美国留学。从1933年开始，清华与教育部共同主持了面向全国大学毕业生的留美公费考试。这个考试一共办了六届，竞争很激烈，考取的都是成绩优秀的学生，有的已读过研究院，有的在做助教，前后资助学生约200名。

美国庚款退还带动了其他国家的退款相继开展。英、法、比都有用少量庚款资助留学，只是资助的人数有限。在"庚子赔款"中，英国分得54 620 545两海关银，折合7 593 081.12英镑，占赔款总数的11.25%。[②]英国早在1912年就有意效仿美国，只是中英两国对于庚款的使用和管理颇多争议，直至1930年两国才达成协议：决定以1922年后中国所赔付的款额为基金，"借充整理及建筑中国铁路暨其他生产事业之用，以其息金用于教育文化事业"。[③]英国退还的数额，从1922年12月起至1945年12月止，计本金6 935 319镑9先令，利息4 251 228镑4先令，共为英金11 186 547英镑13先令。[④]

在各国退还的庚款中，英庚款的数额不算最多，且用于文教事业的经费是利用实业机构产生的息金，所以在最初的两三年里，由于生息的滞后性，导致可支配的资金并不充裕。1934年，本金开始生息，根据中英庚款董事会的规定，每年考选留学生的费用，占息金的比例为15%。另外，关于收息也存在一定的困境。1941年4月8日，朱家骅《关于中英庚款董事会成立经过及其与中国教育文化事业关系的报告》中指出："十年来本会的工作，就是以这些已收到的七百三十六万九千余镑款项，照支配标准，运用于生产建设的投资，教育文化事业的补助与提倡。初起几年，因为先要把款项借放出去，大部分工作是在生产建设方面，中间几年，因为已有一部款项借出，可以收息，所以生产建设和教育文化事业各居工作之半。最近几年，因为款项多半已经放出，只要收息，大部的工作就转在教育文化事业方面。这几年来，照算每年息收可有六七百万元，这在平时一定可以办许多的事业。然以战事之故，既大部分利息不能收到，而物价又是高涨，同样出了一笔钱，而所能办的事情，却和前几年大不相同，所以有许多事业，都

① 中国第二历史档案馆. 中华民国史档案资料汇编（第5辑第2编教育）[G]. 南京：江苏古籍出版社，1997：275.
② 教育年鉴编纂委员会. 第二次中国教育年鉴[G]. 上海：商务印书馆，1948：1567.
③ 教育年鉴编纂委员会. 第二次中国教育年鉴[G]. 上海：商务印书馆，1948：1575.
④ 教育年鉴编纂委员会. 第二次中国教育年鉴[G]. 上海：商务印书馆，1948：1577.

不能依我们预定计划那样进行。我们很知道教育文化机关在战事期间经费支绌，希望予本会的一定格外殷切，极想趁这个时机，能多尽一分帮助力量，以表示我们的微忱，可是在上述情形之下，往往心有余而力不足，使许多方面感到失望，这是我们所十分抱憾的。"[1]

从 1933 年 8 月开始考选第一届中英庚款留学生，至 1938 年，连续举办了六届，共选拔了 124 名留学生。1939 年第七届庚款留英考试，选拔出 24 人，但受战时影响，改派加拿大。1944 年 2 月恢复留英考试，选拔 28 人，1946 年留英考试又选取 17 人。1948 年国民政府停止留学生派遣，庚款留英考试也至此终结。庚款留英考试是民国时期竞争最激烈、难度最大的留学考试，总计派遣了 193 人，以理工科居多。

第一届选送 9 人，如钱清廉、林兆耆等。第二届选送 26 人，如陈永龄、钱临照、夏坚白等。第三届选送 24 人，如柯召、钱钟书、张文裕等。第四届选送 20 人，如翁文波等。第五届选送 25 人，如戴文赛等。第六届选送 20 人，如王承绪等。第七届选送 24 人，如钱伟长等。第八届选送 28 人，如陈舜礼、曹日昌等。第九届选送 17 人，如王佐良、邹承鲁等。由于考试难度很大，入选者成绩很好，有研究基础，思想也比较成熟，所以学术研究成果也较为突出。

法国和比利时接壤，又都有法语背景。中国跟两国都曾商议用部分庚款合办大学，但是两国退还的款项只有少量用在教育上。法国方面，主要是由 1925 年成立的中法教育基金委员会管理退还庚款，在留学教育方面，资送赴法留学生，补助巴黎的中国学院和里昂的中法学院（大学）。

中国与比利时政府关于庚款退还问题先后于 1925 年和 1927 年达成《退款协定》和《第二次协定》。"中比庚款委员会"管理比利时庚款，其中 5%用于资助中国留比利时学生。中国和比利时政府还制定了《中比庚款委员会补助留比学生暂时章程》。该《章程》对受补助者的名额、资格、受补助的款额等作了规定。比如，决定受全费补助者每人每年可获得比币为 15 000 法郎，受半费者减半。在 1929～1934 年各年限内的补助名额为 54 名全费和 20 名半费。获得补助的留比学生，均为各校留学生中成绩最突出者。委员会只资助留学生的学习而不对他们的疾病、死亡、遭意外或自负债等情况负有责任。[2]比利时庚款助学金采用推荐后核准的办法，获比利时庚款留学的有童第周、钱令希、吴作人等。另外，当时在比利时的庚款生多于教育部公费生。[3]

日本的庚款退还是比较迟的。民初受中国国内政局动荡和日本战时经济影响，留日学生的生活十分困难，不少学生因无法筹到学费和生活费而被迫辍学回国。随着中国留日学生人数不断下降，留日学生与日本政府之间的频繁冲突，以及受美英退还庚款的影响，1923 年，日本国会通过了《对华文化事业特别会计法案》，正式将退款纳入财政预算。1924 年 2 月 6 日，日中就庚款退还的细节进行协商，达成了《日本对华文化事业协定》，这是日本政府庚款补给中国留日学生的基础性文件。根据规定，从 1924 年 1 月开

① 中国第二历史档案馆. 中华民国史档案资料汇编（第 5 辑第 2 编教育）[G]. 南京：江苏古籍出版社，1997：275.
② 彭鸿斌. 西进：中国人留学档案[M]. 北京：经济日报出版社，2000：216.
③ 张倩仪. 大留学潮[M]. 香港：商务印书馆，2015：52.

始，日本政府每年给予不超过 330 人的留学生，每月 80 元的学费补给。^①该制度也被称为"一般补给制度"，以区别于日方单方面的两种补助中国留学生的制度。

20 世纪 20～30 年代，抗日战争时期。日本军国主义政府为了配合其侵华外交政策，先后推出了两种学费补给制度，即特选留学生制度^②和选拔留学生制度^③，试图控制庚款补给中国留日学生事务大权，挑选符合"中日亲善"要求的留日学生。日本政府的庚款补给政策，顺应了国际上列强返还庚款以资助中外文化教育交流的大趋势，也有缓和留日学生与日本政府之间冲突的客观需要，无论是一般补给生制度，还是特选留学生制度和选拔留学生制度，都在一定程度上改善了部分留日学生的经济条件和留学环境，相对清末民初日本政府征收的高额留学教育补助费是一个进步。但日本政府以退款兴学的名义，行对华文化侵略之实，并要求接受庚款补给的留日学生签署带有"不敢忘记日本政府的深厚恩典，尽力于中日亲善"等词句的"誓约书"^④，则遭到中国社会各界人士和大部分留日学生的谴责和抨击。

总的来看，由于各退款国的动机、经济实力不同，所以退款的用途和成效也有差别。从留学教育的受益程度看，以美国庚款的利用和收效最好，英国庚款资助留学教育的比例不高，但是它补助了当时国内众多高校的基础设施建设，并投入相当数额的经费补助了西部省份的教育。依据《中英庚款息金用途支配标准》的规定，1934～1944 年，中英庚款董事会拨款资助了边疆教育，虽然资助的时间较短，资助的文教机构相对较少，但在推动边疆地区义务教育、考察教育实际状况、培训西北地区师资、创办边疆中学及倡导科学教育等方面都做出了较大的贡献。这些举措在一定程度上缩小了民国教育发展的区域差距。^⑤

第八节　有功民国稽勋生

民国成立后，新政府在短时期内出台了各种各样的新政策，但是直到 1914 年以后才制定留学政策。1912～1913 年可谓留学政策的空白时期，在此期间，国家选派出国的第一批留学生是由临时稽勋局以"酬勋"的名义组织实施的，史称"稽勋留学生"。稽勋留学这种特殊留学形式是特定历史境遇下孙中山及民国初年政府的"权宜之计"，它为辛亥革命后的有志青年提供了一个学习外国先进科学技术和文化思想的契机。

---

① 徐志民. 日本政府的庚款补给中国留日学生政策研究[J]. 抗日战争研究，2012（3）：67.

② 特选留学生制度，特选留学生定员 20 名以内，发给学费补助月额 150 元以内，另外尚可发给年额 300 元以内的研究经费。相比一般补给制度，该制度选拔标准高，名额少，资助金额高，且从申请、选拔及学费发放，完全由日本当局操控，中国政府无权参与。

③ 选拔留学生制度，每年定员 50 名，每月发给学费 70 元。该制度相对于特选留学生制度，增加了人数，降低了金额，扩大了选拔范围，同样，中国政府也没有参与权。

④ 徐志民. 日本政府的庚款补给中国留日学生政策研究[J]. 抗日战争研究，2012（3）：74.

⑤ 田正平，张建中. 中英庚款与民国时期的边疆教育[J]. 河北师范大学学报（教育科学版），2006（6）：17.

一、稽勋特派留学生

1912 年 2 月 23 日，孙中山咨请临时参议院设立稽勋局。孙中山表示：溯我民国自造谋光复、称兵统一以来，殉义与积功者，既已不可殚数[①]。而国家之设官有限，而论功者众。借官为酬与有功不录，皆伤国本。是以急咨贵院，务请速行建议在临时政府时代特设一开国稽勋局，以便对于开国一役，调查应赏应恤之人，详订应赏应恤之条，再咨贵院议决施行。[②]

追随孙中山的一些革命党人中间不少人本来就是留学生，后因回国参加革命而放弃了学业。时局稳定后，他们"现复热心响学，拟赴外洋"，希望习得一技之长，近可谋生，远可报国。当时，还有一些革命党人居功自傲，讨要官职，而政府所能提供的职位有限，于是采取折中办法，由政府公派出洋留学。如湖北省"自共和成立，英俊青年，群以起义元勋自炫。不肯精研学术，专以要求位置"[③]，而且各地出国留学之风盛行，但总体上缺乏有效的组织协调，标准不一，方法各异，较为混乱。在这种情况下，以中央政府名义有组织地派遣留学生就成了规范留学活动的最好选择。[④]一言之，有功于民国成为稽勋留学生的选派标准。

1912 年 3 月 23 日，南京临时政府在国务院下设临时稽勋局，冯自由为首任局长。临时稽勋局除稽核革命勋绩外，主要承担了两项工作。"一为南京总统府解散时遣送秘书处职员及勋人子弟出洋留学八十余人名单，其后湖北都督府及沪军都督府亦开列应派出洋人员姓名，呈请大总统援例遣送，均由国务院饬稽勋局会同教育部分别办理；二为保送因奔走革命而停学之学生继续入学事。"[⑤]

留学生派遣工作本归教育部管理，但是教育部却认为"此次请派留学系属破例之举，不在本部留学生范围之内"，并以经费困难和稽勋学生层次不一、新留学规定难以执行为理由，主张"似宜仍归临时稽勋局办理"。[⑥]

教育部对一般留学生的规定，必须是大学或专门学校毕业。冯自由于是缩小了选派范围，先行派遣曾经留学归国的和有功人员中学历较高的，其余的下期派遣，教育部勉强同意这一选派标准。

因为稽勋留学生属于酬勋的性质，所以派遣资格并没有严格的标准。袁世凯当政后，主事者难免受各方破例举荐的压力。除了孙中山和黄兴两人参与稽勋事务外，如黎元洪、柏文蔚、陈其美等都是主要推荐人，因此派遣名单与孙中山最初批准的有功民国的人员名单有所出入。对于"出洋留学"的机遇，一些非革命人物也凭近水楼台而先得月。任鸿隽回忆：此次列名的大约不过十数人，后来增加到三十余人。如宋子文、曾广智、冯

① 罗刚编. 中华民国国父实录（第 3 册）[M]. 台北：罗刚先生三民主义奖学金基金会，1988：1772.

② 罗刚编. 中华民国国父实录（第 3 册）[M]. 台北：罗刚先生三民主义奖学金基金会，1988：1773.

③ 张培忠. 文妖与先知[M]. 北京：三联书店，2008：98.

④ 李永. 1912-1913 年民国稽勋留学生派遣始末[J]. 兰台世界，2015（13）：99.

⑤ 冯自由. 冯自由回忆录：革命逸史（下）[M]. 上海：东方出版社，2011：552.

⑥ 临时稽勋局呈请派遣有功人员出国留学，呈大总统效力民国诸员请派留学应由稽勋局办理文[G]. 1912-07-22//李滔. 中华留学教育史录（1840-1949）. 北京：高等教育出版社，2005：237.

伟，还有胡汉民的两个妹妹，他们既未在政府任过事，有的还在学堂读书，此次各以私人的关系，得到出洋留学的机会，不知何以对其他学生。[①]所以，最初稽勋留学生的名单，除了辛亥革命的功臣以外，还有些是其家属。

根据冯自由《民元临时稽勋局小史》中的记载，稽勋留学生的出身大体可分为四类：①南京总统府解散时遣送之秘书处职员；②勋人子弟；③留学国外学成或辍学回国奔走革命者；④国内奔走革命而肄业毕业者。[②]就出国时间来说，根据稽勋局上报的呈文，有第一期、第二期、第三期之分，但实际成行两批。本文根据实际出洋时间将其称为第一批（1912 年秋）和第二批（1913 年夏秋之交）。

根据所查资料显示，第一期呈报 35 人，但朱广才、朱广儒、朱芾煌 3 人又出现在了第二期名单之中，其余 32 人后并入第三期名单；第二期呈报 53 人，扣除第一期的 3 人，新增 50 人；第三期 66 名，包括第一期的 32 人和新增的 34 人。[③]

结合现有资料：第一批稽勋留学生先经孙中山审批，后经袁世凯核准，于 1912 年 10 月从上海出洋。此后稽勋局会同教育部另外向大总统呈报了三期稽勋留学生名单。这三期中，第一期未成行，名单分布到了第二、三期中，实际成行只有第二期也就是本文指出的第二批，即 1913 年夏秋出洋的学生。而第三期筹划名单则因财力等原因未能成行（表 4-2）。[④]

表 4-2　稽勋留学生派遣概况

选派批次	选派期次	呈报年份	呈报人数	批准人	是否成行	实际出洋人数
第一批		1912 年	25	孙中山	是	25
	第一期	1913 年	35	袁世凯	否	
第二批	第二期	1913 年	53	袁世凯	是	53
	第三期	1913 年	66	袁世凯	否	
总计						78

另外，需要指出的是，拟派遣名单并非最后实际成行的名单，其间还有变化。稽勋留学生真实名单的核实，一方面可根据报送选派的名单，另一方面可以参照领取官费的名单。本书认为真正以稽勋局名义遣派出国人员，第一批有 25 人，第二批有 53 名，共计 78 名。这个数目与冯自由《民元临时稽勋局小史》所说的 80 余名也较为接近。但如果与领取官费名单相对照，可发现有些人虽未列入选派名单，却出现在领取官费名单中；也有列入选派名单，但可能并未成行，或出现在其他机关官费名单中。[④]由于资料残缺，其情况较为复杂。根据目前搜集的资料并整理赖淑卿等学者的研究，本文只能暂列 78

① 罗刚. 中华民国国父实录（第 3 册）[M]. 台北：罗刚先生三民主义奖学金基金会，1988：2042.

② 冯自由. 冯自由回忆录：革命逸史（下）[M]. 上海：东方出版社，2011：552.

③ 政府公报[G]，1913-03-07，第 299 号；政府公报[G]，1913-07-02，第 415 号；政府公报[G]，1913-07-18，第 431 号//刘真主编. 留学教育：中国留学教育史料（第 2 册）[M]. 台北：台湾编译馆，1980：990-996.

④ 李永. 1912—1913 年民国稽勋留学生派遣始末[J]. 兰台世界，2015（13）：100.

位中 77 位的相关资料。第一批名单（表 4-3）的 25 名留学生是较明确的；第二批名单
（表 4-4）本应有 53 名，但查有留学资料者仅 30 人，另有特例者 22 人，剩余 1 人资料
不详。

表 4-3　第一批成行的稽勋留学生名单[①]

序号	姓名	籍贯	留学国家	所学专业
1	王夏	四川	美	经济
2	任鸿隽	四川	美	化学
3	何超	广东	日	化学
4	何春田	广东	日	文科
5	何建南	广东	日	文科
6	余森	广东	美	机器
7	宋子文	江苏	美	经济
8	李文彬	广东	日	文科
9	邵逸周	安徽	英	矿学
10	张竞生	广东	法	哲学
11	彭砥	广东	日	文科
12	曾广智	广东	美	路矿
13	曾鲁光	云南	日	采矿学科
14	冯伟	广东	美	路矿
15	黄芸苏	广东	美	文学与群学
16	杨铨	江西	美	实业
17	邹卓然	广东	日	色染科
18	熊传第	江苏	日	文科
19	赵昱	广东	美	政治学
20	刘贻燕	安徽	英	机械工程
21	刘鞠可	广东	美	路矿建筑工程
22	萧友梅	广东	德	哲学
23	邝辉	广东	美	机器
24	谭熙鸿	江苏	法	经济
25	饶如焚	广东	日	法科

① 数据来源：（1）罗刚. 中华民国国父实录（第 3 册）[M]. 台北：罗刚先生三民主义奖学金基金会，1988：2042—
2043. （2）赖淑卿. 民初稽勋局与稽勋留学生的派遣（1912-1913）[J]. 台北"国史馆"馆刊，2009（22）：87-88. （3）稽勋
局选派留学生[J]. 教育杂志，1912（8）. 除上述资料外，还与其他资料进行了比对。

表 4-4 第二批成行的稽勋留学生名单^①

序号	姓名	籍贯	留学国家	所学专业或获得学位
1	王世杰	湖北	英、法	政治经济学博士、法学博士
2	王嘉猷		比	
3	朱芾煌	四川	英、法	游历考察
4	朱广才	四川	法	物理科
5	朱广儒	四川	法	
6	吴永珊	四川	法	政治经济学
7	吴昆吾	四川	法、日	法学博士
8	李律	湖北	美	文科
9	李援	广东	美	造船科
10	李骏	广东	法、英	硕士
11	李景枞	福建	德	
12	卓文	广东	美	
13	周振高		英	
14	林啓庸	四川	英	
15	胡干城	湖北	德	
16	范其务	广东	日	政治学士
17	孙琬	广东	美	文学士
18	孙玭	广东	美	
19	徐振	广东	美	法律
20	张蔼蕴	广东	美	法学学士
21	郭冠杰	广东	日	政治经济科
22	陈克明		英	
23	喻毓南		比、法	
24	彭丕昕	四川	美	
25	黄桓	广东	法、比	电科硕士
26	黄大化		比、法	
27	杨子嘉	四川	比、法	化学工程师
28	裘祝三	江苏	英	
29	刘博文	广东		
30	萧冠英	广东	日	工科
31	方君英	福建	法	数学硕士
32	张承橝	湖北	美	法律系
33	陈冰如	广东	法	
34	曾醒	福建	法	
35	曾仲明	福建	法	文学博士

①数据来源：（1）刘真主编. 留学教育：中国留学教育史料（第2册）[G]. 台北：台湾编译馆，1980：990-996.（2）赖淑卿. 民初稽勋局与稽勋留学生的派遣（1912－1913）[J]. 台北"国史馆"馆刊，2009（22）：89-92.

续表

序号	姓名	籍贯	留学国家	所学专业或获得学位
36	褚重行	浙江	比、法	医学博士
37	赵实魁	湖北		
38	欧庆初	广东	美	机械工程
39	罗良骏	贵州	德	陆军
40	李四光	湖北	英	地质系硕士
41	李西屏	湖北	美	工矿专业
42	李作栋	湖北	日、英	
43	李熙斌	广东	美	游学
44	李晓生	广东	法	
45	居励今	湖北	法	
46	马素	广东		
47	梁定蓟	广东	美	商科学士
48	陈其尤	广东	日	政治经济学士
49	傅尔攽	江西	日、美	建筑硕士
50	程祖彝	广东	美	文科硕士
51	刘树杞	湖北	美	化学工程博士
52	卢维溥	广东	美	飞机科硕士

从选派者的籍贯来看，77 人中广东（38 人）最多，将近半数，湖北（10 人）、四川（10 人）次之。由此可以看出稽勋留学生的选派与辛亥革命时几个比较重要的起义省份有密切关系。当然，如从民国留学教育的整体情况来看，还以沿海的江浙和广东等省份的学生居多。第一批稽勋留学生的出洋在国内革命党人中产生了很大的影响。刚刚辞去湖北实业司司长职务的李四光得知不少革命党人公费出国学习的消息后，就向黎元洪提出了继续到国外留学的要求。1912 年 11 月初，黎元洪打电报到临时稽勋局，力陈李四光等 22 人出洋请求，后获袁世凯批准。第一批出洋学生中没有一个湖北籍的学生，但是到第二批时，湖北就占了 10 位。

二、特别管理与中止

稽勋留学生的选派由稽勋局以"酬勋"的名义办理，稽勋留学生的管理参照教育部特别制定的管理办法执行，以呈文为第二期的稽勋留学生为例，教育部曾拟定《第二期派遣临时稽勋局咨送人员出洋留学办法》。

（1）被派各生限某月某日前来部填写愿书，领取川资、治装费。第一次 3 个月学费及留学证书等项。

（2）凡由海轮出发所需护照，概向上海通商交涉使署领取。其由西比利亚铁路出发者应由本部给发。

（3）凡填写愿书时应取得临时稽勋局给与之证书，呈请存据始能发付川资等项。

（4）填写愿书应自备半身四寸相片四纸，愿书、护照及留学证书上各贴一纸。由本部寄交留学国代表以凭核对。

（5）留学同国之学生，应同时出发，惟往欧洲者，或乘海轮，或由铁道各从其便。

（6）出发之前，应将船名及出发期报明本部。其往美国者，先由本部电嘱旧金山总领事，照料上岸。

（7）出发之期，最迟不得过 8 月 1 日。

（8）抵留学国后，限于三日内一面赴所在国代表署呈请注明到境日期，一面将行抵该国日期、就学日期及住址，呈报本部。嗣后，如有更变，亦应详报。

（9）如留学地点距代表署远，可向附近领事署报到，再由领事将证书转送代表核验签注，再行发还该生收执。

（10）此项留学生非毕业于原学校，或经教育总长特许，不得转学他国或他校。①

从上述管理办法可以看出，当局对稽勋留学生的管理和照顾，可谓厚爱三分，事无巨细。稽勋留学生留学期间的经费参照教育部的其他规定。1913 年 8 月 20 日，教育部制定了《经理欧洲留学生事务暂行规程》。其中规定：留学欧洲学生往返川资、治装费及每月学费应照下开数目支给：英国：每月学费 16 英镑；出国川资 500 银圆；治装费 200 银圆；回国川资 50 英镑。……学费应自抵留学国赴经理员处呈报之日算，至留学毕业之日止。学费每三个月发给一次。②李四光是第二批派往英国的稽勋留学生，当时李四光到教育部办理了出国手续，领取留学

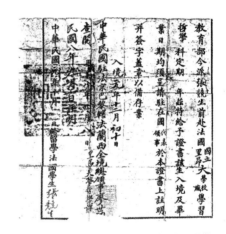

图 4-2　1912 年张竞生赴法留学证明书

证书、出国费用，经精打细算后，留下一部分钱给家贴补用，然后与同时被批准的湖北军政府王世杰等人乘船从武汉到上海，由上海启程赴英国伦敦（图 4-2）。③由此可见，稽勋留学生求学期间的经费还是比较充足的。

1913 年 10 月 20 日，教育部在《通咨各省东西洋各国留学生以后暂停派遣文》中提道：人数即多，程度参差不齐。……目前财政困难已达极点……内无接济，外难借贷，遂通咨各省暂停派遣留学生。公告中指出的停派原因有两方面：一是各省留学生的选派标准不一；二是经费困难。同年 11 月 25 日，教育部发布公告：案查临时稽勋局第三期学生，前由该局呈请批准交部派遣，嗣因人数较多，需款较巨，际以库款支绌，此项经费实属无从筹措，业由本部会同财政部呈明大总统，将此项学生暂缓派遣，以纾财力。④

① 教育部通告第二期派遣临时稽勋局咨送学生出洋留学办法[J]. 中华教育界，1913（8）.

② 陈学恂，田正平编. 中国近代教育史资料汇编：留学教育[M]. 上海：上海教育出版社，2007：307-309.

③ 马胜云，马兰. 李四光[M]. 北京：金城出版社，2008：41.

④ 教育部公布停派临时稽勋局所派第三期学生布告[G]. 教育部公告第 54 号，1913-11-25//李滔主编. 中华留学教育史录（1840—1949）. 北京：高等教育出版社，2005：243.

至此，民国初年稽勋留学生的派遣告一段落。

稽勋留学生的派遣本属特例，除上述因素以外，它的中止与时局的发展有密切的联系。早在 1912 年秋冬之际，即因袁世凯陆续颁赏勋章之令，引起地方非议，认为是稽勋局审议失当，而对稽勋局严厉指摘。稽勋局各审议以不便代袁世凯负责受过，遂用稽勋局名义通电各省自清。根据冯自由的回忆：袁世凯及阅报悉稽勋局通电否认与闻颁奖勋位勋章，愤然作色语梁士诒曰"稽勋局何时可结束乎？余后间接获闻此语，已知稽勋局之危机预伏于是矣。"[①]此外，袁世凯与国民党的矛盾也愈来愈尖锐。上述因素共同构成了停派原因。1914 年，教育部制定了新的留学生选送办法，留学生选派以省派为主，但须经教育部核定或考试后才能派遣。

---

① 冯自由. 冯自由回忆录：革命逸史（下）[M]. 上海：东方出版社，2011：552.

第五章

学　业

中国留学生的主要留学方向是留学欧美和留学日本，而日本主要是学习德国的，因此国外的高等教育都有相同的特色：治学严谨但是崇尚自由，重视实验实习。晚清时期在坚甲利兵的思想指导下，留欧生（留英、留法、留德）有很大一部分是军事留学生，到了民国时期，留英海军生和留德陆军生仍然是留学的一大特色。受语言衔接和学制问题影响，留学法国和日本都要重新接受中学教育，时间也较长。留苏则是典型的政治留学、革命留学。

第一节　哑巴外语难过关

语言关是留学生面临的第一关。在当时的中国，外语老师数量不足、整体水平低，所以大部分学生出国之前，只有极薄弱的留学国语言基础。即使是系统受过八年预备教育的清华学生，也往往存在会写不会说的困境。

一、日语实则不易学

中国留学生关于日文易学的想法根深蒂固。一方面是因为日文中夹杂许多汉字，再加上受梁启超等人的影响，梁启超甚至说几个月就能看懂日文。实际上，日文与中文分属不同语系，文法不同、发音不同，梁启超等人是用日文看书及翻译，而留学生们需要用日文来学习新知识，难度自然不同。

在留学的早期，也有老师会建议一些英文程度不高的学生，改考留学日本。事实上，投考日本的好学校，比如东京的一高，入学考试要考日、英、数，所以学生到日本也要学英文。所以不懂英文可以去日本是一种误传。

语言的学习是非常艰苦的。1905 年黄尊三获湖南官费赴日留学，先后就读弘文书院、正则英语学校、早稻田大学、明治大学等，在日本有 8 年的留学生活。正则学校是当时日本唯一一所英文补习学校。黄尊三学习刻苦，暑假期间仍然学习，上午看英文，读《莎翁文集》《鲁滨孙漂流记》，下午练习日文、日语，晚上写英文日记。[①]

丰子恺在日本学习外语的经历，堪称中国近现代留学史上的奇迹。1921 年春，丰子恺向亲朋好友借钱赴日本留学。起初，他进入东亚预备学校学习日语，但嫌进度太慢就放弃了。丰子恺略懂英文，他后到一所英文学校学习，通过听日本老师用日语讲解英语，领悟了日语会话的门道，因而日语水平大有长进，不久就可以阅读日本的文学作品，而且此法一箭双雕，英语水平也跟着长进，后来能够自由地阅读英语小说。他在短短十个月的时间，精通日语，兼通英语，堪称语言天才。

由于留日的中国学生很多，日本专门为中国学生设立了学校，其中有日语学校，也有些是中学性质的学校，如同文中学、弘文书院等。由于中国的新式教育不发达，早期的留日生进中学学习一方面是为了学语言，同时也是为了拿到中学毕业文凭，以便于考高中或者专科。后来随着中国新式教育的进步，举办了不少新式中学，兼有中学性质的日本学校就消失了。

最有名的日语学校是松本龟太郎开设的东亚高等预备学校。据 1934 年赴日留学的赵安博回忆：进东亚预备学校不要手续，只要报名，交一张相片就进去了。学校的老师教中国学生有几十年的历史了，用的课本全是自己编的。有松本龟次郎编的。他是静冈人，对于教中国学生很有经验。[②]

1917 年 10 月开始，周恩来在东亚高等预备学校主修日语。以下是 1915 年 1 月东亚预备学校的招生广告为依据，大致可以了解该校的基本情况。

班级有高等预科、高等考试科、文法专修科，作文听写专修科、英日翻译科、数学高等班等等。学费为 1 元半、2 元、4 元不等。讲授科目，除日语外，还有英语、数学、物理、化学等，日语又分发音、讲读、会话、语法、听写、作文、汉译日等。

所使用的教科书有三类：第一类为日语教材，其中有文部省编寻常小学读本卷、高等小学读本卷，松本院长所著日语会话教材卷、日语教材卷（1、2、3）、读写对照汉译日文典，松下大三郎所著汉译日口语文典等；第二类为数学、理化教材，包括菊地大鹿所著算术小教科书，本多光太郎、田中三四郎共著中学物理学教科书等；第三类为英语教材。[③]

东亚高等预备学校这所新设立的学校（图 5-1），在制度、设科方面，几乎完全是仿照宏文学院，不但教日本语，而且还有相当于日本中学的课程，如英语、数学，物理、化学等，和其他专为中国留学生而设的预备学校只教日本语不同。学校采用讲座形式，准许兼修其他学科。在这里，留日学生和同等程度的日本学生学习一样的课程，这有利于他们升入日本的各大学。所以东亚高等预备学校（以后改称东亚学校），也和早期的

① 黄尊三. 三十年日记[M]. 长沙：湖南印书馆，1933：50.

② 钟少华. 早年留日者谈日本[M]. 济南：山东画报出版社，1996：38.

③ 王永详、高桥强. 留学日本时期的周恩来[M]. 北京：中央文献出版社，2001：47-51.

宏文学院一样，成了中国留日学生的储运机构，大多数都通过这学校转入他校。[①]通过东亚预备学校学习，大多数留日学生都考取了东京高等师范学校和第一高等学校为主的著名大学、高等学校、专门学校，取得了官费。此外，还有部分学生考取了欧美的大学和中国的一流大学等。

图 5-1　东京神田区东亚高等预备学校旧址

日本的学校大体可分为 5 种：专门学校、大学本科、大学专门部、大学院、博士院。经过预备学校以后，留日学生开始进入专门学校或者高等学校学习，入学的学校涉及 80 多所。日本的各大学招生期，大都定于每年 3、4 月份，1 年 1 次。考试科目因学校不同而略有差别，大部分学校都会考试日语，外加一门外国语，多为英语。

二、英语要过口语关

英语是中国学生准备比较充足的一门语言，但是发音仍然是中国学生的弱项，即便是在注重英文教学的教会学校读过书的学生。施肇基毕业于上海的教会学校——圣约翰学校，后在驻美使馆做译员，每天翻译时事新闻百余字，陪同钦差及钦差夫人拜客赴宴，担任传译之事。可是他初入美国高中，英文程度不够，在暑假补习英文发音。女教师摩根，每日要他高声诵读小说散文一两篇，然后将误读之字一一划出，帮他纠正，直至字字正确而止。[②]

留美幼童的语言学习算是一个成功的例子，这固然和幼童留学年龄小、语言接受能力强有关，最关键的是他们学习的方法值得借鉴（表 5-1）。

① [日]武田胜彦. 桥：一个日本人的一生[M]. 北京：三联书店，1992：291.

② 施肇基. 施肇基早年回忆录[M]. 台北：传记文学出版社，1985：24-25.

表 5-1 祁兆熙《游美洲日记》所列第三批幼童安置表[①]

姓名	住宿	学业
朱锡绶、曹茂祥	信司白尔野书馆	阿尔福学习
沈嘉树、康赓龄	士得勒佛书馆	艾墨生学习
宦维诚、程大业	希白能书馆	颜司特学习
祁祖彝、朱宝奎	叟亥得聂夫阿尔司书馆	慕阿学习
邝贤俦、邝景扬	意司特亥母登书馆	弥那学习
曹嘉祥、杨兆南	惠特列书馆	聂夜恩学习
曹嘉爵、卢祖华	那夫爱墨司特书馆	克那格学习
唐致尧、林沛泉	葛令非尔书馆	克拉克学习
梁如浩、唐绍仪	四北岭非尔书馆	格阿登学习
容耀垣、周长龄	未士特问司叠特书馆	费列白司学习
黄季良、杨昌龄	稳拉司得书馆	课尔司学习
袁长坤、周万鹏	火里约克书馆	克格温学习
吴敬荣、孙广明	利意书馆	亥特学习
薛有福、徐之煊	四北岭非尔书馆	弥那学习
徐振鹏、郑廷襄	亥得列书馆	柏阿司过学习

首先，在容闳的安排下，留美幼童两三人一组，寄宿在美国教育最发达的康涅狭格州和麻马里兰州近哈特福德地区的美国人家中。这种"家庭式"的留学方式，可以最大限度地减轻幼童对西方文化的排斥，在英文的语言环境中也有利于尽早通过语言关。

其次，美国老师采用实物教学的方式，大大提高了英语学习的效率和效果。祁兆熙对此印象深刻：余见其师将二人所用洋布手巾缝边，嘱二人取苹果馈余与兰生。取携能应对。现即将日用起居，随时随地教一句，写一句。其读书之时，亦九点起，四点止。西人有皇家义塾，男女识字。即大学堂中，大半女师。因女子在家心静，学问且多胜于男子。[②]

数天时间，幼童已经能用英语与老师交流。李富恩也回忆：他的英语学习是从实物教学开始的。老师让他们学习饭桌上各种食物的名称，哪道菜记不住，就不能吃哪道菜。通过这种方式，幼童英语学习的效率与效果大为提高。

相比之下，清华的庚款留美生，虽然接受了八年的预备教育，初到美国也是只会听，不能讲。20世纪40年代，清华大学的留美毕业生，都会认为如果专业对口，清华学生学术水平完全没有问题，刘绪贻回忆：唯一不太适应的是英语的听、说能力。英语的阅读和写作能力可谓达标，写的读书报告有时还受到授课老师的表扬。但上课时记不全笔记，往往得课后借同学的笔记抄；由于说英语的能力较弱，常常难以及时而顺畅地进行课堂提问和答问，课外和美国同学讨论问题也一样。为此，他用英文写日记，与他妻子

---

① 钟叔河. 走向世界丛书（第1辑2）[G]. 长沙：岳麓书社，2008：237-238.
② 钟叔河. 走向世界丛书（第1辑2）[G]. 长沙：岳麓书社，2008：239.

及同学写信用英文，还尽量和美国同学交往，锻炼英语听说能力。但是情况虽有好转，也基本上顺利地完成了学校规定的各种学习任务，获得硕士学位。不过，直到此时，他的英语听、说能力仍不能令人满意，更说不上达到用英文思考、用英语做梦的境界。所以他奉劝有意到国外留学的青年朋友们，一定要对前往国家的语言打好听、说、读、写、译的扎实基础。①

三、小语种学习之困

法文的文法复杂程度是公认的。因此对于中国留学生来说，首选是留学英美，除了勤工俭学的学生、主修艺术的学生以法国为目的地之外，只有少数学过法文的学生选择去法国。

20 世纪 20 年代里昂中法大学的出现（图 5-2），也使得留法学生增加。里昂大学还接受了一部分中山大学选派的学生。虽然有些人并不以留法为自己的志愿，但是既然有了机会，又怎能把他放过。里昂中法大学主要是为留法的中国高中毕业生补习相关课程，后来也招收了在法国大学肄业的勤工俭学生或读过法国中学的学生，还有部分资送生即已经在中国大学毕业的学生。学校设有中法两国负责人组成的协会，从 1925 年起，学校成为北京中法大学的海外部。

留学法国的中国学生以文科为主，留法对语言能力和知识背景的要求很高，即使已学过法文、一心留法的学生都不易应付。李

图 5-2　里昂中法大学校门

璜回忆：当我到巴黎后，立即向巴大文科去试听一讲"大课"（巴大教授每周都公开讲课一次，不须报名，人人可以入座听讲），李璜回忆道：因在上海震旦读书时对卢索和拉马尔丁的散文感兴趣，李璜便选"十九世纪法国罗曼派文学及其渊源"一课去试听一下；立刻在这"大课"中感到，他的法国语文修养虽已有十年，能够勉强听懂，但西方古典知识训练却有限，骤然去研究法国近代文学，便感到浮光掠影，不能深入，使他兴趣为之大减。②

李璜还附带提及，一战后的社会恢复也影响了学生的学业，当时巴大的教授们初离战祸，不是儿子阵亡，便是孙子殉国，俱有丧明之痛，教书不大起劲；学生也寥若晨星，各有心事，教室之中，有如愁城，令我心情为之懒散，不常去听课，而反去专心于凡尔赛和会的情形；每日读巴黎各大报纸甚勤。②

① 刘绪贻. 箫声剑影（一）：刘绪贻口述自传[M]. 桂林：广西师范大学出版社，2010：239-240.
② 李璜. 学钝室回忆录（增订本上卷）[M]. 香港：明报月刊，1979：57.

相较之下，理科生的语文关比文科生容易，但是最易过关的是艺术。法国是艺术之都，不少中国画家都曾经留学法国。吴冠中就提过他的法文不够好，听美术史的课不全明白。一个主修法国文学的学生一语道破其中的关键：学艺术的同学都不需要通过论文。[①]

整体而言，留法学生因为要花更多的时间学习语言，学习成绩不免受到影响。勤工俭学运动就是一例。勤工俭学运动的发起者在各地办了留法预备学校或工艺学校。学校不光教法文，还有简单的实习工厂。沈沛霖回忆：学生入学不收学费，每月仅付膳费二元。伙食早餐为小米稀饭就咸萝卜丝；中餐为馒头加小米稀饭、大白菜，对我们穷学生而言，要算是不错了。学生上课以法文课为主，另有中文及普通史地常识课，还有实习课，在实习工厂进行，教授粗浅的车、钳、锻等工种技能。法文教员为曾作过华工翻译的齐某（布里村人），但其程度不好，仅能做到照本宣读，因此我们提高不快，在校半年多，仅粗知法文拼音及一些简单会话。[②]

岑麒祥回忆：有些攻读语言学的研究生，会先去没什么中国人的小地方读法语专修科，打稳法语基础。当地大学（现格勒诺布尔—阿尔卑斯大学）附设的法语专修科分小班、中班、师范班，小班五六人，从字母教起，自编讲义，新方法教学，不管学习时间长短，到一定程度就可以升班。中班也不过十来个人，师范班却达一百多人。岑麒祥在小班只读了一周就调到中班，约半年调到了师范班。师范班除语文教材和作文、翻译等练习外，还经常约请一些知名人士来用幻灯等设备向学员作一些有关法国历史、地理和文化的报告。大家都觉得很受教益。补习法语完毕后他回到里昂，情况可与上次来时完全不同了。上次初来时，岑麒祥说的法语人家也很难听懂。这一回却可以随便交谈，没有什么障碍了。[③]

何坤，原名长倩，留法时名坤，1927年被反动派通缉时更名长工。何坤于1921年到法国勤工俭学。初到法国时，他做过许多零工，推菜车、送牛奶、在火车站和码头当搬运工、大街上扫垃圾、饭店端盘子，后来进入巴黎郊区的雷诺汽车厂做工。

做了一段时间工，有了积蓄，何坤就申请到边远小城去读书。何坤所在的学校是位于法国西北部诺曼底半岛的圣·雪尔旺学校。这里远离大城市，生活费用相对较低，中国学生少，学习法语进步更快。何坤毕业于国内的工业学校，学过机械技术，所以入校后就插入了机械班。后来，随着中国学生增多，学校就专门开设了中国班，编了学习小组，学校选派了最优秀的学生帮助中国班的学生。法国学生与中国学生混住，对中国学生采取集体教授和个别辅导相结合的方法。教师也定期与中国学生谈话，帮助学生解决困难，课外还带中国班学生去海滨公园玩，一边玩一边用问答的方式复习功课。校长教学生们组读音和意思相近的词汇，这种方法便于记忆，学生的进步很快。学校注重实物教学和形象教学，讲什么就参观什么，有的学生听不懂，但是一操作就明白，而且记得很牢。

留学德国的人数比较少。中国留学生若要进入柏林大学，要先在补习学校或大学的

① 许渊冲. 逝水年华[M]. 北京：三联书店，2008：191.

② 沈沛霖. 我的留法勤工俭学经历[J]. 档案与史学，2004（4）：34.

③ 岑麒祥. 岑麒祥自述[M]//高增德，丁东编. 世纪学人自述（第2卷）. 北京：北京十月文艺出版社，2000：147-148.

德语班补习德语，得到毕业文凭，才能正式进入大学。一般都要读半年左右。上过柏林大学德语班的学生，认为它很有用。由于学校很有经验，因此教学效率高，重视发音和文法，教学中要学生反复练习以达到纯熟使用，又用挂图在课堂作形象教学，学生大声读出图中的事物，当场纠正发音和文法。每周出外参观游览，当场练口语。①蒋纬国也认为留德最大收获是在柏林大学读了四个月语言训练班，该班是浓缩型教授法，成绩远超过在国内学习十年。②

　　留学苏联的学生也是不懂俄文的居多。虽然大学里有俄文课，但是因为各人程度不同，所以进度难以统一。由于留苏的政治目的强，甚至有人主张不用学俄语，因为不是要回国搞研究，只要学到内容就可以了。除了俄文课之外，其他课程在上课时都有人翻译，几百人的大班教学课，甚至有英、法、德、俄四种语言的翻译，讲义也有多种。但是由于译者水平有限，甚至有浓重口音，中国学生是否能听懂，就不能保证了。

第二节　择校选科第二关

一、政府导向选专业

　　甲午战败推动了留日大潮的涌现，此时清廷的新政也正在按部就班地展开，对于新式人才的需求也使得留学的科目大大拓展。留日潮不仅规模巨大，而且学生广泛分布于日本的各大学校，且留学的学科分布广。据1905年资料记载，官派学生留学共计2696人，具体情况（表5-2）。

表5-2　1905年官派留学生统计表（部分统计，共1360人）③

校名	人数	校名	人数	校名	人数
东京帝国大学	5	明治大学	3	东京高等师范学校	12
大阪高等工业学校	15	第一高等学校	45	金泽医学校	4
东京法学院大学	23	第三高等学校	22	熊本医学校	5
早稻田大学	23	京都帝国大学	2	政法大学	1
东京高等工业学校	13	第二高等学校	1	仙台医学校	1
应庆义塾大学	1	大阪商业学校	1	熊本手工学校	2
手工学校	24	数学馆	1	国民英语学校	3
体操学校	11	振武学校	305	附属中小学校	
熊本中学校	4	大成学校	1	保姆讲习所	1
政法大学速成科	295	高等商业学校	13	千叶医学校	7
大阪医学校	2	东京医学校	4	铁道学校	45

---

① 张倩仪. 大留学潮[M]. 香港：商务印书馆，2015：261.

② 蒋纬国. 蒋纬国口述自传[M]. 北京：中国大百科全书出版社，2008：54、64.

③ 中国留学日本学生调查表[J]. 大陆（上海），1905（10）.

续表

校名	人数	校名	人数	校名	人数
早稻田事业学校	2	数学专修塾	1	英语学会	4
宏文学院	200	清华学校	69	晓星中学校	3
东京各小学校	5	实践女学校	101	诸工场	31
盛冈农学校	3	东京音乐学校	4	女子实践学校	2
东京高等农业学校	2	京都染织学校	1	工业学习校	2
西京同志社	2	物理学校	3	正则英语预备学校	5
水道学校	1	东亚菁华女学	2	札幌农学校	17
大阪工业学校	1	美术写真学校	1	京都蚕业讲习所	3

从学科看，留日学生涉及政法、师范、海军、陆军、警察、工业、商业、铁路等诸多科目。从学科的分布来看，大体上文、理、法各占三分之一。对学生来说，理、工、农、医的学习周期长，需要交纳昂贵的实习费用，还不允许插班，而学习文法科两三年可以完成学业，没有实习费，还可以插班。因此，一些在国内原本学习理工科的学生到了日本后转投了文科。其中，学习法政和师范的留日学生不仅数量多，且成效显著。20世纪初，清政府开始实施新政，所谓新政就是要建立新的政治制度。日本之所以能够"脱亚入欧"、迅速崛起，与它学习西方资产阶级政治制度关系密切，因此清政府开始意识到学习日本立宪改革的重要性。

日本法政大学法政速成科创办于1904年，专为清国留学生设置。1904～1908年，法政速成科5年间共开办了5期，另办补习科1期，进入该校的中国留学生共计1800余人。学生主要是各省督抚选派，多为取得功名的科举精英。1906年，清政府将在进士馆中学习新学的进士全部派送法政速成科学习法政。将已进入国家管理层的官员和士绅集中送到国外进行法政知识的培训，这在晚清留学史上是空前的，也是绝无仅有的。[①]如沈钧儒是获得进士出身之后到日本学习法政的。有部分法政的留学生回国后，积极参与到清政府的立宪运动中，还有的学生参与资产阶级革命活动和反清运动，为中华民国的建立做出了贡献。

师范学科也是留日学生比较集中的方向，其中涉及物理、化学、外语、体育、音乐、美术等与新式教育相关的科目。在清末实施教育改革、创办新式教育的过程中，师资面临巨大挑战。清末新政大员张之洞和刘坤一在《变法自强第一书》中，直言兴学过程中师资问题是比经费问题更难应付的问题。"学堂固宜速设矣，然非多设，不足以济用。欲多设则有二难：经费巨，一也；教习少，二也。求师之难，尤甚于筹费；天下州县，皆立学堂，数必逾万。无论大学小学，断无许多之师。是则唯有赴外国游学一法"。他们认为：教习尤以日本为最善。[②]清末新政中出台的学制系统不仅模仿日本而成，而且师资也主要由日本培养。在清政府随后颁布的《学务纲要》中，要求各省速派人到外国

---

① 陈景良，郑祝君. 中西法律传统（第12卷）[M]. 北京：中国政法大学出版社，2016：277.
② 陈元晖. 中国近代教育史资料汇编：学制演变[G]. 上海：上海教育出版社，1991：20.

学师范教授管理各法，分别学速成师范科若干人，学完全师范科若干人。①这些留学生学成归国以后，大部分都充任各地新式学堂的师资。

留日学生风波不断，导致清廷害怕留学生学习文法滋生革命思想，又出于发展实业的需要，所以派往欧美的留学生主要以学习自然科学技术为主，这样的政策到了民国以后也继续维持。庚款生在设立之初，清政府就规定了学生的专业方向，"以十分之八习农工商矿等科，以十分之二习法政、理财、师范诸科"。

留美学生学习自然科学的热潮持久不衰还受到两方面因素的影响。一是受美国实用主义的影响。美国幅员广阔，自然资源丰富，工程技术也达到了世界先进水平。在当时的美国教育界，实用主义的原则和科学技术被视为国家建设的关键，留美生自然也受到这种风气的影响。二是"科学救国"思想的感召。民国初建，国家建设成为新政权面临的主要问题，"中国今日为建设时代，政治须建设，法制须建设，铁路、开矿、实业及一切之事莫非建设问题。故吾人生于今日，……不可不注重实用之学"。引进科学、发展实业遂成为当时流行的思想。②

1922 年，胡适曾在《后努力歌》中表达了自己对科学救国的看法。

"没有好社会，那有好政府？"
"没有好政府，那有好社会？"
这一套连环，如何解得开呢？

"教育不良，那有好政治？"
"政治不良，那能有教育？"
这一套连环，如何解得开呢？

"不先破坏，如何建设？"
"没有建设，如何破坏？"
这一套连环，又如何解得开呢？

当年齐国有个君王后，
她不肯解一套玉连环，
她提起金椎，一椎捶碎了。

我的朋友们，
你也有一个金椎，
叫做"努力"，又叫做"干"！

你没有下手处吗？
从下手处下手！
"干"的一声，连环解了！③

---

① 舒新城. 中国近代教育史资料（上册）[G]. 北京：人民教育出版社，1962：201.

② 吴霓. 中国人留学史话[M]. 北京：中国国际广播出版社，2009：52-53.

③ 胡适. 尝试集[M]. 南京：江苏文艺出版社，2013：232-233.

1918～1923 年的留美学生李济回忆道：一般来说，做留学生的都想学点什么，以备回国服务，很少预备在美国居住下去。所以在那个时候，每个留学生都有一定的目的，这个目的就是在美国学一点新东西，预备回国以后，能对社会、对国家尽一点责任。[①]

随着自费留美生的增多，选择文法科的学生也开始增多。原因主要在于文法科的留学名额更容易考取，还有原来学习理工科的公费生转学文科。比如胡适说："我系以在康奈尔大学做纽约农科学院的学生开始我的大学生涯。我的选择是根据了中国盛行的，所谓中国学生需学点有用的技艺，文科哲学是没有什么实用的这个观念。但是也有一个经济的动机：农科学院当初不收学费。我心想我或许还能够把每月的学费节下一部分来汇给我的母亲。"[②]后来因为农业经验不曾有，而实验工作枯燥，胡适 1915 年转学到了哥伦比亚大学学习哲学。

到 20 世纪 30 年代中期以后，留美学生中学习理工科的人数大增，从平分秋色到略略胜出，其原因有三：一是国民党政府的支持；二是国内大学生失业浪潮中学习文科的学生首当其冲受到影响，为了以后回国就业，部分学生改选了理工专业；三是抗战前夕与国防有关的工科专业备受政府重视，曾掀起了"航空热"。

由于留美生在专业选择上的功利主义倾向，学习工程学的占了很大部分，也造成了他们回国后的尴尬处境。因为当时的中国社会还比较落后，很多专业无用武之地，这也体现了人为的专业导向与实际需求的误差。

与留美生类似，留欧学生的专业选择也存在类似问题。例如，早期留德学生主要集中于学习人文社会科学，北洋政府时期对留学生的专业不加限制，加上社会风气的影响，不少留学生选择了文科，甚至弃理从文。

从 1933 年起，南京国民政府教育部出于现实需要，鼓励留学生学习理、工、农、医等专业，实科类留学生比例开始上升。这一时期，留德学生所学专业主要分布在医学、化学、机械工程、电机工程等。据 1937 年的统计，在 700 名留德学生中，50%学习化学、机械和电机，40%学习医学和陆军，其余只有 10%学习文科。据统计，1919 年至 1933 年间总共有 265 名留德学生获得博士学位，理工科占了 225 名。其中 159 名医学博士，49 名数理化博士，11 名工程学博士。而学人文社会科学的总共只有 40 名。[③]

二、三心二意的选择

从 1909～1929 年，清华留美学生里，一半以上学理工、农科、医科，再有四分之一则学经济和商业，不到 10%学人文科学。1929 年以后到抗战后的 1946 年，留美学生的主修科分布基本没有大变化。[④]还有一种说法，当年清华留美生没有按照 80%理工、20%文法的既定政策，而任由他们自由选择，以致清华留美生学理工和学文法的几乎

① 吴霓. 中国人留学史话[M]. 北京：中国国际广播出版社，2009：53.
② 王奇生. 中国留学生的历史轨迹：1872—1949[M]. 武汉：湖北教育出版社，1992：40.
③ 周一良. 中外文化交流史[M]. 开封：河南人民出版社，1989：135.
④ 李喜所. 中国留学史论稿[M]. 北京：中华书局，2007：305.

各半。[①]

统计结果也说明，虽然政府倾向多培养理工及实业人才，但对于当时的留学生来说，择校选科看机缘的比较多。庚款留美的清华学生，不需要为学费担忧，有朋友做伴，或有学长为先导，都是他们选择学校的理由。而且清华对学生的选校择科没有什么限制，例如，在清华总考第一、人又老成的潘光旦选达特茅斯学院，对潘光旦推崇备至的吴文藻因而也选达特茅斯；钦佩早慧诗人朱湘的柳无忌，因为同届只有他们两个人读文学，所以就结伴到劳伦斯大学；杨廷宝、梁思成等因为清华师兄朱彬等在宾夕法尼亚大学成绩都很好，所以他们也都去选了这里的建筑系。以清华留美生李济为例。

李济，字济之，湖北钟祥人，生于清光绪二十二年（1896）六月初二日。幼读私塾，后入钟祥县立小学，年十一，随父巽甫公移居北京，入北京南城五城中学。宣统元年，年十四，入清华学校。民国七年（1918）夏毕业，同年秋以官费赴美，入克拉克大学，选修心理学，一年后转习社会学。民国九年（1920）夏，获硕士学位，继入哈佛大学研究院人类学研究所，研读人类学及考古学。民国十二年（1923）夏，以《中国民族的形成》论文，获人类学博士学位，同年秋返国，任南开大学讲师。[②]

上述可以看到，李济的专业不断地变换跳跃，至于为什么初选心理学，他在《我在美国的大学生活》中也做了回忆："在我出洋的那一年，我们已经是第八班的毕业生了。就学校方面来说，对送派学生已经有了相当的经验。譬如训练学生，尤其是在语言、礼貌及一切日常生活上的普通训练，差不多都有一定的规程；但是在择业方面，学校却予学生极大的自由、差不多每个同学都可以随着他自己的兴趣做最后的决定，而这个兴趣往往是由于偶然事件引发的。"[③]李济所说的偶然事件是他在高年级时选修了美国学者在清华开设的心理学课程，由最初的好奇心转为浓厚的学业兴趣。后听说美国马萨诸塞州伍斯特市的克拉克大学教心理学最为有名，就申请到该校学习。

任鸿隽、蒋梦麟、顾维钧、胡适、赵元任等早期留学生，是从哈佛、哥伦比亚等美国东部名校毕业的，他们回国后迅速在学界和政界都建立了地位，也吸引了不少后来的中国学生选择这些东岸名校。

当时的留学生选择专业，除了个人兴趣，亲友以至学生本人还考虑实际生活的问题，所以起初择科容易倾向实用性，特别是家境平常的学生都会考虑就业是否容易。革命党人任鸿隽就是一个由实用主义主导择科的典型，他在日本学化学，是想做炸弹。后来在美国仍然学科学，但清朝已经推翻，治学就不是为了做炸弹，而是想振兴工业。杨廷宝回忆：他的心愿是学美术，但家境已日趋衰败，每年只能供给几双鞋袜，上学的路费还是向同族和亲戚告贷而来；学习用的书籍是接受别人用过的。河南省每年只津贴每个学生大洋十五元。估算经济情况及往后的生计，总感到学美术这一行，日后难得温饱。[④]

① 张倩仪. 大留学潮[M]. 香港：商务印书馆，2015：270.

② 刘绍唐. 民国人物小传（第4册）[M]. 上海：上海三联书店，2014：87.

③ 李光谟，李宁. 李济学术随笔[M]. 上海：上海人民出版社，2008：19.

④ 杨廷宝. 杨廷宝谈建筑[M]. 北京：中国建筑工业出版社，1991：102.

在那个时局动荡的年代，中国学生还要从国家需要的角度去衡量实用性。所以年轻人在各种现实条件的影响下去选择专业，并不容易做决定。早期留日学生多选法政和师范和医科，后来的留日学生不少选经济，都有契合中国社会需要的意图。再后来中国学生选法政的少了，面对混乱的政局，不少青年认为官场黑暗，因此厌恶政治，读文学又怕不能救急，而政府又鼓励读理工科，故此选科时偏向理工科。

不过有志愿不等于有兴趣，改变初衷的也不少。郝更生曾言"少年时期，性情多变，兴趣转换得也快，志愿总是一改再改"，这大概是多数青年的状况。所以他先入美国哥伦比亚大学学习土本工程，后感于中国人体格孱弱，遭外人讥笑，转而就读于马萨诸塞州的春田学院专攻体育。再有如蒋梦麟、胡适，都是初志在农的，他们认为农科符合中国的现实需求，后来转读教育或哲学。胡适自己提及改行的原因，一是选了一科哲学觉得有趣，另一原因就是对文学的兴趣。读农科一年级必须修英文每周五小时，还要读德、法文。这些必修科使他对英国文学发生了浓厚的兴趣，他不但要阅读古典著作，还有文学习作和会话，学习德文法文也使他发掘了德国和法国的文学。①

早期留日学生涌现出众多文学家，像鲁迅、欧阳予倩、郭沫若、张资平、郁达夫、成仿吾，他们的初志是学医科、地质、经济，甚至学军事、造武器等，结果却成了小说家、诗人、戏剧家。郁达夫入学时选读经济的，最后变成文学家，同在日本一高读书的他的师弟认为：在一高读书很自由，随便你看书，因此曾是一高生的郁达夫变成搞文艺的。学生在校内念哲学念文学，特别风行。②

早期留学生出国之前没有理工科学的背景，教育环境和社会气氛在科学精神上也根基不厚，学生出于实用性目的而读理工科，兴趣难以持久。加上中国传统读书人的文史根底强，古书熏染深，兴趣易偏于人文，纷纷弃科学而重选人文，觉得更适合自己的性情。

第三节　中学为体忠君道

从最早的官派留美幼童开始，中文学习就是其留学内容的一部分。一方面，留美幼童出洋时年龄小，中文基础不牢固，这种安排也是必要的。从清廷派遣留学生的目的来看，要求留学生能熟读儒家典籍，遵守中国特有的礼仪规范并能为朝廷服务。清廷也把中文学习的要求明确写在了留美幼童的留学章程里，并派中文教习随同教读。

幼童初到美国，出洋肄业局租用了一座三层小楼，顶上一间专供孔子牌位，有专门的书房，凡学堂用书应有尽有，书房对面有两间专供学生读书的阅览室。李圭回忆：以三个月一次来局习华文，每次十二人，十四日为满。逾期此十二人复归，再换十二人来，以次轮流，周而复始。③《四书》《五经》《孝经》《大学》这些经书是留美

① [美]唐德刚. 胡适口述自传[M]. 北京：华文出版社，1989：40、43-44.
② 钟少华. 早年留日者谈日本[M]. 济南：山东画报出版社，1996：52.
③ 李圭. 环游地球新录[M]. 长沙：湖南人民出版社，1980：69.

幼童必须学习的内容。它们贯穿着"君臣父子"的等级纲常伦理,是修身、齐家、治国、平天下的根本准则,是统治者眼中中国"文明"的特色,中国人之所以为中国人的标志。

与国内教读之法相类似,幼童在美国除了熟读儒家典籍外,还需写字、作解、作论,前者是书法练习,后两者是作文训练。解是小作文,论是大作文;解为论的基础,论为解之深化;低年级作解,高年级作论。现存幼童所写的 33 篇作文,钟进成的作文题为《见贤思齐焉解》,张康仁的作文是《弟子入则孝出则弟解》。作文的目的在于训练学生对君臣父子关系和忠君爱民的认识。一名幼童"体群臣也"作如下解:此一句,孔子告哀公当体恤群臣也。体,保护如身体也。群臣,百官也。夫国家之使臣,如身体之使臂,臂之使指,其气谊固当朕属也。苟君之视臣如犬马,则臣事君如国人,君之视臣如土芥,则臣视君如寇仇。何以痛痒相关乎?惟百僚也以百体待之,则心膂可寄,耳目可司矣。我观尧舜之时,一则曰元首明哉,再则曰股肱良哉。其君臣交赞何如也!故孔子告哀公知体群臣为要也。①

李恩富回忆其幼年背书时说:他必须死记硬背所有的课程,把它们记牢,以备次日背诵。念书时先从书的右上角顶端开始往下念,然后又从另一行顶端开始,一行一行地念下去。所有的学习都要大声地念,念得越响,嗓门越尖,越能赢得好学生称誉。……早上六点。所有男孩子正在用最高的嗓门,最大的肺活量在欢叫。②

学生在练习"肺活量"时不仅要量足,而且要质优,否则,伴随的就是惩罚。最惹人注目的是实行处罚的物件。老师备有一根木尺,用来打犯错误的学生的头,有时打他的手,还有一根藤棍用来打他的屁股。用棍子抽打学生是被允许的重罚。对轻罚者,用木尺打手心,对背不出的——打头。③这样一直持续下去,直至全都背诵完。

背诵后开始书法课。握笔一定要握在一定的位置上,笔端一定要垂直向下,笔握得越紧,笔锋就越有劲。老师来回巡视,看大家是否写得正确。书法在中国如同绘画和画图在别的国家那样,是一门伟大的艺术,优秀的书法样品的价值可以和美国的优秀绘画等同。④除了这些传统内容,按清廷规定,每七日正、副委员还要集合各地幼童,反复宣讲《圣谕广训》,以示尊君亲上,不为"西学"所同化。

1876 年,李圭前往美国参加国际博览会,曾考察过留美幼童的留学成果,他对幼童在美国的学习给予了高度认可,他在日记中曾这样记载:西学所造,正未可量。闻西国作人,主意不尚虚文,专务实政,是以课程简而严,教法详而挚,师弟间情洽骨肉。……是诸幼童,孰有不就陶熔而成令器哉!。⑤

① 陈学恂,田正平编. 中国近代教育史资料汇编:留学教育[G]. 上海:上海教育出版社,2007:132-133.
② [美]李恩富. 我的中国童年[M]. 唐绍明译. 珠海:珠海出版社,2006:32.
③ [美]李恩富. 我的中国童年[M]. 唐绍明译. 珠海:珠海出版社,2006:30.
④ [美]李恩富. 我的中国童年[M]. 唐绍明译. 珠海:珠海出版社,2006:33.
⑤ 李圭. 环游地球新录[M]. 长沙:湖南人民出版社,1980:106.

1877 年，中国留学事务局大楼在哈特福德的克林街落成竣工。楼有三层，规模宏大，能容监督、教员及学生七八十人同时居住。大楼有专备教授汉文的教室、餐厅、厨房、宿舍、浴室等设施。从 1874 年开始设计施工的大楼，耗资 43 000 美元，当时的留洋监督容闳申请建造此楼，既是教育幼童的需要，也是想以此牵制清政府，使留美计划能够持续下去。

随着年龄的增长，课业不断加重，幼童对"中学"学习的动力日益衰竭，本能地对"中学"有排斥心理，学习效果也大打折扣。1880 年吴子登继任留学监督后，严加整顿，每逢假期，中国学生当全心全力研习中文；每月须将所做中文课业呈交查考。凡住康州哈特福德城各生，每值周六及周日，必须到留美事务局听宣讲《圣谕广训》；凡不专心学业的学生，勒令退学，并遣送回国。每次学汉语，首先需要脸朝中国方向向清朝皇帝朝拜，然后再给孔老夫子的画像叩头，给师长请安。稍不听话，就会挨罚。苦涩的教育内容与死板的教育方法，使留美幼童将学习"中学"的所在地——"留学事务局大楼"的汉语学习教室称为"地狱之屋"。

与之相反的是，美国文化对幼童的侵染日益加深。曾为留美幼童的温秉忠说：当时幼童平均不及十五岁，对新生活的适应很快，迅速接受了美国的观念及理想（American Idea &. Ideals），这些对他们终生影响至大。幼童进入学校后打棒球，玩足球，有时不惜用拳头与挑战者较量。很快，这些呼吸自由独立空气的幼童完全适应了美国的环境。[1]

正如 1881 年 7 月 23 日的《纽约时报》所言：中国幼童们，除去书本、老师的传授知识，并受到美国政治及基督教的影响，这是可以意料中之事。[2]由此可见，留学事务所中国式教育的作用是十分有限的。

"中学为体，西学为用"是清政府实施留学教育的主导思想。随着时间的推移，"体""用"的界限在留美幼童身上已经远非当初的界定，他们在传统教育与美国教育的影响下，中西兼顾，融会贯通，逐渐脱离封建传统，形成中西合璧式的知识结构与文化人格，随之而来的对抗与冲突也成为清政府后来终止幼童留美的内在原因。

又如温秉忠所言，当时有两位委员，其中一位是翰林（即吴嘉善，字子登），深感幼童因环境蜕变之速，且正方兴未艾，他们将成为"美化"（Americanized）之人，不复卑恭之大清顺民矣，他上奏朝廷，如不迅速行动，幼童均将成"洋鬼刀"（Foreign Levils）矣，皇帝照准其请，立刻下令全体幼童即日撤局回华。[1]

第四节　坚甲利兵强军梦

鸦片战争之后，中国传统的重陆轻海的国防思想受到了强烈的冲击，清政府把海防建设提上日程，在洋务派轰轰烈烈的"军事自强"运动中，在留美幼童的鼓动和启示下，向海军强国派遣留学生就首先兴起了。甲午战争之后，晚清政府向日本派遣了大量的军

---

① 钟叔河. 走向世界：近代中国知识分子考察西方的历史[M]. 北京：中华书局，2000：135.
② 陈汉才. 容闳评传[M]. 广州：广东高等教育出版社，2008：203.

事留学生。民国以后，北洋政府、南京国民政府、中国共产党、各伪政权均有向海外派遣军事留学生，派遣仍以陆军和海军为主。

一、英法海军留学生

晚清海军留学生在甲午战前的主要去向是英国和法国。清政府认为"制造各厂，法为最盛；而水师操练，英为最精"。因此，海军指挥官都前往英国，造舰技术人员都前往法国。"清末至民国，中国的海军建设完全是照搬英国海军全套制度"，尽管甲午战争之后赴日军事留学兴起，但是日本海军也是学自英国。

与留美幼童不同，清政府派出的海军留学生都已成年，心智、思想都比较成熟，且他们在出国之前已经在福州船政学堂接受过语言和海军相关知识、技术的训练。以1877年第一届海军留学生12人为例，经过考试，有4人通过考试，进入英国皇家海军学院学习。有7人被分配到当时英国现役的一线战舰上出海实习。

1876年冬，沈葆桢会同直隶总督李鸿章奏派船政学生第一批出国留学，刘步蟾名列其中，与同学三十余名于1877年3月31日乘"济安"号开赴香港，4月5日由香港出发，5月11日到达英国的伦敦。刘步蟾派到英国的"马那多"铁甲船上督船，为船副。他学习勤奋，先期学成，"成绩冠诸生"，经英国海军严格考试，获优等文凭。1879年秋，刘步蟾留欧先毕业回国，这时由李鸿章推荐，升游击，并赏戴花翎。[①]

林泰曾分配在"索来克珀林"铁甲船实习，进一步熟练驾驶、枪炮、战阵诸法。由于林泰曾在英国学习勤奋，与刘步蟾都先期学成，予1879年冬天回国，1880年南北洋大臣会同闽浙总督奏保，以林泰曾"沉毅朴诚，学有实得"，升游击，并戴花翎。[②]

另有黄建勋上"伯尔罗芬"铁甲船实习，蒋超英上地中海舰队的"狄芬士"号前往马耳他实习，林颖启上大西洋舰队的"爱勤考特"号实习，江懋祉上大西洋舰队的"爱勤考特"号实习。实习中，他们"周历地中海、大西洋、美利坚、阿非利加、印度各洋"，系统的学习、实践了备战、设防、行船理法、水雷布置等海军战法以及用帆、使风等驾船的实际经验，达到了"于行军布阵及一切战守之法无不谙练"的程度。[③]

何心川、林永升、叶祖珪、萨镇冰等人以及后来的严宗光入格林尼治皇家海军学院学习。他们与直接到兵舰实习者有较大差异。据严宗光抄给李凤苞的函件中记载，格林尼治大学课程计有：流凝二重学合考；电学；化学；铁甲穿弹；炮垒；汽机；船身浮率定力；风候海流；海岛测绘。[④]

驻英公使郭嵩焘"以英国学生（事宜）自任"，他在日记中对严宗光等人的学习情况记载较多，大致情况如下：

每日六点钟分赴各馆听讲，星期一上午九点钟重学，十一点化学，下午三点钟画炮台图。星期二上午算学、格致学（电学赅括其中），下午画海道图。星期三上午重学，

---

① 中共福州市委宣传部，福州市社会科学所主编. 福州历史人物（第2辑）[G]. 福州：福州建联印刷厂，1989：77.
② 中共福州市委宣传部，福州市社会科学所主编. 福州历史人物（第3辑）[G]. 福州：福州建联印刷厂，1989：72.
③ 陈学恂，田正平. 中国近代教育史资料汇编：留学教育[G]. 上海：上海教育出版社，2007：257.
④ 郭嵩焘. 郭嵩焘日记（第3卷）[M]. 长沙：湖南人民出版社，1982：495.

论德、法两国交战及俄、土交战事宜，下午无事。星期四与礼拜一同。星期五与星期三一同。星期六上午论铁甲船情形，论炮弹情形，下午无事。在家读书有疑义，听讲毕就问所疑，日尝十余人。各堂教师皆专精一艺，质问指授，受益尤多。或所讲时无余力质问，则录所疑质之，以俟其还答。诸所习者并归宿练习水师兵法。而水师船又分三等：一管驾，一掌炮，一制造。管驾以绘图为重，掌炮以下以化学、电学为用，而数学一项实为之本，凡在学者皆先习之。①

严宗光即严复②（图5-3）。严复以海军留学生身份出国，日后却成为中西兼通的社会科学家，他对中西文化交流的贡献杰出而巨大。蔡元培指出：五十年来介绍西洋哲学的，要推候官严复为第一。

图5-3　1878年的青年严复

从《郭嵩焘日记》来看，严复一直是他的座上宾，他们经常在一起讨论问题，内容十分广泛，涉及天文、地理、人文、社会、中西方文化传统等等。郭对严十分赏识，认为他博学多才，勤于思考，见解非凡。严复对西方自然科学和军事科学十分着迷，郭嵩焘的不少知识都是从他那里得来的。严复曾为郭嵩焘演示摩擦生电，讲解对数原理，并利用《亚维林修路汽机图说》，阐述西方筑路原理。他在力学、重学、格致学等方面都有一定的造诣，他说：格物致知之学，寻常日用皆寓至理，深求其故，而知其用之无穷，其微妙处不可端倪，而其理实共喻也。③他还曾对郭嵩焘说：西洋学术之精深，而苦穷年莫能殚其业。

严复比其他留学生更高一筹的是，在研究自然科学的同时，他还注重对英国社会和资产阶级政治理论学说的考察和学习。也就是说，他对于西方文化的学习从器物层面延伸到了制度层面。在他看来，资产阶级社会政治理论是和自然科学的发展联系在一起的。他在《救亡决论》中指出：西学格致……一理之明，一法之立，必验之事事物物而皆然，而后定之为不易。其所验也贵多，故博大；其收效也必恒，故悠久；其究极也，必道通为一，左右逢源，故高明。严复运用自然科学的经验去探讨人生和社会，批判封建传统，创立资本主义新理论、新文化。

严复虽满腹才华，但因他刚直敢言，仕途不顺、不受重用，却也因此成就了他在翻译西书方面的成绩。严复一生所译巨著11部，其中影响最大的有8部，包括《天演论》《原富》《社会学研究法》《自由论》《法意》《社会进化简史》《穆勒名学》《名学浅说》。

远赴法国的海军留学生，于1877年7月抵达法国巴黎。赴法学生郑清濂、杨廉臣、

① 郭嵩焘. 郭嵩焘日记（第3卷）[M]. 长沙：湖南人民出版社，1982：406-407.

② 1854年，严复出生于福建候官县，13岁时以第一名的成绩考入福州船政学堂，更名宗光。1877年，赴欧留学，先入抱士穆德学校，学习高等数学、化学、物理、海军公法、海军战术和海军炮堡建筑术，后又进格林威治皇家海军学院深造，常到军舰、工厂、学校、部队实习考察，不仅书本知识扎实，而且具有一定的实践经验。

③ 郭嵩焘. 郭嵩焘日记（第3卷）[M]. 长沙：湖南人民出版社，1982：518.

吴德章、林怡游，李寿田、陈林璋等六名，艺徒则郭瑞珪、刘懋勋、裘国安、陈可会等四名，均 1877 年三月到法，艺徒叶殿铄、张启正，1878 年十一月到法。郑清濂、陈林璋入削浦官学，吴德章、杨廉臣、林怡游、李寿田入多郎官厂，所习皆制造船身轮机理法，照章两年卒业。削浦合考，郑清濂第一，杨廉臣、吴德章次之，林怡游、李寿田、陈林璋又次之。经该学监院各给堪胜总监工官凭，又游历法国、比利时、英国船厂、轮机厂暨熔炼钢铁官民各厂，以资考证。[①]

法国学者巴斯蒂在《清末留欧学生》中记载：以后数年内，先进入学校学习的学生陆续到船坞实习或到比利时、德国、英国等各地区考察旅行；而先到工厂实习的那批青年，则又进入有关学校接受专业教育。在派遣章程中，对每个学生在留学期间应该掌握的知识和达到的技术水平都有专门规定。但是，由于法国学校在专业上的严格要求和全面训练，学生们所获得的知识和技术远远超出了造船所必需的范围。学生和工匠中大多数人都具有他们所在学校正规考试所要求的学历。[②]第一届海军留学生期满毕业回国，经过检查验收，全部达到出国时提出的目的和要求。

李鸿章对他们大加赞赏，盛赞他们虽天资不一，造就有深浅之殊，而按章督课，实与诸官学卒业之洋员无所轩轾。其制造者能放手造作新式船机及应需之物，驾驶者能管驾铁甲兵船、调度布阵，加之历练，应可不借洋人。其制造如魏瀚、陈兆翱、郑清濂、林怡游，开采熔炼如罗臻禄、林庆升，驾驶如刘步蟾、林泰曾、蒋超英、方伯谦、萨镇冰颇为优异；其余加以陶熔，均可成器。皆有考取确据，委与原定章程"办有成效"之语相符。[③]因此当时南洋、北洋水师争先留用，唯恐落后。

民国时期，赴英的中国海军留学生学习内容比较广泛，主要包括新式鱼雷制造、轮机、内燃机、涡轮机、水管涡炉工程、驾驶（包括航海）、无线电、潜艇制造、枪炮、监造、测量制图、鱼雷快艇制造、坦克车、自动步枪及制造、轻榴炮及制造等。[④]

一般情况下，理论学习结束前后均安排登舰实习。如 1929 年 7 月，南京国民政府向英国派出学员 20 人第一期海军留学生，进入格林尼治海军大学学习。学习期限 5 年，头两年到舰队实习，然后回到大学学习专业。自第三期起，由于南京国民政府因订购军舰的付款方式与英国产生分歧，不向英国订购军舰，引起英国不满，因而英国就取消了中国留学生登舰实习的相关内容。[⑤]南京国民政府为重建抗战开始后消耗殆尽的海军，从 1941 年起赴英、美留学主要侧重于实习作战、潜艇见习，以增进军官学历与知识。

二、留学德国陆军生

早期陆军留学生主要的目的地是德国和日本。晚清政府最早派出的陆军留学生是前往德国，但在甲午战争以后，主要派往日本。民国时期军事留学生继续扩大。"九一八"

---

① 朱有瓛. 中国近代学制史料[M]. 上海：华东师范大学出版社，1983：413.
② 陈学恂，田正平. 中国近代教育史资料汇编：留学教育[G]. 上海：上海教育出版社，2007：275.
③ 陈元晖. 中国近代教育史资料汇编：洋务运动时期教育[G]. 上海：上海教育出版社，2007：969-970.
④ 陶德臣. 民国军事留学生群体生成探析[J]. 军事历史研究，2014（3）：140.
⑤ 文闻. 国民党中央训练团与军事干部训练团[G]. 北京：中国文史出版社，2010：235-239.

事变后，随着中日交恶，派往日本的军事留学生数量急剧减少。与此同时，派往德国的留学生数量则迅速上升。

早期留德学生主要学习水陆武备，此外专注语言文字，其余各种学问均未能涉及[①]。根据驻德大使杨晟的奏报，1896～1897 年，70 名登记在册的留德学生中，在军校学习的学生为 38 名，学习制造技术的 17 名，其余的分别学习矿学、法律学、电学和德语语言文学。由湖北选派的留学生清一色的学习"马队、步队、炮队和工程队"，以及军械制造技术。而 21 名江南学生也皆"习陆军"。而在荫昌所奏报的 77 名留学生中，所攻科目也以军事和理工为主，但也有学美学的，进柏林大学的有 7 名。[②]

虽然选拔留德生原则上要求懂德语，但实际上具备德语知识的微乎其微。因此，抵达德国后，一般要分成 2～3 人的小组，首先进行语言培训。分小组学习是为了尽量减少学生间的中文交流，达到快速提高德语水平的目的。

结束语言培训后，军事留学生要接受全面教育，而后被派往所在部队从事实际训练。第一年，先习练手足及演枪各法，兼习德语；第二年，随看林操所演迎敌设伏及绘地图排演各法；第三年，习演带排，随同林操兼习文书。[③]与同期派往英、法的学生一样，第一批赴德学生留学期间的课程安排、教学目标及实习程度都有明确而严格的计划，且需征得中方同意才能变动。

南京国民政府时期继续向欧美国家派遣军事留学生。1929 年 4 月，国民政府公布施行《陆海空军留学生条例》之际，正值黄埔军校第 6 期学生已届毕业，蒋介石特令在 6 期学生各队中，择其品学兼优、身体健全、名列二十名以前者，选呈候考派送出洋留学，以资深造。其考选手续由训练总监部负责办理，何应钦总监对于此事极为重视，特组织选派欧美留学考试委员会，何应钦自兼委员长，周亚卫副监兼副委员长，本校张治中教育长兼事务主任委员，其余试验委员、监试委员、事务委员均由训练总监部及本校派充之。试验委员分为四组：①外国语文组；②体格检查组；③学科组；④术科组。试验科目分为以下各种：①留学国语文（留学英美者考英国语文，留学法国者考法国语文或英文，留学德国者考德国语文或英文，均含翻译、作文、听记、读音、会话）；②体格检查（内含体重、视力、听力、肺部检查、全身检查）；③术科（内含教练技术）；④普通科学（内含代数、几何、三角、物理、化学、历史、地理）；⑤国文；⑥军事学（内含基本战术、应用战术）。5 月 13 日开始考试，参与考者凡 700 余人，共分 12 试场，考试结果录取学员 50 人。

该班原定计划系至 1930 年 2 月 12 日预备班期满，学员中留德 13 人（蒋铁雄、柴钊、杨中平、萧劲、杨厚彩、郑瑞、岳制量、田鄂云、徐焕昇、林馥生、李忠侬、楼迪善、欧阳杰）及留法 12 人（何新文、郭海乐、廖耀湘、蔡庆华、郭彦、程雁飞、孙信璋、王观洲、刘恩荫、蔡仁清、周昭、王菊林）与留美 8 人（周宏沼、阮积熊、陆瑞科、彭展寰、于德源、张毅、吴家让、唐铁成）及送考员，于 5 月间先后开始留学。该班亦即

① 徐健. 晚清官派留德学生研究[J]. 史学集刊，2010（1）：75.

② 李喜所. 近代中国的留学生[M]. 北京：人民出版社，1987：112.

③ 高时良. 中国近代教育史资料汇编：洋务运动时期教育[G]. 上海：上海教育出版社，1992：925.

于全体留学后宣告结束矣。

留学生到德国的有 13 人，因为当时德国政府只肯收中国军事留学生 5 名，先头已有徐培根、桂永清、彭克定等在校，余者不能即时入学，于是徐焕生、李忠侬、林馥生 3 人改学民用航空（当时德国受《凡尔赛条约》限制，没有空军），后来又转到意大利空军学校学习。蒋铁雄、杨中平、岳制量、郑瑞、欧阳杰 5 人转到瑞士军事学校，柴钊等转到奥地利陆军学校。后来，在瑞士的也一起转到奥地利陆军学校。1934 年，希特勒任国家元首，大肆扩军备战，成立各种军事学校，应允中国政府之请，大量接受中国军事留学生。于是在奥地利学习的人也转到德国学习，先在部队里受训半年后，分别入步兵、炮兵、工兵、战车等学校学习。这些学生于 1935 至 1936 年先后回国。[①]

1937 年 10 月，蒋纬国以少尉预备军官身份，从上海乘船赴德国留学。他回忆：德国的规定是要先入伍才能进军官学校。入伍训练只有一年，不过是真正在部队入伍，方式是在每一连里面插进一两个入伍生，让入伍生能够领略部队的生活。我被分配在山地兵第九十八团第二营第五连。[②]

据蒋纬国回忆，入伍生又称为军官候补生，主要课程是学习基本战术，包括学习单兵、班、排的小战术，除了白天出操外，晚上还有入伍生导师补课，讲解许多基础课程。另外，还要学习连里的行政事务，例如如何领款、领弹药、领零件、领被服，以及如何送伤患等。受训期间，唯一的娱乐就是在检查清理装备及整理内务后到俱乐部喝杯啤酒，聊聊天，轻松一下。所费不多，只要二三块马克就够了，所以德军规定皮夹里不能超过八块马克。如果皮夹里的钱超过八块马克，而又不幸遗失，失主也不敢告发，因为自己已经犯了规，一旦告发，反而还会招致"引诱德国人破坏记录"的罪名，罪加一等，所以在部队里面从来没有偷窃的事情发生。每一个连里面都有一个军需士，我们的钱可以放在军需士那儿。[③]

蒋纬国在受训期间，曾参加过两次军事行动，他对德国军队的精确性非常赞叹。他参加的第一次行军走了九十五公里，穿过阿尔卑斯山。当他们的部队在阿尔卑斯山山脊停下来吃午餐时，发现弹药箱就摆在路边，根本没有行军误差。吃过午饭，打开弹药箱，拿到了武器。

德国军校注重实践的教学方式也让蒋纬国印象深刻。据他回忆，上课地点不是在讲堂里就是在野外。每个班里有个班主任，通常由少校担任。在上课时由班主任先描述战况，我们以营长的身份来做纸上作业，先写下要点，由主任收集起来，再从中抽出一张，被抽到的人就向全班作口头报告。然后班主任就综合一个案子，假定一个构想，再分配职务，以自己被分配的角色来构思战术，报告完后，由大家批评，所以这种课程始终重视应用。军官学校的课程就是反复训练营连战术，所以每一位毕业军官对于营、连、排、班、伍战术都充分了解，并且了解团以下之火力支援以及装备。例如通信，到现在他还

① 单补生. 我珍藏的中央军校留学文稿[EB/OL]. [2017-03-01]. http://www.huangpu.org.cn/hpzz/hpzz201702/201704/t20170426_11754484.html.

② 蒋纬国. 蒋纬国口述自传[M]. 北京：中国大百科全书出版社，2008：58.

③ 蒋纬国. 蒋纬国口述自传[M]. 北京：中国大百科全书出版社，2008：56.

记得如何打电报，不论用音响、旗号、无线电都可以。①通过德国军官学校的训练，蒋纬国不仅掌握了基本军事技能，而且骑马、跳舞、剑术样样精通。

三、留学日本陆军生

清政府对于派遣赴日的军事留学生是相当慎重的。出于维护专制统治的需要，晚清政府试图将留学军事权垄断在世家王族手中。因此政府严禁自费留学军事科，同时对官费军事留学生的限制也非常严厉。清末民初的著名军人，无论是军阀还是革命者，不少出身于早期留日的军事学生。他们大多出身于各地的武备学堂，由政府保送留日。

留日军事生的学习一般要经过预科教育、入伍生教育和士官学校教育三个阶段。日本最早接受中国陆军留学生的是东京成武学校，是个预科学校。1900~1903 年，先后有四届共 163 名陆军留学生毕业于此。后因人数众多，于是在 1903 年又开办了另外一所军事留学的预科学校，即振武学校。

振武学校的学制由最初的一年三个月延长至后来的三年。一年三个月时期的《课程概要》分为日本语、日本文、算数、代数等多门课程，由陆军士官学校和陆军幼年学校的教师兼任，教学质量较高，对中国政治、军事产生了重大影响。据练兵处统计，至 1908 年 6 月，赴日陆军学生数目不下一千余人。内由振武学校毕业得入联队学生 499 人，现在联队者 75 人，在士官学校者 255 人。除因事退学 200 余人外，其曾入联队递入士官学校，毕业回国学生已有 229 人。②

预科学校毕业后，再经过 6 个月至 1 年的部队服役，留学生可进入士官学校学习一年至一年半。日本陆军士官学校创建于 1874 年，是世界著名的军事学校。从 1900 年起，该校开始兼收中方选送的留学生，主要教授兵科、骑兵科等初级军事知识。从 1900 年至 1911 年，日本士官学校为清政府先后培养了九期陆军留学生，共 656 人，史称"留日士官生"。③中国近代史上著名的将领如蔡锷、李烈钧、孙传芳、唐继尧等，都毕业于日本士官学校。

但是日本鼓励中国派遣留学生的目的并不是为了帮助中国发展军事事业，而是为了控制中国，因此日本处处提防中国学生。1903 年 12 月，日本军部颁布《清国陆军学生在队期间管理须知》，明令各部队对中国留学生取消属于军事机密的内容。1909 年 6 月，日本军部颁布《清国陆军学生管理规程》规定：对学生不得教授军事机密事项，在教授学生必须涉及军事机密事项时，应由联队长或校长确定其程度及细常，并请示主任将校。④日本军部还限制中国留学生入学户山军事学校、炮工学校、野战炮兵射击学校、陆军大学，避免中国人掌握专门或高等军事技术、理论。⑤后经驻日公使与日本政府多次交涉，日

---

① 蒋纬国. 蒋纬国口述自传[M]. 北京：中国大百科全书出版社，2008：61.

② 中国社会科学院近代史研究所中华民国史组. 清末新军编练沿革[M]. 北京：中华书局，1978：342.

③ 甘少杰. 清末民国早期军事教育现代化研究（1840—1927）[D]. 保定：河北大学博士学位论文，2013：126.

④ 中国社会科学院近代史研究所. 中国社会科学院近代史研究所青年学术论坛（2009 年卷）[G]. 北京：社会科学文献出版社，2011：232.

⑤ 中国社会科学院近代史研究所. 中国社会科学院近代史研究所青年学术论坛（2009 年卷）[G]. 北京：社会科学文献出版社，2011：233.

本军部方同意在个别高等军事学校接受少量的中国军事留学生，但约定讲课涉及日本军队机密时，中国学生需要退出课堂。

可以说，当时大多数中国留学生进入的都是初级军事院校，后来也有少部分优等生进入日本户山、陆军大学等较高级的军事学校学习。例如，从 1910 年开始，清国陆军部每年派遣 6 人入户山学校、6 人入炮工学校、3 人入骑兵实施学校、3 人入野战炮兵射击学校学习。[①]但人数十分有限，而且民国成立之时，这些学生还尚未毕业，所以留日军事留学生的层次普遍较低，还未能接受完备的高等军事教育。

据一位学陆军的留日学生回忆：校中无论冬夏，例于五时半起床，其规定亦颇别致，起床号音一动，学生即一跃而起，以最大速度穿上军裤，抓起军帽便走，上衣则边跑边穿，钮子则且奔且扣，冲出室外，换上便鞋，驰赴广场，集合点名，一切动作，几如消防队之救火，号音一落，队伍已齐，动作稍缓，立遭痛斥，日日如是，等于每晨举行紧急集合。予等初入伍时，正值严冬，积雪未消，寒威方烈，由热被窝中跃出，动作既极慌忙，朔风犹难抵御，牙齿震震有声，相顾几无人色，习之既久，遂亦行若无事焉。[②]

除了基本训练以外，还有骑马、射击等多种基本功的训练。吴禄贞在成城学校读了一年半后，又到日本陆军联队实习半年，实习期满后升入士官学校骑兵科。该校对学生施行严格的军事训练，为了锻炼学生的胆量，教官利用漆黑的夜晚，命令学生单独到荒野去执行任务，有时还故意装作侵入，向学生进行恫吓。[③]

民国时期陆军留学生在日本的学习内容与晚清时期大致相同。"九一八"事变后，日本除士官学校之外，其他军校都停止招收中国留学生。根据士官学校第 28 期毕业生赵一雪回忆："九一八"事变以后，日本人怕中国留学生借机刺探日本军队的内部情况，同时也不愿中国留学生对于军队生活有踏实的锻炼，因此把中国留学生队入伍期缩短为两个多月，而且大部分时间是在校内，与其军队完全隔离。其中只约两个星期的时间是在东京近卫师团见习。炮兵科的学生分配在近卫炮兵联队见学。去了之后，联队授意把我们集中在一个中队（即连）部内住宿，那个中队长和带我们去的炮兵班长汾阳中尉还假惺惺地说："因为你们都是士官学校将校候补生，怕你们同士兵住在一起生活上不方便，所以特别把大家集中在中队部，这样我们也好照顾你们。"

由于这种隔离实习，使我们无法接触实际，缺乏实践，因而对驮马的驯养和火炮的拆装、操作等技能，都是一知半解的。日本人达到了他们把中国留学生训练得"半生不熟"的目的。[④]

士官学校的教官是日本陆军大学毕业的较为优秀的学生，又在部队当过大队长以上有实兵指挥经验的军官。但是他们在讲授战术方面有所保留，特别是后方勤务几乎没有讲，但是对攻、防、追、退等主要战术原则的讲解比较详细，应用战术的图上作业做得比较多，而且认真。为什么日本军官会在战术方面肯教一些东西给中国留学生呢？，对

---

① 中国社会科学院近代史研究所. 中国社会科学院近代史研究所青年学术论坛（2009 年卷）[G]. 北京：社会科学文献出版社，2011：232.

② 刘真. 留学教育：中国留学教育史料（第 1 册）[G]. 台北：台湾编译馆，1980： 380-381.

③ 李喜所主编. 中国留学通史（晚清卷）[M]. 广州：广东教育出版社，2010：247.

④ 全国政协文史资料委员会编. 文史资料存稿选编（16）军事机构下[M]. 北京：中国文史出版社，2002：902.

此赵一雪认为，他们有着长远的谋划：

第一，让留学生回国之后传授给中国军校学生与部队军官，使中国军队的战术日本化，这样中国一旦同日本打仗的话，日军就能确实掌握中国军队与指挥官的作战规律；

第二，日本教官在教中国留学生战术的时候，都保留了一手。而且他们认为日本军人对于战术方面的研究，比中国军人高明得多，同样是一个战术，但"应用之妙存乎一心"，相信中国军人不会运用得比他们强；

第三，日本人利用教留学生战术的机会来掌握每一个人的战术思想，特别是攻、防、追、退中的惯用战法、性格、特长等，将来回国去当了指挥官，一旦同日军作战，知己知彼，他们就有打赢的把握；

第四，为了使士官毕业生在中国军队中占有一定的地位，不能不教一些作战理论给中国留学生，他们认为这些留学生今后在中国的地位，关系到日本在中国的利益。①

由于日本人对中国留学生有所保留，也导致留日士官学校毕业生的口碑越来越差。1930 年 5 月 15 日，蒋介石在中央军校黄埔楼宴请中央军校第六期考选即将留学的学生时就提道：你们不论在军事学校受训练，还是到部队去见习，总要注意学习；不要像留日士官学校那些军官一样，小部队战斗都不会指挥，只想当大官，那有什么用处？②

四、苏联军事留学生

苏联政府在接受中国留学生之初，就十分重视对军事人才的培养。在东方大学，莫斯科中山大学等综合性院校，为留学生开设的课程是军政兼顾的。另外，还有一些专门的军事院校，主要有伏龙芝军事学院、列宁格勒托尔马乔夫军事政治学院、基辅联合军官学校、莫斯科红军军事学校、莫斯科红军高级指挥训练班、红军步兵学校、炮兵学校、空军飞行学校等。

南昌起义后，中国共产党中央委员会（以下简称中共中央）决定派刘伯承到苏联学习。1927 年 11 月，刘伯承同吴玉章等 30 余人从上海启程经海参崴转乘火车到莫斯科。刘伯承进了高级步兵学校，吴玉章进入了中山大学。时年 36 岁的刘伯承为了能直接阅读俄文书籍，听懂苏联教官讲课，拼命学俄文。他每天必在左手手心中写满生词，直到完全记熟后才另换新词。他看书时间长了，右眼的假眼球把眼眶磨疼了，也不休息，把假眼球摘下来，再接着看。晚上，同学们已熄灯就寝，他还独自在走廊的灯光下，默默地认记。莫斯科冬天的早晨，气温大都在零下 15 摄氏度左右。每天早晨，刘伯承都提前来到操场上朗读俄语。③凭借持久的恒心与毅力，俄语的语言关被刘伯承攻克了。

苏联高级步兵学校设置的军事课程有战略学、战术学、地形学、射击学，政治课则学苏共党史和哲学。教官每天大约讲授 5 小时，其余时间自修。攻克俄文关之后，刘伯承学习有了长足的进步，各科成绩都取得了优秀。④因为他失去了右眼，所以实弹射击

① 全国政协文史资料委员会编. 文史资料存稿选编（16）军事机构下[M]. 北京：中国文史出版社，2002：903.

② 全国政协文史资料委员会. 文史资料存稿选编（16）军事机构下[M]. 北京：中国文史出版社，2002：905.

③《刘伯承传》编写组. 刘伯承传[M]. 北京：当代中国出版社，2007：46.

④《刘伯承传》编写组. 刘伯承传[M]. 北京：当代中国出版社，2007：46.

没能合格，经过一段时间左眼瞄准，右手握枪的苦练，射击也终于合格了。

　　凭着刻苦努力的学习，刘伯承作为外国留学生中的尖子生，被提前推荐于 1928 年下半年进入了伏龙芝军事学院深造。伏龙芝军事学院是苏联军事院校中的最高学府。在伏龙芝军事学院，刘伯承借助于俄文阅读了不少马克思、恩格斯、列宁、斯大林的著作，学习了苏联红军的各种条令和有关司令部组织指挥的知识，还涉猎了拿破仑、苏沃洛夫等著名军事家的事迹和论著，较广泛地接触了欧洲的战争历史和西方军事思想，从而在多个方面提升了自己的理论水平和军事素养。

　　另外，伏龙芝军事学院中国班共六人，与刘伯承同学的有左权、屈武、陈其科、黄涤洪、刘云。当时六个人都是共产党员，他们成立一个支部，刘云为支部书记。中国班开设的课程主要有战略、战史、军事地理、俄文等。刘伯承学习军事理论，善于和实践结合起来学。每学一门课，他都认真联系过去参加过的战斗，从中总结成功的经验和失败的教训。因此，无论是课堂提问、图上作业或野外演习，他都表现出比别的同学学得扎实，理解得深。①

　　在学习中，刘伯承除了始终带着"中国革命怎么搞"这个最大的实际，虚心学习，积极探索外，还通过回顾过去所经历的战争，从中汲取经验教训。最典型的例子莫过于他到苏联后不久，所写的《南昌暴动始末记》。①

　　紧张的学习生活之余，同学们喜欢看电影，或听听音乐。有一次刘伯承和大家一起看电影，电影的名字是《红色银花》，描写中国人愚昧落后、懦弱麻木。衣衫褴褛、面黄肌瘦的中国人，心甘情愿地跪在地上欢迎侵入新疆的俄国人。这个电影大大刺疼了刘伯承的民族自尊心，当场他就指出：这是对中国人的侮辱。校方再一次批评他有"民族主义情绪"。他深切感到弱国之民无地位，勉励自己更加努力学习，为改变祖国落后、屈辱的命运而奋斗。以后，组织看电影或其他活动，他都不去了，一个人坐在宿舍里看书。

第五节　治学严谨尚自由

一、Seminar 小班讨论会

　　Seminar，译为习明纳、席明纳，即研讨班、研讨会、研究班，是欧美大学里经常采用的一种教学形式。讨论会由教授主持，围绕一个题目，聚集一小部分人，由一个人做报告，大家提出问题和意见，互相攻错，一起切磋，类似于头脑风暴。

　　在 Seminar 中，在教师的指导和帮助下，学生逐渐认识了科学工作，并学会如何从事该工作。在学徒期满后，他们自己将作为教师继续进行这一工作，保持并改进方法，同时培养年青一代。研究班因此成为保持科学工作连续性的基本要素。②Seminar 在德国被称为"科学研究的苗圃"。

---

① 杨琴，李伟. 刘伯承[M]. 北京：中国青年出版社，1992：31.

② [德]弗里德里希·包尔生. 德国大学与大学学习[M]. 张驰等译. 北京：人民教育出版社，2009：212.

　　Seminar 的这一做法，因为 19 世纪众多的美国留德生而被引入了美国。霍普金斯大学校长吉尔曼对习明纳大加赞赏：在研究班中，教授同一小群优秀学生就某些研究进行交流，年轻人有机会看到年长者工作的方法。知识的来源，即所谓的权威，被不断地检验。随后而来的是现代式的讨论。研究有时候具有很强的专业特征——被认真进行。[①]

　　1930 年，费孝通在英国留学，跟随人类学大师马林诺夫斯基，就见识过他那叫"今天的人类学"的著名 Seminar：每逢星期五，马林诺夫斯基坐在伦敦经济政治学院那间门上标注着他名字的大房间里，主持他的 Seminar。费孝通第一次见他就是在他的 Seminar 里。房间满墙、满桌，甚至满地是书籍、杂志、文稿，到处是形式不同的沙发、靠椅、板凳。那天的 Seminar 照例坐满了许多人，除了注册上课的学生，还有他的同事和学术界朋友，包括来自各国的人类学家，以及毕业多年、恰好在伦敦的老徒弟。他们高高兴兴地来，公开谈学术，也交换人类学的新气息。

　　因为在这里讨论的，不但书本上还没有写，课堂上还没有讲，甚至一般的人类学家还没有想到的问题。这类问题为什么在这里会提出来，靠参加的人多，他们四面八方从实地研究中带来了新问题。他们遇到困难，或有了心得，在老师的席明纳里发言，经过讨论得到了启发，又回去工作，解决问题，提高品质。大家得到好处。[②]

　　因此朱光潜在《旅英杂谈》中说：记得美国人斯蒂芬教授在他的《英伦印象记》里仿佛说过，英国大学生的学问不是从教室，而是从烟雾沉沉的吸烟室里得来的，因为教授们在安安泰泰地衔着烟斗躺在沙发椅子上的时候，才打开话匣子，让他们的思想自然流露出来。[③]Seminar 一般是针对高年级，主要是本科以上的学生而言的。即使是英国大学的本科教育，教师授课一般也没有教科书，他们用的讲义多半是自己的研究所得，所以学生的知识面也较广。

　　周天冲在《最近英国教育之趋势》中提及："英国大学中，学生受教师之指导，在一定范围内，博览群书；一二年后，再经考试。教授不指出要点使学生强记，以应考试，学生仅依赖听讲，必不能考试及格。教授仅介绍各种书籍，指出该书中之要点与疑点，以新近之知识补充之，并提出各种问题，以供学生之研究。"[④]"英国大学每年分三学期，上课时间甚短，伦敦大学及其他约三十周，剑桥则只有二十周，三四个月之暑假，为学生真正读书及研究时期，高等级学生（硕士、博士生）可得教授之许可，假内在实验室继续工作，得益甚巨。"[⑤]

二、自由听课与选课

　　法国是中国留学生梦想中的天堂，而巴黎作为法国高等教育中心，自然是天堂的中心。那时候欧洲大陆许多国家的大学坐落在城区，教室紧靠马路，所以巴黎大学没什么

① 贺国庆. 还原大学[M]. 合肥：安徽教育出版社，2012：138.
② 费孝通. 费孝通域外随笔[M]. 北京：群言出版社，2000：272.
③ 朱光潜. 朱光潜谈欣赏[M]. 北京：中国青年出版社，2014：133.
④ 刘晓琴. 中国近代留英教育史[M]. 天津：南开大学出版社，2005：268.
⑤ 刘晓琴. 中国近代留英教育史[M]. 天津：南开大学出版社，2005：373.

门禁。除了为正式考试的学生特设的科目外，大学的课都是公开的，课程表张贴在街头市巷。人人都可以入座听讲，不必报名，不必交费，只要循规蹈矩，没人干涉。所以出门散步经过大学而来听讲的人不少，甚至老年人也来听，消磨时间。初开学的时候，来听课的尤其多，真正上课考试的学生，也要提前半小时到，才能坐前边。[①]

大学里讲课的有些是六七十岁的老教授，虽然著作等身、德高望重。而且这班老教授往往喜欢讲很多故事，讲自己从前的经历。当时在巴黎读博士的严济慈不但不觉得烦，反而觉得他们讲课非常清晰有头绪。他还发现听课的有很多老先生老太太，因此感慨在中国听科学课听得头昏，在法国听科学演讲，好像听说书那样，中国人不知哪一年才可以这样听科学。[②]

在大学注册的学生分为正式学生或旁听生，区别在于是否交实习费和考试费。即使是正式注册的学生，也有不听课的自由，教授也不会强迫学生看参考书。这就是国立巴黎大学独树一帜的自由学习制度。这种自由放任的制度，也给了不少中国留学生滥竽充数的机会。21 世纪 20 年代去法国的中国留学生中很多人不注册，或是注册了的挂名学生，有空时才听课。

在法国求学，法文没有相当基础，便去听讲，也是白费时间。巴黎大学的文科，每天都有公开的名教授讲演其所专长的学问；其他如社会科学院、法兰西学院等，都有名流定期公开讲演，如当时负盛名的法国哲学家博格森、汉学家马伯乐等人均在法兰西学院公开讲演。既曰公开，任人入听，并不取费。然而不但要法文好，而且非有基本学识，不能听懂。留法学生大半都因语文障碍与基础知识不够，归国后，号称在巴大或某种学院毕业。其实是以上大学听课来点缀门面；至于"毕业"二字，则更说不上，因为既未听懂，如何毕业；且巴黎大学只有做学位或取得某科文凭的学生与自由听公开讲演者，从来无所谓毕业不毕业。[③]

当时在德国，只要中学毕业，不需考试，就可以进入大学。进什么大学，选择什么院系都凭自己的意愿，换校，改系也是允许的。盛彤笙回忆：1934 年他考取公员赴德国留学，德国的大学全是国立的，学制完全相同，历来的传统是鼓励学生频繁转学，以便接近各校教授的不同风范，聆听他们不同的学术观点。盛彤笙先后在慕尼黑、柏林、汉诺威等地学习，并获得了柏林大学医学博士和兽医学博士学位。留德四年期间，使他有机会聆听了许多名教授的讲课和手术表演，大大开阔了视野，德国老师严谨的治学精神和我不厌其烦地教诲使盛彤笙至今感激难忘。[④]

据季羡林回忆：有的学生，经过几经转学，二三年以后，选中了自己满意的大学，满意的系科，这时才安定住下，同教授接触，请求参加他的研究班，经过一两个研究班，师生互相了解了，教授认为孺子可教，才给博士论文题目。再经过几年努力写作，教授满意了，就举行论文口试答辩，及格后，就能拿到博士学位。[⑤]

① 张倩仪. 大留学潮[M]. 香港：商务印书馆，2015：276.
② 张倩仪. 大留学潮[M]. 香港：商务印书馆，2015：277.
③ 李璜. 学钝室回忆录（增订本上卷）[M]. 香港：明报月刊，1979：91-92.
④ 中国科学院学部联合办公室. 中国科学院院士自述[G]. 上海：上海教育出版社，1996：453.
⑤ 季羡林. 留德十年[M]. 上海：东方出版社，1995：46-47.

另外，德国教授说了算，他人无权干预教授的决定。如果一个学生不想作论文，决没有人强迫学生做论文，而且如果自己有钱，可以一直念下去，成为"永恒的学生"（Ewiger Student）。

三、治学严谨而严格

自由的教授方法并不意味着宽松。德国高等教育界学风严谨，对学生要求很高。学理工科的不仅要具备理论知识，还要有一线的实习经验；学人文社会科学的则要掌握多门语言，也实属不易。

季羡林曾提及如果想要获得博士学位，除主系外，还要修习两个副系课程，论文要求就更高。他回忆："回头来谈我的副系问题。我坚决不选汉学，那么选什么呢？我考虑过英国语言学和德国语言学。我还真下功夫学了一年阿拉伯文。最后选定了英国语言学与斯拉夫语言学。但斯拉夫语言学，不能只学一门俄文。我又加学了南斯拉夫文。从此天下大定。"[①]

据季羡林讲，德国大学对论文要求十分严格，看重学生学习的能力。对于论文题目一般都要求不高，但必须要有新东西才能通过。张维也有同样的回忆："我的第二位导师狄辛格（Franz Dischinger）教授对研究生的要求更高，连博士论文的题目都要自己去选。他常说：'我这里不开博士工厂，不管出论文题目。'他拒绝接收想跟他要论文题目的博士生。他通常的做法是只负责指导答辩，即谁有了研究成果，可写成论文呈送给他，请求答辩。"[②]

当时的法国，学位分国家和学校两种。学校的学位不能作为职业上的资格，国家不给予任何权利，因此，对于求职重视资格的法国人来说，他们不重视学校的学位。岑麒祥回忆留法经历时提及，据中法协会秘书长顾朗教授所言，现在法国大学对像我（岑麒祥）这样的留学生有两种学位：一种是大学博士学位，只要对法语有一定的认识能力，找一位大学教授和他商量好一个研究题目，在他的指导下写出一篇有相当学术价值的论文，经答辩认可后就可以获得。这种论文的范围比较狭窄，只能适用于外国留学生，本国学生不能采用；另一种是国家硕士学位。要取得这种学位必须通过笔试和面试取得一定数目的高等研究证书（文科四张，理科三张）。每张证书指定国内外有关的名著让学生自己研读，教师只讲其中关键性的或他自己认为有独到见解的一部分。他们从来是不印发讲义的，你听不懂，做不好笔记，那只好自叹霉气。一般来说，准备一张证书大概需要一年，四张证书就需要花上四年。至于国家博士学位，那是更高一级的学衔，须要提出两篇论文：一篇是用法文写的，要求很高；另一篇是用拉丁文或外文写的，作为第一篇论文的副本。准备国家博士学位没有规定的课程和年限。有些人在取得国家硕士学位之后再考取一张或两张高等研究文凭获得在大学教书的资格，就一面教书，一面准备

① 林洁选. 季羡林名篇佳作[M]. 上海：东方出版社，2005：185.
② 张维. 在德八年酸甜苦辣的留学生活[G]//万明坤, 汤卫城主编. 旅德追忆：二十世纪几代中国留德学者回忆录. 北京：商务印书馆，2000：174.

国家博士学位，什么时候准备好，什么时候提出申请举行答辩会。①

无论读博士还是读证书，都要经过笔试和口试，理科的还有实习试。笔试是在大讲堂里上百人一起考，考几小时，所以除了书读得好，还要有相当的精神体力；笔试只有一条题目，但理科的一题里面分很多节，文科的则题目极大，例如近代史科笔试，题目是在伊丽莎白一世统治下的英国。②

据袁道丰回忆：法国大学考证中，口试有两次机会，如果6月没有成功，11月还可再考一次，如果再失败，连笔试成绩也不算了。③

有一位参加文科口试的学生回忆：看到长桌后面坐了五位好似法官的教授，并且轮流考问。他的神经紧张了，思路慌乱了，自知答得不够好。教授们也不马虎随便，即宣告他口试失败，其严肃程度可见一斑。

1931年秋，岑麒祥从里昂大学转到了巴黎大学，开始了他的"考证"生活，他回忆：到巴黎的最大愿望是想尽可能学完它所开设的各种深造课程，主要计有房德里耶斯（I. Vendryes）主讲的"语言学"、傅舍（P. Fouche）主讲的"语音学"、柯恩（M. Cohen）主讲的"语言调查"和梅耶主讲的"比较语言学"，集中在要考取语言学和语音学两张高等研究证书和一张语音学高等研究文凭。这样就可获得国家硕士学位和一张高等研究文凭，一切需要面授和参加考试的课程都已囊括在其中了。④岑麒祥利用所学到的方法整理出我国汉语广州方言的语音系统作为实习的对象，经过一年时间，除经过笔试和口试考得了语音学高等研究证书，并以《中国广州方言发音实验录》为论文获得了语音学高等研究文凭。这篇附有许多图表的论文后来由顾朗教授介绍刊登于1934年的《中法年鉴》。到巴黎后另一张要考取的是语言学高等研究证书。主讲教授是巴黎大学文学院院长兼语言学研究所所长房德里耶斯，上课地点是在法国最有名望的高等师范学校，指定的必读参考书除房德里耶斯本人的《语言》以外，还包括瑞士索绪尔（F. de Saussure）、丹麦叶斯柏森（O. Jespersen）以及美国萨丕尔（E. Sapir）和布龙菲尔德（L. Bloomfield）等著名语言学家的各种大部头著作，岑麒祥还要到法兰西学院去听梅耶的比较语言学课。范围广，问题多，大家都认为是一张难度很大的证书。可是岑麒祥这次到法国来就是为了拿这一张证书。这一张证书拿不到岂不等于虚此一行？所以在最后这一年间，他几乎把全部精力都放在考获这一张证书上面。有些书看了一遍又一遍，似乎还没有吃透，六月份那场考试始终不敢提出申请。暑假时还不断温习，直到十一月才决定去考，一次就通过了。主考人因为知道岑麒祥是中国人，口试时还特别邀请著名汉学家卜罗克来提出了一些与汉语方言有关的问题，结果都被他答对了。岑麒祥在法国学习了这么几年，凡所开设的有关语音学的课程都已学完，而且给了岑麒祥一个国家文科硕士学位，外加一张语音学高等研究文凭。⑤

岑麒祥以本科学历为起点，从1928年赴法留学，至1933年历经5年时间，方获得

① 岑麒祥. 岑麒祥自述[G]//高增德，丁东编. 世纪学人自述（第2卷）. 北京：北京十月文艺出版社，2000：145-146.

② 张倩仪. 大留学潮[M]. 香港：商务印书馆，2015：280.

③ 袁道丰. 我在巴黎的学生生活[J]. 现代学生，1932（6）：4.

④ 岑麒祥. 岑麒祥自述[G]//高增德，丁东编. 世纪学人自述（第2卷）. 北京：北京十月文艺出版社，2000：149.

⑤ 岑麒祥. 岑麒祥自述[G]//高增德，丁东编. 世纪学人自述（第2卷）. 北京：北京十月文艺出版社，2000：150.

国家文科硕士学位，语言学高等研究文凭，可见历程之艰辛，难度之大。

第六节　培养中国赛先生

"德先生"（民主）和"赛先生"（科学）是中国新文化运动中树起的两面大旗，而作为五四运动的主要发起人和参与人的归国留学生正是这种民主与科学精神的受益者。无论是在欧美还是日本，中国留学生都在求学的过程中深刻体验到了这种孜孜以求的科学精神。

蒋廷黻由教会资助赴美求学，1912 年到美国入派克学院读中学，后进入俄亥俄州欧柏林学院主攻历史，同时还选修了多门自然科学的课程。蒋廷黻回忆："在欧柏林学堂，我首次开始学自然科学。霍莫兹（Holmes）教我化学，布丁顿（Budaington）教我生物学，葛威尔（Grover）教我树木学和进化学。他们三位都是杰出的教授。欧柏林的老师不再要我死记课文，不再要我使用演绎法和孔夫子的格言，他要我多用眼睛多用手。要我在显微镜下研究试管中的微点。要我观察我所能看到的东西，不要忽略所观察到的事实。训练我观察要仔细，提出报告要客观。我对这种新方法的反应如何呢？虽然科学研究在开始时困难，但我很快上了道。我衷心羡慕这种教育方法。这些课程我都学得不错，甚至霍莫兹教授劝我主修化学，布丁顿教授劝我主修生物学，葛威尔教授劝我主修植物。[①]

不光纯理科要做实验，实用科目也重视实验。由于信赖科学，除了文艺科目外，几乎所有学科都向实验和实地调查发展。哲学有实验主义，语言学要做田野调查，心理学、教育学、人类学都要实验。

两位曾在德国冯特实验室工作过的美国教授，认真指导教育心理学研究生胡毅开展研究：两位教授对操作方法和实验结果的严格要求，给胡毅留下难忘的印象。更难忘的是他们认真负责和专心研究的精神。他们都是主要教授，并兼行政职务，还自己进行科学研究。可是对胡毅这样一个外国来的年轻研究生，不但口头上做必要的指导和考核，还亲自指导使用和维护仪器，又教冲胶卷和从投影中取得数据。本来这些事任何一助手都可以讲解。胡毅与他们分手时向他们致谢，说额外地使他们费心。他们说那是为了使他们自己放心，使实验能顺利进行，不出错误。[②]

科学精神的传承，不仅包括大学里的实验，还有公司或工厂的实习。与中国人重视文凭不同，欧洲的理工学生更重视实习，因为在工厂实习两三年的学徒，往往可以找到更好的出路。实习源自欧洲，但工科实习则以美国较多较早。工商科目都重视理论和实践结合，工业管理的实验和实习的目的是了解科学地管理工厂布置的理论和方法；商学院则经常到现场调查或在实验室做实验。美国工科教授常提醒学生：不可和文科学生一样的重视学位，而忽略了工科学生所必需的实习机会。他们都说，实际工程经验，比大

---

① 蒋廷黻. 蒋廷黻回忆录[M]. 长沙：岳麓书社，2003：62.

② 高增德，丁东编. 世纪学人自述（第 2 卷）[M]. 北京：北京十月文艺出版社，2000：298-299.

学里的学位和书本，都要重要好多倍。[1]

对于学应用科学的学生来说，要获得实际工作经验，除了学校实习、参观工厂之外，最好能够进入公司做工。尤其是抱有雄心壮志的学生，认定"如果只读书而不实习，那么我就不能希望将来成为优秀的工程人员或工科教授"。于是争取机会在福特汽车公司做暑期工作，加上在芝加哥和密尔瓦基等大城，参观了许多机械和电机工厂，得到汽车制造和工厂管理的许多新知识技能。[1]

日本人善于系统地学习，因此整套体系移植自西方的日本大学也重视实习，上东京高等工业学校学工业管理的，就有暑期实习。来自沦陷区东北的学生，实习地点是抚顺煤矿。管理者本来不用动手干，但做实习生就要做每一道工序。工序很严格，不过还是会出事，有一次煤矿爆炸，幸好实习生因为睡过头，赶不上第一班下矿井的时间，捡回一命。[2]

东京帝国大学的医科实习，严格的态度带有日本严谨的行事风格。附属医院的医生看管实习医生的一举一动，一言一行，毫不客气。病房里绝不能随便聊天，但经常交流经验，不保守医疗技术。[3]又如千叶医科大学的学习与实践。

当然，对于科学技术，在留学生中也并不是人人都那么赞成。当时在康奈尔和哥伦比亚大学就读的胡适博士就是其中一个。他主张：中国人应该研究科学和技术，但西方文学和社会科学对新中国的进步也很重要。他对西方文明和唯物主义不作等量齐视。他终身在中国提倡科学与技术，经常演讲，阐扬西方在精神方面的成就。[4]

第七节　中国人论中国事

20世纪上半期，留学生撰写中国题材的学位论文是较为普遍的现象。对此有两种截然相反的看法。一些同样有留学经历的学术与文化大家对此持批评态度，例如鲁迅、金岳霖、钱钟书、季羡林等。但也有学者认为留学生对中国问题的学术研究，体现了他们学以致用、学术救国的取向，同时他们的研究也具有较高的学术水平，成为宣扬中国文化形象的生动材料，具有学术价值和文化意义。

20世纪60年代初，旅美中国学者袁同礼编订了《中国留美同学博士论文目录：1905～1960》《中国留英同学博士论文目录：1916～1961》《中国留欧大陆各国博士论文目录：1907～1962》三份中国留学生博士论文目录，虽然存在论文收集不全等缺陷，但仍然可以从中一窥留学生中国问题研究的全貌。根据元青等学者的整理和统计，发现20世纪上半期留美生有关中国问题的博士论文有314篇，占到同期留美生博士论文总数的23.74%，[5]数量非常可观（表5-3）。

① 赖景瑚. 烟云思往录[M]. 台北：传记文学出版社，1980：57.

② 钟少华. 早年留日者谈日本[M]. 济南：山东画报出版社，1996：108.

③ 钟少华. 早年留日者谈日本[M]. 济南：山东画报出版社，1996：134.

④ 蒋廷黻. 蒋廷黻回忆录[M]. 长沙：岳麓书社，2003：62.

⑤ 元青等. 留学生与中国文化的海外传播[M]. 天津：南开大学出版社，2014：15.

表 5-3　20 世纪上半期留美生中国题材博士论文分类统计表②

学科	论文数量（篇）	学科	论文数量（篇）
教育学	60 篇（占 19.11%）	社会学（人类学）	33 篇（占 10.51%）
经济学	54 篇（占 17.20%）	历史学	31 篇（占 9.88%）
法学	27 篇（占 8.6%）	哲学	19 篇（占 6.05%）
政治学	45 篇（占 14.34%）	文科其他学科	14 篇（占 4.46%）
		自然科学	31 篇（占 9.85%）

　　根据这些论文的研究主题，可以分为中国传统学术问题和中国现实问题两大类。首先，部分中国留学生关注的是中国传统学术问题，这些论文题材丰富，史料详实，以中国人的思路和视角结合西方学术的研究方法，通过深入研究而得出独到见解，引起了西方学术界特别是西方汉学界的极大兴趣。例如周一良的《唐代密宗》对唐代佛教密宗进行了深入研究，该文 1945 年曾发表在《哈佛亚洲研究学报》上，引起西方学界的高度关注。该文的翻译者钱文忠称，西方学者研究佛教密宗的著作几乎都曾引用此文。又如郭麟阁的《红楼梦研究》，用法国学者圣佩夫和泰纳的历史科学的批评方法及郎松的文学批评方法来研究《红楼梦》，受到了其导师及答辩者的高度评价。①

　　其次，更多的留学生关注的是中国现实问题，特别是在教育学、经济学、社会学等领域，充分体现了他们留学的最初目的——学术救国。例如 20 世纪上半期留美生的教育学博士论文，绝大多数留学生研究的是具体的中国教育问题，几乎涵盖了所有教育领域的具体问题，选题范围极广，纯学理研究少，具体问题研究多，如中国教育的民主趋向、中国教育的现代化、宗教教育、初等教育、中等教育、青少年教育、成人教育、地方教育、乡村教育、比较教育、外语教育、师范教育、体育教育、海外华人教育、教育财政、教育测验等。②

　　在经济学领域，留学生的论文以应用经济学研究为多数。例如，20 世纪 20 年代，民国初年中国财政困难、币制混乱，严重影响了国家的现代化进程，留学生的经济学博士论文就特别关注中国财政金融问题，为国家的现实经济困难出谋划策。到了 20 世纪 30 年代，中国最主要的经济问题是改革币制，实现由金属货币向信用货币的转变，同一时期留学生经济学博士论文就集中研究货币金融问题，为中国币制改革寻找良方。

　　社会学留学生的中国问题研究，也体现了以解决中国各种社会问题为旨归的价值取向。除此之外，留学生在哲学社会科学甚至自然科学各领域的研究中，也体现了对中国现实问题的强烈关怀。例如费孝通实地考察了中国太湖东南岸的开弦弓村（图 5-4），运用英国功能学派的研究方法，于 1938 年写成了《江村经济：中国农民的生活》的博士论文，旨在阐明江村的经济体系与特定地理环境的关系，同时又反映村庄经历的变迁过程。

---

① 元青等. 留学生与中国文化的海外传播[M]. 天津：南开大学出版社，2014：14.
② 元青等. 留学生与中国文化的海外传播[M]. 天津：南开大学出版社，2014：17.

图 5-4　1936 年费孝通在江村调研

他的导师马林诺夫斯基这样评论：费博士著作中的原理和内容，向我们揭示了现代中国社会学派的方法论基础是多么结实可靠。……不言而喻，在乡村生活、农村经济、农业人口的利益和需要中找到的主要是农业文化基础。通过熟悉一个小村落的生活，我们犹如在显微镜下看到了整个中国的缩影。[①]该书为国际学界了解中国提供了重要帮助，因为流传极广，被国外许多大学社会学系、人类学系列为必读图书。

对于留学生中国问题学术研究的价值，赖德烈这样说：在国外学习的青年人中没有一个人能完全抛开民族偏见；尽管存在偏见，部分著作还是很有学术价值的，而且全部论文都旨在展示中国观点。[②]

第八节　法日超龄中学生

中国的新式教育始于 20 世纪初，又逢几十年的社会动荡、军阀混战或是外敌入侵，起步晚、推行艰，导致中国留学生年纪偏大，而且基础知识不足，因此许多留学生到了国外之后，还要做超龄中学生，再读中学。重读中学的情况，在日本和法国最普遍。早期是因为现代知识的程度不足，这个问题到 20 世纪 20 年代基本上解决了。留法学生去读中学的，主要是要学法语。而 20 世纪 30 年代的留日学生重读中学，则是学制衔接的问题。

一、为学法语读中学

尽管许多中国学生的学术能力已经达到大学毕业生甚至是研究生的程度，但是要在法国考取国家硕士和博士，还得有相当的法语基础。因此进中学的特别班去学法文，是最现实的方法。

---

① 费孝通. 江村经济（修订版）[M]. 上海：上海人民出版社，2013：9.

② 元青等. 留学生与中国文化的海外传播[M]. 天津：南开大学出版社，2014：24.

虽然法文课程比国内要深得多，但朝夕与法人相处，学习进度也快很多。对于初级的法文学习者，法国教师有口语的优势，也没有发音不准的弊端，自然超过在中国死读课本的效果。有些法国教师注重听说，不用书本，指着物品反复练习口语。有时乡间中学的教员会视中国学生为客卿，不闻不问，但还是会认真改功课。几个月下来，中国学生异口同声认为能见到效果，能做到用法语交谈，甚至写出几百字而文法无大误的文。①

留法勤工俭学运动时，如果学生比较多，中学会专门设一班给中国学生。如果比较少，比如偏远的小城，就会跟法国学生一起上课。也有些人只上法文课，不上其他课，或者只挑自己想读的科目来上。去里昂中法大学的学生，也大都去中学读法文。

到中学学法文，最少要半年才算有一点基础。有些学生想达到更高级的法文水平，家里也可以供给支出的，甚至会在中学花上一整年时间。因为不克服语言关，既无法读书，也无法做工。有些勤工俭学的学生，因为经费有限，做工读书交错进行。

聂荣臻回忆：在德洛中学读了将近半年书，从1920年1月到6月，法语水平有了提高。除了主要学习法语之外，也学习数理化等自然科学知识。因为语言障碍，学起来很吃力。在德洛中学学习后期，手头剩余的钱差不多用光了，便进工厂做了一段工。待有了少量积蓄后，1920年秋天到年底这一段，又进了胡乃尔中学。在这所中学学习数理化等课程，由于掌握了一些法语基础，就不那么吃力了。积蓄将用完的时候，赶快又找工厂做工，手头有钱，就进学校；钱花光了，又赶快做工。这样反反复复，做工，读书，就是勤工俭学生的生活特点。②

但是聂荣臻也认为，留学生独立生活，又要缴纳房租费，又要支出伙食费，再加上要用一部分零用钱，完全靠做工的收入，勉勉强强可以维持生活，余下的就很少了。所以，留法勤工俭学的学生，做工的多，读书的少，做工的时间长，进校学习的时间是有限的。③

与大学的自由松散不同，法国对中学生的管理相当严格。全国所有中学学校的课程和作息时间是一致的，均按一定的时间和规律，据说这是拿破仑时期传下来的纪律。袁道丰回忆：校中的生活严格而整肃。因为国立中学是拿破仑创办的学制，所以一切都带有军事的意味。起居有定时自不消说，而且上课进膳堂都要排队。非礼拜日不能外出。老实说，那种生活和军人生活初无二致，所异者就是佩军刀戴军帽的军官换了一个戴高帽穿黑衣的监学罢了。④以至于袁道丰认为：不过事后回想起来，他总觉得两年当中的生活太过枯燥无味，上课，温习，打球，这就是留学生生活的缩影。⑤

几十人同住一间大房，大房的一角有一个老师同住，大都是三十岁左右的研究生。宿舍规定五点半或六点起床，晚十点就寝。不论寒暑，无论天亮与否，早晨灯光一亮，老师就起来巡视。洗脸刷牙有一定的时间，洗漱之后早餐之前，就到自修室自修。此外，晚饭后也是自修时间。自修室有老师看管。看管者既为学生解答疑难，如果学生顽皮说

① 张倩仪. 大留学潮[M]. 香港：商务印书馆，2015：285.
② 聂荣臻. 聂荣臻回忆录[M]. 北京：解放军出版社，2007：15.
③ 聂荣臻. 聂荣臻回忆录[M]. 北京：解放军出版社，2007：16.
④ 袁道丰. 我在巴黎的学生生活[J]. 现代学生，1932（6）：2.
⑤ 袁道丰. 我在巴黎的学生生活[J]. 现代学生，1932（6）：3.

笑，他便走近学生的桌边作为暗示。①

住校的学生，日常生活也不能随便。吃早餐时有老师来辅导，拍拍手表示开动，快要吃完的时候，听到掌声便要停止。学生在校内不得随便看书，要经老师检查过，连阅读报纸都在禁止之列。他们的意思是，学生应该专心读书，不该分心旁骛。法国的中小学教科书都由公家供给，学生都很小心使用。对不住校的学生，学校照样管得很严，迟到过了一定的时间，就不准进教室，只能进自修室。①

当时法国采取了教师考核制度和证书制度，因而法国中学的教学水平高，受到了留法学生的肯定。当时在法国，小学教师需经过三种证书的考试，第一次是师范学校入学考试，合格录取后取得初级证书；第二次是师范学校二年级结业考试，通过后方可升入第三学年并获得高级证书；第三次是毕业试教两年后的专业考试，通过后可获得专业证书，具有终身小学正式教员的资格。法国中学教师通过国家考试，可获得"中等教育教学能力证书"，参加此证书考试的教师须受过 3 年以上高等教育并有学士学位。②

法国的师范教育培训的既是教师，也是学术人才。法国大学里没有教育系，但有一所很出名、学术地位很高的国立高等师范学校，如果想教中学，必须先领得这间师范学校的文凭。高等师范学校和理工大学、国家行政学校一样，都是教育中上级官员的骨干。高等师范学校只招收才学极优的学生，普通人很难考进去。虽然学费全免，贫富子弟一律招收，但穷人子弟难以做足准备。从高等师范学校毕业后有优缺，而且可以终身不愁，俨然成为一种阶级，父子相传。因此法国学生认为能进入高等师范，是无上的光荣。③

严格的管理和优秀的教师，造就了法国中学优秀的教学水平。1924 年，严济慈进入特别班读法文，每周 12 学时。除了读法文之外，还学习算学、物理 8 学时。他认为这所法国中学物理老师的授课水平非常高，接近自己母校国立东南大学的高等物理课程。他回忆：以其图示式表，且均为所习者，故能完全懂得，而于名辞语气等不久当可惯熟，则于进大学时可毫无困难。其所授算学现为力学，物理程度则与母校之高等普通物理，不甚上下，盖该班为中学之最高级，教授全用笔记，即其低年级亦然，笔记法是否为教授之最得益者殊一问题，惟在法则因上下靡然一风也。每日七时半早餐后赴校，十二时课毕在校午膳，二时再上课，四时课毕返寓。④

严济慈联想到中国的中学教育在普及科学知识方面的不足，感慨颇多。"吾国中等教育之坏，于此为极，与法相较，不啻天壤。办学数十年，竟无一好中学，言之可叹。一以任中等教员者类皆不学之徒无力改善，而一二留学生，则不屑问中等事，以致无一教本，似自出心材，而教员学生均无一参考书。中等教育不良，高等教育无发达之望，此事最重要，吾且以为最易举，而最易见效者，故必须有一班科学教育家，吾想能办一中等算学报，编中等算学丛书对于吾国科学发达之贡献已不为少。"⑤

不仅是中学教师水平高，小学教师也有很高的教学水平，留法的吴冠中也有切身

---

① 张倩仪. 大留学潮[M]. 香港：商务印书馆，2015：289.
② 汪明春，杨会燕. 教师教育综合素质教程[M]. 武汉：华中科技大学出版社，2016：7.
③ 张倩仪. 大留学潮[M]. 香港：商务印书馆，2015：289.
④ 严济慈. 法兰西情书：爱国·爱家·爱人[M]. 北京：解放军出版社，2002：43-44.
⑤ 严济慈. 法兰西情书：爱国·爱家·爱人[M]. 北京：解放军出版社，2002：84.

的体会：青年时代在法国留学，我的法语很差，听学院的美术史课只能听懂一半，很苦恼。有一回在卢浮宫，遇到一位小学教师正在给孩子们讲希腊雕刻，她讲得慢，吐字清晰。不仅讲史，更着重谈艺术，分析造型，深入浅出，很有水平。我一直跟着听，完全听懂了，很佩服这位青年女教师的艺术修养。比之自己的童年教育，我多羡慕这些孩子们啊！①

二、天下秀才聚一高

　　中国留学生要入中学读书的另一个国家是日本。20 世纪初，中国的新式教育还不成熟，留学生没有足够的新知识基础，出洋后不得不进中学学习，再读大学。到了 20 世纪 30 年代，一方面中国新式中学已经成规模，另一方面政府也提高了留学资格，因此很多留学生出洋后直接去读研究院。但是在日本，中国留学生如果想进水平较好的大学，受学制的限制，往往要花四年重读高中，结果留学日本的年限就特别长。

　　同是 1891 年生，日后留美的胡适与留日的龚德柏做一对比。胡适在 1910 年去美国之前，"虽然换了三个学堂，始终没有得着一张毕业证书"，但到了美国就进了名校康奈尔大学读农科，1917 年以博士候选人的资格回国，在 1919 年的五四运动中大出风头。而比他晚三年出国的龚德柏，在中国的高等工业学校读书，考省公费去日本，先读一年日文，再投考一高，连预科一起需要读四年才进大学。1919 年，他因为五四运动抗议回国，被学校留级，愤而放弃学业。当时他已在日本六七年，却连高中也未毕业。由此可见，留美、留日在留学时间、获取学术资格方面存在天壤之别。

　　受教育的起点低，获得的资格低是留学日本的长期问题。留日学生比留美学生至少多十倍，但是在美国得到博士学位的人数却至少是在日本的二十倍。②另外，由于不了解日本学制，中国学生以为中国高中毕业到日本就可以上大学。1934 年 9 月朱绍文赴日留学，因为当时没有学校可以报考，就先补习日语，进入了东亚高等预备学校。当时要想上东京大学，就要考一高。他 1935 年春考入一高，四年后，即 1939 年考入东京大学经济学部。③贾克明 1939 年本已经考上了燕京大学，但是被调剂到了文科，就放弃了燕京大学。1939 年赴日，由于东京大学不承认中国学历，所以不能直接报考，于是先进入一高学习，1942 年考入东京大学。④

　　在日本读书的学生，想进入首屈一指的东京大学，就要先进入一高等学校。清政府很重视一高和帝国大学的系统，在跟日本订官费五校协定时，给予一高的名额最多。本来一高毕业就可以升入帝国大学，但是一高专门为中国学生设了预科，考试及格后才能升入本科。郭沫若、郁达夫、张资平都读过一高预科，考试之后没能留在一高，被派到其他高等学校。

　　令人感叹的是，一些为了准备考帝国大学国而进入国立高中读书的中国学生，他们

　　① 吴冠中. 吴冠中人生小品[M]. 石家庄：花山文艺出版社，2001：231.
　　② [美]史黛西·比勒. 中国留美学生史[M]. 张艳译. 北京：三联书店，2010：47.
　　③ 钟少华. 早年留日者谈日本[M]. 济南：山东画报出版社，1996：44.
　　④ 钟少华. 早年留日者谈日本[M]. 济南：山东画报出版社，1996：128.

并没有埋怨重读高中浪费时间，反而对一高的天下秀才精神印象深刻、赞许有加。早期的毕业生比较少提及一高的精神，但是三十年代进一高的学生，都强烈感受到一高是日本最高级的秀才的云集之所。东京大学学生常常以天下秀才自居，自诩是国家的栋梁，事实也是如此。在日本人的概念中，提到是东大毕业生，不算稀奇；提到是一高东大毕业生，就是日本精华了。[①]

学校分文理科。修身、日文、汉文、两科外语、体操是共通的。文科课程有历史、地理、哲学概论、心理及伦理、法制及经济、数学、自然科学。[②]理科课程，根据贾克明的回忆：在一高学习时，觉得理科课程比较多，例如除了微积分、物理、有机化学、无机化学、生物学外，还有动物、植物、矿物、地质、制图等。[③]日本人主要学习德国和英国，因此在一高，文科和理科都要学两门外语。文、理科都分甲、乙班，甲班以英文、乙班以德文为第一外语。但是英文班的学生也得会德语。

一高是名牌高中，一高的教师本身也是有学问的学者，备课认真，讲得很细致。教材也多是教师自己编的。[④]和欧美一样，日本老师也不强迫学生学习，而是培养学生养成自学和处处追深求问的精神，因此学生自由读书的风气也很盛。学生学外语，需要提前一晚查字典搞清楚。第二天上课，老师并不直接讲课，而是会随便指一段让学生讲，老师只在最后讲几句。

20 世纪 30 年代是日本加紧侵略中国的时期，在一高，学生可以抗日，可以看书籍，学校并不干涉，教师对中国学生也没有特别的歧视。在一高的中国学生不想表现为弱者，他们充分明白日本人只敬强者、不同情弱者的民族性格。"天天同日本学生在一起，我必须赶上他们，压住他们，以免被他们看不起。我要表现中国人的好强。"[⑤]因此，这间培养日本统治者的高中，既产生过侵华的日本政府官员，也在日本化了的东方志士气氛中，培养着自由阅读、认真学习的风气。

第九节　红色革命接班人

十月革命之后，苏俄作为新生的无产阶级政权备受瞩目，许多人都想去实地看一下，而处于军阀混战中的中国，国共两党都期望到苏俄去学习以谋求中国问题的解决。因此，留学苏俄从一开始就是政治性的，是一种特殊的革命留学。留苏的学生不用选科择校，他们学的就是有益于革命的政治、经济、历史及军事。

一、革命留学理想地

当时，中国留学生主要进的是莫斯科的东方大学和中山大学。1921 年，俄共（布）

---

① 钟少华. 早年留日者谈日本[M]. 济南：山东画报出版社，1996：54.

② 张倩仪. 大留学潮[M]. 香港：商务印书馆，2015：163.

③ 钟少华. 早年留日者谈日本[M]. 济南：山东画报出版社，1996：128.

④ 张倩仪. 大留学潮[M]. 香港：商务印书馆，2015：129-130.

⑤ 钟少华. 早年留日者谈日本[M]. 济南：山东画报出版社，1996：57.

中央在民族事务人民委员部下设的东方训练班基础上创办了东方大学。学校坐落在莫斯科马拉甫蒂洛夫大街，是一座方块形的四层大楼。斯大林担任东方大学的名誉校长，苏勉斯基为校长。1921 年 10 月 21 日，东方大学面向苏俄远东各少数民族和亚洲各国的革命青年招生，学校的主要任务是为苏俄东部地区培养民族干部，为东方各国培养革命工作干部。

东方大学按民族语言分成若干班，设有中国班、日本班、朝鲜班等。第一批中国学员的课程主要有：科学社会主义、政治经济学、辩证唯物主义、国际共产主义运动史、社会学、俄语，此外还学习《共产党宣言》、列宁的《青年团的任务》等马列名著。语言不通，是教学需要首先解决的问题。当时作为北京《晨报》的特约记者来到苏俄的瞿秋白，曾在北京外交部的俄文专修馆学习过俄语，因此他就担任了中国班的中文老师，既是翻译，又是助教。瞿秋白是优秀的教师，俄语好、学问好，他当年的学生，后来的著名翻译家曹靖华回忆说："秋白教我们俄语应当从哪里学起，要注意什么问题……真是诲人不倦。"[①]

因国内革命形势需要，1922 年春，刘少奇、瞿秋白、任弼时等部分学生提前归国。其他学员大多完成了 3 年学业，萧劲光、任岳、周昭秋和胡世廉等人还被选送到红军军事学校深造，后来由于陈独秀的反对而退学。1924 年，东方大学的第一批中国留学生陆续回国。[②]至此，蔡和森等人在巴黎所主张的革命留学理想在苏联得以实现。

1922 年 11～12 月，共产国际第四次代表大会在莫斯科召开，陈独秀率领中国共产党（以下简称中共）代表团参会期间，曾到东方大学看望中国留学生，对东方大学的教学和中国学员的学习状况都比较满意。

鉴于西欧革命形势的恶化，尤其是法国政府对中国学生实行扣押和驱逐，导致留法勤工俭学生的环境日益恶化。当陈独秀了解这一情况并征得共产国际同意后，决定抽调欧洲学生主要是留法学生分批转到东方大学学习。

从 1923 年初至 1924 年 9 月，共有 3 批中国留欧学生辗转来到莫斯科，再加上国内选派的学员，东方大学第二批中国班的学员人数达到了一百多人。1924 年 6 月，李大钊到莫斯科参加共产国际第五次代表大会时，他为东大中国班学员讲授了中国近代史，中苏关系，分析了国内革命的发展形势。

第二批中国学员的课程与第一批相差无几，同时抽调了第一批学员中俄语比较突出的学员如罗觉、王一飞、任弼时等人担任翻译。第二批学员中除了赵世炎、陈炎年、吴丽石等人提前回国以外，其他学员均完成了三年的学业。1925 年 2 月，共产国际为适应中国革命的形式，从东大中国班中选拔聂荣臻、叶挺、熊雄等 30 余人进入莫斯科苏联红军军事学校进行为期半年的军事训练。五卅运动之后，根据国内需要，东方大学第二批中国学员开始陆续回国。因为鲍罗廷向共产国际执委会发送了绝密电报，要求从东方大学调回 40 名毕业生，派往广东革命政府和冯玉祥的国民军。[③]

① 王政挺. 留学备忘录[M]. 杭州：浙江人民出版社，2003：234.
② 李喜所. 中国留学通史（民国卷）[M]. 广州：广东教育出版社，2010：128.
③ 李喜所. 中国留学通史（民国卷）[M]. 广州：广东教育出版社，2010：129.

1925～1926 年，中共先后选派数批党团员进入东方大学学习，与前两批相比，第三批留苏学员中工人占有很大的比重。根据国内外形势的发展和实际斗争的需要，东方大学专门为中国留学生开设了三个类别的教学班：其一，吸收学历及文化水平较高的党员参与，以提高水平兼顾研究为主的知识分子班，即普通班；其二，开设政治常识、经济地理、东方革命史等文化课程，符合工人文化普遍较低现状的工人班。[①] 截至 1927 年上半年，东方大学共有 4 个普通班，3 个工人班，学生共计八十余人。[②] 其三，为培养武装斗争骨干的军事速成（短训）班。为适应中国革命形势的需要，培养专业化的军事人才，1925 年 9 月，应共产国际和中国共产党的要求，联共（布）组建了军事速成班。军事速成班是新开设的班，有学员六七百人，分成几十个小班，马斯洛夫为负责人，由莫斯科军事学校和莫斯科伏龙芝军事学院的教官授课，翻译多是中国班的毕业生。这个班最初由 1926 年 3 月从第三批留苏学生中选拔的朱德、彭干臣等有作战经验的人员组成，朱德任班长。在进行了约半年的秘密军事训练后，这批共产党学员于 1926 年夏秘密回国，参加北伐战争，成为一批军事骨干，其他学员在 1927、1928 年相继回国。

1927 年 6 月，东方大学将原有的中国班改为中国特别军事训练班。据黄火青回忆：军事班一律采用部队编制，学员分为 7 个排，每排 40 余人（相当于以前的一个班），因此总人数应在 300 人左右。1、2、3 排合为第 1 连，大部分是参加上海起义的工人；4、5、6 排组成第 2 连，其成员大多为来自武汉的工人、士兵和学生；第 7 排单独编制，成员主要为大学生党员、黄埔军校学生。连排长均为校方指定，如第 2 连连长先后由张义吾和黄火青担任。军事班对外称为非军事组织，学员不穿军装，但佩带枪支。[③]

由于该班是短训性质，故学制为 1 年。课程有中国革命运动史、政治经济学、社会发展史等理论课，也有战术战略、简易工程兵学等军事理论课程，并以第二类课程为主，所有讲解均通过翻译。实践方面春夏有野营实习，平时经常进行野外作战训练、拉练和实弹射击，注重学员军事技能的培养。部分学生对课程安排比较满意，比如黄火青最喜欢政治经济学和射击课，他还曾代表军事班参加全苏非军事学校的射击比赛。[④]

东方大学为中国学生提供了良好的学习环境，也提高了他们的思想觉悟和理论水平。但一些知识分子和参加过国内革命斗争的学员认为军事班讲授的马列主义理论课程过于简单，教员授课脱离中国革命实际，他们要求到中山大学听课，遭到校方反对，这导致矛盾日益激化。学员王凡西对当时的情况有所记载，东方大学附设的军事班负责人名叫马斯洛夫，一个最适于在宫廷舞会上周旋于贵妇们之间的军人，丝毫没有革命家气息，对中国革命更是一窍不通，但架子却是十足的，纪律要求很苛刻，对功课一味敷衍。课程大约为了要速成之故，定得非常简陋粗浅，再经过翻译们的七折八扣，以致学生们听起来极其不满意。学生中不少是学过军事的，有的干过军队工作，如今不远万里而来，于是很气愤，甚至感觉到侮辱。他们要求改良课程，但遭到了拒绝，斗争便爆发了。军事班的学生和政治班的学生联合起来，反对"旅莫支部残余"与马斯洛夫。事情

① 彭军荣. 红场记忆：中共早期留苏档案解密[M]. 北京：中国文史出版社，2015：10-11.

② 李喜所. 中国留学通史（民国卷）[M]. 广州：广东教育出版社，2010：130.

③ 黄火青. 一个平凡共产党员的经历[M]. 北京：人民出版社，1995：38.

④ 黄火青. 一个平凡共产党员的经历[M]. 北京：人民出版社，1995：39.

闹到了学校的最高当局，校长苏勉斯基给了代表们一通官话。学生们气极了，开了全体大会，推出代表去见中央监察委员会主席耶洛斯拉夫斯基，也是毫无结果。最后军事班学生竟列队游行，到共产国际去请愿。此种请愿游行办法，在中国很流行，但在苏联，至少从斯大林一系掌权以来，那是绝不允许的。这事情于是弄得相当严重。威吓的流言传开来，说主谋者可能要受严厉处罚；不过终于并未见有任何人受罚，这是因为斯大林官僚中另一个派系，正想来利用这次斗争，因之来"援助"它了。①

随后，联共（布）派遣了东方劳动者共产主义大学冲突调解委员会，对中国留学生的示威事件进行了全面而深入的调查，同时联共（布）也采纳了向忠发提出的东方大学中国特别军事训练班合并到中山大学的建议。1928年5月24日，东方大学中国特别军事训练班正式取消，137名中国学员转到了中山大学学习，将中山大学作为集中培训中国工作人员的基地。

二、培养领袖之大学

中国青年大批留苏是1925年莫斯科中山大学成立以后的事情。莫斯科中山大学虽然存在时间仅有5年（1925～1930），但是却在中苏留学教育的历史上占据着不可替代的重要地位（图5-5）。该校实际上是一所政治学校，主要为中国培养革命干部。它为国共两党共培养了859名留学生，其中多数学员在国共两党中担任要职，有力地促进了马列主义在中国的传播，

图5-5　莫斯科中山大学

莫斯科中山大学成立于1925年10月，俄文全称"中国劳动者孙逸仙大学"，地点设在莫斯科河西岸的瓦尔芬柯街。校园是一座规模很大、四面环抱的四层建筑，中间有一篮球场。楼房的大门前有一座大花园，内有林荫小路可供散步。学校对面就是著名的莫斯科皇家大教堂和彼得大帝铜像。学校第一任校长是卡尔·拉狄克，出生于波兰的国际共产主义运动的活动家。

---

① 王凡西编. 双山回忆录[M]. 北京：东方出版社，2004：63-64.

1925 年 11 月下旬，中山大学举行了隆重的开学典礼。托洛茨基在开学典礼上作了精彩演讲，他说：一个苏联人，不管他是一个同志还是一个公民，只要他从今天起对中国学生递来瞧不起的眼光，或轻蔑地耸耸肩膀，那么他就没有权利自称是一名共产主义者或是一名苏维埃公民。①

中山大学名义上由中苏联办，实际上学校的管理和财务都归苏联负责。中山大学的行政管理机构主要划分为：秘书处，负责处理学校的日常行政事务、中国留学生的招收和毕业遣送回国等重要工作；教务处，负责为学生编班，制定教学计划，安排教员的教学工作，准备教材等等；总务处，负责安排中国留学生的衣食住行。②中国学生入学以后，由学校工作人员对每个学员进行谈话，询问姓名、籍贯、家庭成员、文化程度、学历经历。

与留美学生重视科技学习不同，中山大学的办学宗旨是为中国革命培养、训练干部，因此它不同于一般的大学，更类似于政工干部培训班，培养的是领导和干部。有一次，美国代表团到苏联考察，告诉中山大学的校长，留美的中国学生有六千人。中山大学的校长更自豪地说：他们只是从事教学和当工程师。我们只有六百，却是要在中国当领袖的。③

基于上述办学目的，中山大学可归为政治经济的单科大学，没有自然科学，学制二年，学校课程设置偏重政治教育，学生如有特殊需要，在学习两年后可以留下工作或继续进修。

为了使中国留学生能够真正掌握所学的知识，学校开设俄文作为必修课，并利用第一学期专门训练学员的俄语听说能力。他们采用强化教学法，每周学习俄语 6 天，每天 4 小时，主要内容包括：一是俄文读报。教员朗读《真理报》，不做讲解，不要求学生能够理解，单纯以锻炼学生的听力为目的；二是名著朗读——阅读高尔基的名著《母亲》以及散文等，课上要求学生读和说，不追究语法错误，课下背诵，锻炼学生的口语能力；三是语法课，讲授语法、单词。通过这三类课程的强化教学，半年以后，第一期 268 名学生中，有约 30 人基本掌握了俄语听说，能够与苏联教员交流，部分有基础的学生可以流利地用俄语会话，阅读理论书籍。④第一学年的其他课程是政治经济学、历史、现代世界观、俄国革命理论与实践、民族与殖民地问题。

第二学年的课程为中国革命运动史、世界通史、马克思主义哲学、列宁主义原理、经济地理等。由于中山大学没有安排关于"三民主义"思想的课程，致使部分国民党学员对此颇有微词，这也成为日后国共留学人员冲突的诱因之一。

从东方大学到中山大学，苏联不断累积经验，使很多中国留学生接受了很不错的高等教育。尤其是中山大学，课程和教法都经过了缜密的讨论。研究室设备齐全，图表标本幻灯片俱全。可见当时苏联对中国学生颇为重视，对他们回国后扩大苏联在中国的影响，是寄予厚望的。

① [德]乌利·弗兰茨. 邓小平传[M]. 天力，李强译. 兰州：甘肃人民出版社，1989：54.
② 李喜所. 中国留学通史（民国卷）[M]. 广州：广东教育出版社，2010：136.
③ 王政挺. 留学备忘录[M]. 杭州：浙江人民出版社，2003：236.
④ 李喜所. 中国留学通史（民国卷）[M]. 广州：广东教育出版社，2010：137.

教学方式，讲演与讨论合并进行。所谓讲演（Lecture），凡基本课程或学术讲演，同一年级的各班学生共三百余人，齐到大教室听讲，备有英、法、德、俄四种语言的翻译。再由分班教授领导讨论（Class），颇似英国制度。每班学生不得超过25人，分发英、法、德、俄、中五种文字的讲义。名人讲演，两年共有人数六百余人一起听讲，例不分班讨论，至多列为课外党的小组讨论。[①]

虽然功课和活动繁重，但学生的精神却很愉快，学习很用功。中山大学的教学提倡教学相长，学生可以自由提问、课堂上针对不同观点允许讨论，鼓励独立思考。这种讲授、自学、辩论、总结的学习过程，有助于培养学生独立思考和自学能力，训练学生表达、演说、辩论能力方面，卓有成效，符合培训职业革命家的目的。[②]这些教学范式都给中国学生耳目一新的感觉。

但大多数中国学员仅能粗浅掌握俄语，对苏联教员的授课内容难以真正理解，为此，一方面，学校选派俄语比较好的张闻天、俞秀松、周达文、伍修权等人担任教学翻译；另一方面，从中山大学现有中国学员中挑选50人，建立翻译班，培养一线教学翻译。此外，学校编成不同程度的几个班级，每班20余人。邓小平、傅钟等从法、德等国转道来的同志外语水平较高，被编为法语、德语班。国内来的王稼祥、张闻天等人英语基础较好的被编为英语特别班。其他同志则一边加紧学习俄语，一边靠中文翻译听课。

在师资方面，学校聘请了红色教授学院的学者和一批精通汉语的中国学专家前来授课，除了上课，为了提高学生的政治觉悟和理论知识，中山大学还有很多名人演讲。1927年5月13日，斯大林作题为《和中山大学学生的谈话》的报告，报告长达3个小时；布哈林作过宣传工作报告；洛佐夫斯基作过国际职工运动报告；克鲁普斯卡娅作过共产主义教育报告。学校还请过巴黎公社老社员来主讲巴黎公社的经验。

不同于其他留学，无论是东方大学抑或中山大学，虽然有学制期限，但是学生都要服从国内革命需要，不时会应国民党或共产党的要求，提前回国，而且都不颁发学位。不考试、不发学位本来有利于中国学生摆脱拿学位作敲门砖的心态，可是也有人认为这是学校管理疏忽，结果只凭俄语好的中国学生的意见，来判断学员的学习成果，这给俄语好的学生提供了得以弄权和控制同学的机会。[③]

20世纪20年代的莫斯科，战后重建，百废待兴。虽然政府尽了很大努力，但是在整体上中山大学的教学设备还是非常简陋。不过这些革命青年都知道珍惜来之不易的学习机会，刻苦、勤奋、努力的学习。伍修权就回忆了当时同来莫斯科的王稼祥的学习情况：当时宿舍条件并不很好，就在走廊里放了许多小桌子，给大家用来自习。稼祥同志每天晚上回到宿舍后，至少还要加班两个小时。他自习的位置就在寝室外面，伍修权几乎每晚都看到王稼祥伏在那张小桌上，认真阅读英文或俄文的理论书籍。[④]

除了理论学习，中山大学还注重学生的社会实践。学校每周安排参观一次，主要到

① 白瑜. 有关留俄中山大学[G]//中华民国留俄同学会. 六十年来中国留俄学生之风霜踌躇. 台北：中华文化基金会，1988：41-42.

② 张泽宇. 留学与革命——20世纪20年代留学苏联热潮研究[M]. 北京：人民出版社，2009：116-117.

③ 张泽宇. 留学与革命——20世纪20年代留学苏联热潮研究[M]. 北京：人民出版社，2009：115.

④ 《王稼祥选集》编辑组编. 回忆王稼祥[M]. 北京：人民出版社，1985：20.

莫斯科、列宁格勒的博物馆、图书馆、革命文化及历史陈列馆进行参观。为了让他们更切实地了解苏联的国情，学校组织学生到国内不同类型的工厂参观，还参加莫斯科工人的集会，从工人代表的演说和谈话中，学生们更深入了解苏联工人阶级努力生产为促进世界革命做出的贡献。蒋经国也在日记里面提及：在唐河旁洛斯脱夫城的附近，看见了欧洲最大的国家农场，他所种的田地，有一千二百俄亩[①]的面积。一切都是用机器来种田。有一种新的机器（康母彭引）同时可作割麦磨麦两种动作。因为这里耕种面积之广大，工人之众多，所以每日用飞机送信发报。工人所住的，都是小洋房。每晨去上工，都是用汽车装送。农场中有俱乐部、电影场、医院、学校、公园各种设备。[②]

虽然中国学员参观的是一些"样板企业""样板农场"，并不能代表苏联工农业的真实水平，但是苏联的工业建设、农业集体化和社会福利制度，尤其是气势宏大的生产建设场景，乌托邦式的生活，对他们触动还是很大的。

伍修权回忆：夏天，青年团组织到郊区的集体农庄参加收割庄稼。苏联集体农庄已经有一些大型农业机械，什么脱粒机、收割机等，他过去都没见过，看了以后真是不胜羡慕，想到中国什么时候也能这样呢？晚上，留学生就睡在麦草地铺上，遥想中国的今天和明天，无限感慨！[③]

王稼祥也有同样的感受：赤旗盈空，雪天万里，中国的革命青年，置身于斯，自然增加了不少革命勇气。苏联是无产阶级革命成功的国家，现在正一步步建设社会主义。[④]

考虑到中国革命的需要，中山大学还开设了军事训练的课程，每周一天，由具有理论和实践经验的苏联红军高级军官任教。除学习基本军事知识、原理、战略战术的理论课程，还有步兵操典、射击、武器维修等为主要内容的实训课程。学校设立了军事研究室，陈列着步枪、冲锋枪、机枪、迫击炮、榴弹炮等现代战争武器，还利用地形沙盘巩固所学军事知识。1928 年以后还利用暑假组织学生到苏联军队参观军事训练和演习。

三、战时留苏困难多

苏联内部斯大林和托洛茨基之间的意见分歧由来已久，而中国革命的问题，又是他们争论的焦点之一，这种状况加剧了中大学生的思想混乱。另外，为了党性、思想、组织之异同，分属国共两党的中大学生，似乎也正在分离。1927 年 7 月 26 日，国民党方面发表声明，宣布"取缔"中山大学，断绝一切关系，严禁再派学生。1928 年，中山大学改名为"中国劳动者中山共产主义大学"，国民党籍学生被遣送回国。对于斯大林来讲，中山大学不仅失去了设立的意义，还成为麻烦的策源地。于是在 1930 年 2 月 25 日，联共（布）中央政治局会议决定关闭莫斯科中山大学。[⑤]

中山大学解散以后，列宁学院承担招收和培训中国留学生的任务，当时在中大没有

---

① 1 俄亩≈10900 平方米

② 张日新. 蒋经国日记[M]. 北京：中国文史出版社，2010：29.

③ 伍修权. 我的历程[M]. 北京：解放军出版社，1984：41.

④ 朱仲丽. 黎明与晚霞：王稼祥文学传记[M]. 北京：解放军出版社，1986：59.

⑤ 李文华. 莫斯科中山大学：那些逝去的故事和风景[J]. 神州学人，2011（11）：37.

达到毕业年限的学员大多进入短训班培训。列宁学院，全称为莫斯科国际列宁学院，是共产国际专门为各国共产党培训高级干部的党校，创建于 1925 年末。列宁学院的学制为 2 年，但可随时根据各国革命的具体情况开设各种长期班、短训班、政治班、军事班、初级班或高级班等。由于学生来自不同的国家，因此列宁学院开设用英语、俄语、德语、法语四种语言授课的教学班，后增设汉语教学班。

1931 年 5 月，列宁学院招收了第一批中共高级干部，学制仍为 2 年。1934 年秋，列宁学院组建中国军事班，成员主要为中央苏区抽调的中层军事干部，由苏联高级军官担任教员，学习战略战术、飞机驾驶、装甲技术等课程。1938 年 3 月，东方大学民族与殖民地问题研究院第 8 分院改为共产国际中共党校，专门招收培训中共干部，列宁学院才停止招收中国留学生。

1933 年 5 月，东方大学重新开设中国班，专门从东北抗日联军中选拔干部进行短期培训。截至 1935 年底，东大的中共留学生由原来的 20 人增至 70 人，班级数量也增至 9 个。原来的中国班升级为中国部，分为三个部分：基础班、远东特别班、短期培训班。[①]

1936 年 2 月 11 日，共产国际执委会决定进一步扩大中国部的规模，满洲班扩充至 100 人，远东特别班扩招到 20 人，研究生班增至 10 人，特别培训班增至 15 人，新成立华北班，从华北的日占区招收 30 名骨干，特别设立党的领导人员班，招生 10 名，主要是为负伤或患病的中共高层领导提供疗养和学习机会。这样，中国部的中共留学生达到 185 名。[②]但是，东方大学中国部的主体——基础班的教学存在严重问题，主要是师资严重缺乏，还有大部分苏联教师既不懂中文，也不了解中国国情。1937 年 1 月 17 日，共产国际执委会决定从中国部的教员、翻译及往届毕业生中挑选 21 人组成研究生班。但这并不能短时间内见效，中共留学生基础班的教学问题仍然存在。

1936 年 6 月 23 日，共产国际执委会决定将东方大学外国留学生部独立出来，对外称为民族殖民地问题研究院。1938 年，应中共中央代表团的提议，共产国际执委会将中国部原有的几个教学部门合并为一个，称为共产国际中共党校，仍隶属于民族殖民地问题研究院。1938 年，东方大学关闭，但东方大学的中国分校仍然得以保留。1941 年德国大举入侵，苏联已经无暇顾及留学生工作，加之日本也取消了北进战略，东方大学中国分校停办。[③]

---

① 张泽宇. 二十世纪三十年代中共党员留学苏联述论[J]. 党的文献，2010（4）：57.

② 张泽宇. 二十世纪三十年代中共党员留学苏联述论[J]. 党的文献，2010（4）：58.

③ 张泽宇. 二十世纪三十年代中共党员留学苏联述论[J]. 党的文献，2010（4）：59.

第六章

生　活

　　近代留学潮兴起之时，正值中国内忧外患、积贫积弱之时，虽然政府给予公费生的补助比较充足，但对于在富强发达国家读书的青年学生来说，生活开支大，有时还要补贴家用，加上因国内革命、战乱导致的经费中断时有发生，因此大部分的学生生活比较清苦，自费生更是捉襟见肘。为了节省开支，同时也因为不能适宜国外的饮食，许多留学生还选择自炊的方式。

　　带着强烈使命感留学的青年学生，一方面在西方国家开了眼界，体验到开放和自由的西方文化带来的多姿多彩；同时也因为国弱则民弱，在外的学子也体会到来自异国的歧视和别样的屈辱。新旧思想之间的转换，东西文化之间的差异，也造成了中国留学生的双重文化认同。

第一节　公私费天壤之别

一、公费生优越生活

　　20 世纪初年，中国虽国破民苦、财政捉襟见肘，可是给予公费留学生的补助却比较充足。季羡林回忆：这种官费钱相当多，可以在国外过十分舒适的生活，往往令人羡煞。[①]除了学费、生活费之外，有时还有治装费。许多初得公费的留学生立即去做衣服、买家具。蒋廷黻于 1913 年凭借学校教师的联名推荐信和优异的成绩，获得湖南省留学奖学金，每月 80 美元。他用这笔钱把哥哥接到美国留学，还为一华人俱乐部捐了一架钢琴。庚款留美生的资助更是优于省公费。[②]

---

　　① 季羡林. 留德十年[M]. 上海：东方出版社，1995：7.
　　② 詹文浒. 欧美透视[M]. 上海：世界书局，1938：6.

晚清时期，留欧学生的薪水待遇十分优厚。清廷规定：留学欧洲制造专业学生每人每年房租、学堂修缮及膳食费约 120 英镑，杂费 40 英镑；每人服装费 50 英镑。驾驶专业学生除享有上述待遇外，上军舰实习时，每人服装及器具等费 150 英镑。上军舰后，每人每年增加膳食费 24 英镑。此外，学生每月写家信两次，邮费和医药费报销。万一因攻苦积劳，出现不测之事，由国家承担回国运费，补助一年半薪水，再酌量情节上奏，以示优恤。如遇丁忧，学生在洋守制二十七日，另加恤赏，由亲属在国内具领。[①]学生外出测量绘制、游历以及华文案、随员学习交涉、公法等费另行计算，学生赴欧留学所需费用预算为库平银约十九万二千五百六十七两。可见，留欧生的日常生活甚至包括外出游历都有充足的预算支持。

廖希贤自 1905 年初至 1911 年秋在日本留学，其间担任过四川省留日同乡会会长。当时日本的生活费用较上海低得多，他（廖希贤）由成都府官费赴日本留学，每年发给学费一百八十几元，医药费二十几元，赴日本及回川旅费另发。他在日本一切费用开销后，一年还可节余二三十元兑回给家用，由此可见当时日本的生活费用确是很低的。[②]当时，在日本，除了军事学校要求全体学生住校外，其他学校学生多不住校。合江籍的留日学生一般租赁日本民房居住，还雇请了一名日本妇女代为煮饭及浆洗缝补。[③]

年轻人花钱容易没有节制，而且当时借贷流行，所以公费生用光了资助，有时甚至要借款或找人担保预支公费，才能回乡。

黄尊三在留日后期的 1910 年，由于平时不节俭，生活经费紧张，需要借债度日。作为官费生，他平时凭"通账"至使馆领取经费。借款方法是"将通账抵押，如借三十元，将通账交彼，至期，彼至使署领三十三元，大概合月息三分之高利"。由于多数学生经济紧张，故经常相互借用"通账"。1911 年 9 月 11 日，明治大学开课，黄尊三因无钱缴学费，故不能上课，他自责："国家年费巨款，送余辈留学，学费尚不能缴，留学之意义何在，言之汗下。"后来东凑西借，缴付了学费。黄尊三作为官费生，生活状况尚且如此，那么自费生的情况肯定更坏一些。留学生靠借贷度日的比比皆是，而高额的利息又会让留学生越借越穷，有的甚至因此荒废了学业。

辛亥革命爆发后，清朝派出的留学生出现了官费不继的情况。民国以后，袁世凯上台，他利用公费作为笼络和打击的手段。根据孙科的回忆：1911 年，他在圣·路易斯学校毕业。这年七月，他父亲将他召到旧金山，要他进入加州大学，其时蒋梦麟先生正在加大读书，孙中山特别托蒋先生就近照顾。那时加大的入学条件很严，除一般课程外，还须懂得德文、法文、拉丁文和希腊文。当他正忙着补习这四种语文时，国内已经发生了辛亥革命。他竟日参与海外的宣传工作，无法静下心来读书，就干脆把求学的事暂时停止。1912 年，辛亥革命成功，同年七月，袁世凯拨了约一万美元给他和两个妹妹，作为去美国求学的教育公费。他便带着妹妹，再度赴美求学。[④]

到反袁的二次革命失败后，袁世凯又搞政治清洗，取消了许多之前批准的公费留学

① 皮后锋. 严复大传[M]. 福州：福建人民出版社，2013：29.
② 中国人民政治协商会议四川省合江县委员会. 合江县文史资料选辑（第7辑）[G]. 合江县县志编纂委员会，1988：84.
③ 中国人民政治协商会议四川省合江县委员会. 合江县文史资料选辑（第7辑）[G]. 合江县县志编纂委员会，1988：86.
④ 胡枫编. 李敖精品文集：横眉对乱世[G]. 昆明：云南人民出版社，1999：136.

计划，广东、湖南这些清末革命阵地大受影响。他还罢免了有革命分子之嫌的省长，连带所派出的留学生也被革除了公费，只派川资回国。袁世凯死后，由于军阀混战，各省留学费用被挪作军事开支，从 1919 年起，积欠留学费用的情况愈加严重。留日学生里公费生最多，人数因而大为减少。①

20 世纪 20 年代，公费停发问题严重。除了庚款留美生，留学美、英、德、法、日各国的公费生，无论是中央、部派还是省派，都受到影响。经费发不下来，美国的留学监督曾向美国商人借债，又曾电催汇款几十次，实在没办法，还避见留学生，或者叫留学生自己想办法，有公费生因此没法入学。一位留英生写给报社的《苦学中之快乐》的信函中提到了自己的困境："自兄去后，英国食物日用物价日涨，生活费大增，吾辈在此受影响不小。弟之房食，每周加为二十二先令，较昔日多三分之一，而食物更逊于前""现德国潜艇锁海之宣言又来，英国食物自然缺乏，生活费更有增加之势，则此后弟等之困难更不知若何也。公费恢复之杳无音信。"②

在德国，有学生因欠住宿费而被房东驱逐，冬天没冬衣，没地方住，到使馆要求救济。由于省公费积欠严重，教育部除了限制留学生数目，1924 年甚至要下令停派留学生一次。③

到 20 世纪 20 年代后期，留德学生的生活才开始好转。1931 年，国家公派的留德生，每月经费有 350 马克，到 1935 年增至 800 马克，所以这些官费生可以过比较舒适的生活。相比之下，那些中德交换留学生的处境就比较艰苦了，每月只有 120 马克。自费生中除了官宦子弟以外，绝大多数留德生都要在紧张的学习之余，四处打工为生计奔波。

即使是庚款留美生，也难免困窘。被鲁迅誉为"中国的济慈"的朱湘 1927 年秋天以庚款生身份进入威斯康辛州劳伦斯学院学习。因要赡养国内的妻子和一对儿女，朱湘的生活相当拮据。据罗念生回忆：在美国，八十元一月有时还闹恐慌，难为朱湘每月要寄二三十元美金回家。诗人吐血，和省钱总是有关系。朱湘还说每次二三十元不好意思去兑，其实在美国人看来这已是了不得的数目了。④

在近代中国留学生中，唯一可以与庚款留美生相比较的是留苏的学生。20 世纪 20 年代早期，苏联刚刚结束了内战，正值经济困难时期，因此留学生的生活条件也相对艰苦。据萧劲光回忆，中国留学生们白天上课，晚上还要站岗，以防无政府主义者破坏，星期天必须参加义务劳动。在膳食上，中国留学生享受最高的红军待遇，每天也只是供应两个手掌合起来那么大的黑面包和几个土豆，有时面包里还混有绳子和木屑。偶尔中间加汤，用海草和土豆煮的，基本上是清汤。正值青年的萧劲光根本吃不饱，连楼都上不去，只能躺在铺上等饭吃。他们穿的衣服都是欧洲工人捐的，完全不合身，显得很滑稽，根本不能御寒。晚上睡觉时大家挨在一起，因为只有一条毯子。⑤

1925 年，尽管苏联各项经济建设还没有走向正轨，外部还面临帝国主义的武装干涉，

① 谢长法. 中国留学教育史[M]. 太原：山西教育出版社，2006：120.
② 章开沅，余子侠主编. 中国人留学史上[M]. 北京：社会科学文献出版社，2013：252.
③ 谢长法. 中国留学教育史[M]. 太原：山西教育出版社，2006：119-120.
④ 罗念生. 从芙蓉城到希腊[M]. 上海：上海人民出版社，2016：281.
⑤ 李喜所. 中国留学通史（民国卷）[M]. 广州：广东教育出版社，2010：128.

但苏联政府花费了大量的人力、财力来保证中山大学的教学需要和学生生活。

中国学生享有优越的待遇。每个新生入学时，学校发给西装一套、外套一件、皮鞋一双以及毛巾、浴巾、衬衣、手帕等日用品，宿舍的铺盖、毛毯、被单均由校方发给，每周换洗一次。学生出门多乘坐电车，车票由校方提供。如需乘坐火车，只要出示中山大学的学生证就可以免费乘车。[①]

在伙食上，首先按照中国人的饮食习惯，将一日五餐改为一日三餐。当时苏联各大学学生的伙食标准为每月 30 卢布，而中山大学的伙食标准则翻了一番，鸡蛋、面包、黄油、牛奶、香肠、鱼子酱应有尽有。学校还专门派人到远东地区采购海鲜以及香菇、甘蓝等中国蔬菜，专聘中国厨师，保证学生在异乡也可以吃到中国菜。[②]而在当时莫斯科的普通市民家中，黑面包是餐桌上唯一的食品。此外，甚至每生还有每月 10 卢布的生活津贴。

白瑜也有相似之回忆：中大学生的食宿，比之东方大学，好上一倍。周末中山大学同学上山东馆去了，东大同学常来参加会餐。苏联农业社会习气尚存，加上对待外国非共产党学生伙食较丰，餐厅较佳，还有苏联少女白衣白帽的笑容送餐。大桌供单身男生使用，小桌供女生及其男朋友同餐。女生住校，男生分居中国城大厦，或旧日王公邸宅。[③]

中山大学中国留学生的住宿条件也是比较好的。学校在依利恩大街和彼得罗夫斯基大街选两座公寓作为男生宿舍；另将位于加林斯基大街的一处原皇室住宅作为女生宿舍，室内卫生、暖气、床褥等设备齐全，生活很舒适。[④]东方大学为方便女学员，甚至还有托儿所，见表 6-1。

表 6-1 莫斯科中山大学中国留学生年度花费统计表[⑤]　　　　（单位：卢布）

花费项目	1925～1926 学年	1926～1927 学年	1927～1928 学年	1928～1929 学年
工资	791	759	745	748
管理费	165	142	200	143
组织费	248	142	42	136
生活费	850	1061	629	702
学习费	361	207	187	371
大修费	299	403	63	143
疗养费	155	——	——	——
总计	2869	2714	1866	2243

---

① 杨大乾. 莫斯科中大生活回忆[G]//中华民国留俄同学会. 六十年来中国留俄学生之风霜踪历. 台北：中华文化基金会，1988：226.

② 伍修权. 我的经历[G]//中共中央党史资料征编委员会. 中共党史资料（第 1 辑）. 中共中央党校出版社，1982：138.

③ 白瑜. 有关留俄中山大学[G]//中华民国留俄同学会. 六十年来中国留俄学生之风霜踪历. 台北：中华文化基金会，1988：44.

④ 何汉文. 记留俄学生[G]//中国人民政治协商会议湖南省委员会文史资料研究委员会编. 湖南文史资料（第 6 辑）. 中国人民政治协商会议湖南省委员会文史资料研究委员会，1963：144.

⑤ 联共（布）、共产国际与中国苏维埃运动（1927—1931）（第 8 卷）[M]. 中共中央党史研究室第一研究部译. 北京：中央文献出版社，1998：292.

二、鱼龙混杂自费生

平江不肖生（本名向恺然，湖南平江人）将留日所得写成了洋洋数十万言的《留东外史》。书中，作者将留日的中国人分为四种：第一种是用公费或自费在这里踏实求学的；第二种是用留学经费在日本经商的；第三种是用国家的公费，在这里既不经商，也不是真心求学的而是吃喝嫖赌；第四种是二次革命失败，亡命日本的命客。[①]

由于留日公费名额有限，竞争又很激烈，难以满足广大学子留学的愿望。所以官宦子弟更倾向于自费留学，在留日学生中也是如此，自费生是官费生人数的几倍甚至十几倍。另外，留日自费生中还有一部分是伪满洲国来的。伪满政权，为培养亲日分子，设立了名目繁多的公费种类，支持向日本派遣留学生。更为重要的是，伪满洲国的留日学生毕业后，政府负责为其安置工作，这也是导致留日自费生迅猛发展的重要原因。

留日学生的日常费用主要包括衣食住行和学习费用等，一般而言，预备学校每生每月需 60 日元，专门及大学院之学生每月需 80 日元（表6-2）。

表6-2 预备学校和专门及大学院学生每月各项费用表[②] （单位：日元）

项目	预备学校所需费用	专门或大学学生所需费用
学费	5	12
膳食费	25	25
书籍费	5	10
制服及鞋帽费	5	6
文具费	3	5
日用杂费	8	12
合计	51	70

在现有留学生的回忆录里，常常可以看到鄙夷官绅纨绔子弟留学混日子的文字，但是这些纨绔子弟或许是没有留下文字记录，或许是文过饰非。事实上，真正称得上不愁生活的自费留学生并不多，当时许多自费生并不富有。即使是官费留学生，官费基本可以维持正常生活，他们的生活也是清苦的。而自费生则必须忍受艰苦的生活，一些自费生在没有考取官费之前大多靠社会关系借贷为生。如郁达夫每天只能以两角大洋作为自己的开支，冬天穿着别人给的一件旧陆军制服过冬。晴天把它做外套，雨天把它做雨衣。[③]

相较非富则贵的官宦子弟，大部分的自费留学生或因国内新教育水平不高，或因过热的留学潮，向往出洋长见识。他们的经济来源，主要是由家庭供给，偶尔也有社会名流或者师长资助。在中国人的观念里，父母供给子女教育是理所当然的。即使是在很多贫苦的家庭，父母不惜卖田卖地甚至借债，只为了满足后代的留学梦。

① 平江不肖生. 留东外史（上）[M]. 长沙：岳麓书社，1988：1.

② 李喜所. 中国留学通史（民国卷）[M]. 广州：广东教育出版社，2010：59.

③ 胡从经. 郁达夫日记集[M]. 西安：陕西人民出版社，1984：407.

重视教育是中国人的传统价值观，因为教育是远大前程的保障。在光宗耀祖的思想影响下，甚至宗族里也有专门用以支持族人教育的钱。以家族里第一个上现代大学为理由，经济学家何廉的父亲希望宗祠能从教育基金中拿出一部分，负担儿子到京津上大学的部分费用。岂料儿子提出反对建议，希望父亲筹措约 800 元，让他去美国攻读大学，以后不再要求他更多的支持。父亲听着何廉的话沉默不语。后来他父亲就到何氏宗祠去跟那里的一些族中人谈。最后结论是，宗祠可以辅助何廉总数的一半，如果他父亲能筹措到另一半的话。几个月以后，何廉父亲卖掉了一块地，得价 400 元，宗祠捐助了其余400 元。[①]

除了家庭供给，自费留学就要靠资助或者借贷。少数学生靠名流资助，像徐悲鸿所谓留学日本，其实是由上海名流姬觉弥资助去日本生活了几个月。周恩来去法国，是由出资办南开大学的严修资助。洪业去美国受教育，是由圣路易市最大的百货商店的老板汉福德·克劳福德资助。[②]这些毕竟是少数，更多人还是靠朋友互助，包括同学、老师、师兄等。

在当时的社会，借钱十分普遍，欠债并不被视为可怕或者丢脸的事。而且留学是特殊情况，朋友之间互通有无被认为是很自然的事。比较正式的借贷要付利息，还要有抵押品和中介人。而且要借到钱，须有几种手段：一交涉广；二有信用；三交人诚；四言论切实。[③]任鸿隽说："我所准备的留学经费，在当时的上海，留学一年已经不够，一年以后怎样？更是不曾想到。少年时代的糊涂，也是可以了！幸而这些困难我虽不提及，已有朋友替我计划解决。"[④]幸亏他在东京的同学邓子淳与同县李竹君、李雨田，每年借出日币一二百元，让他到日本留学。李竹君是任鸿隽重庆府中学堂的旧同学，而李雨田则素昧平生。

法国的勤工俭学生，经济困窘是人尽皆知的。在法国，穷学生之间的借贷也十分常见。加工汽车零件的何长工，一天工资六个法郎。在巴黎三个法郎就能过一天，因此还可以把挣来的钱，分给同学用。

三、半工半读的留学梦

在半个世纪的留学潮里，留学生半工半读的主要国家是美国和法国。美国是留学西洋的热门目的地，早期留美学生大多数出身基督教或商人家庭，要么有教会支持要么家境宽裕；后来大批清华学生去美国，有庚款的稳定保障。因此在美国半工半读的只是少数家庭经济不够好的自费生。法国的勤工俭学运动之所以短时间之内形成大潮，就是以半工半读来吸引贫苦的学生。

美国标榜穷人和富人受教育的机会均等。美国的中学生送牛奶、送报；大学生作苦力、作仆役，已经是太习惯了的事。这些工作已经变成教育的一部分。通过这种教育，

---

① 何廉. 何廉回忆录[M]. 北京：中国文史出版社，1988：20.

② [美]陈毓贤. 洪业传[M]. 北京：商务印书馆，2013：71-72.

③ 贺培真. 留法勤工俭学日记[M]. 长沙：湖南人民出版社，1985：36-37.

④ 任鸿隽. 任鸿隽谈教育[M]. 沈阳：辽宁人民出版社，2015：107.

每个学生知道了什么是生活，什么是人生。其结果是做卑微的工作，树高傲之自尊，变成了风气以后，峥嵘的现象，有时是令人难以置信的。[①]

留美经济史家陈翰笙认为美国的半工半读风气，是社会向资本主义发展的结果，也是杜威的实用主义产生的土壤，在这种新的教育思潮影响下，美国的教育在传授书本知识的同时，也注重体力劳动、手工操作等民间教育，出现了许多勤工俭学、半工半读的学校和学生。

虽然美国学生自己挣钱支付学费是很普遍的做法，但中国人只在校园里打工，以保持自己的学生身份，这样也不会干扰学业。一些学生会暑假钓鱼、摘野果，而另外一些学生刚尝试做家务就放弃了，因为他们觉得这样的工作太卑贱。还有些学生因为缺乏经验，被中餐馆解雇。只有少数人通过向朋友借钱或是逃避大学学费而渡过了难关。[②]大部分自费生需要白天读书，晚上打工来维持学业和生计，学习与生活都是艰苦的。同时，他们还要忍受美国社会的种族歧视，面对异国的文化震荡和远离亲人的痛苦，但与体力劳作的辛苦相比，他们内心承受着更加巨大的压力。

留学的经济状况对留学生的学习生活会造成很大影响。1847年到美国的容闳就是靠打工赚钱读完大学的。当时美国食宿低廉，穷学生有机会半工半读。但容闳自言因为要工作，所以读书成绩不算好。[③]美国相对遥远，学费相对高昂，故在读留美学生多来自广东和江浙等地的家庭，自费生大体如此，官费生也差不多；这些地方不但较富，而且相对开放，还有大量教会学校，英语水平较高，耳濡目染之下有经济能力赴美，进而适应生活，不用像留法学生去勤工俭学，而能专心学习，对政治的热情也相对低一些。[④]

在欧洲，以前只有贵族和富人有受教育的权利。半工半读的出现，是法国大革命后教育平民化的结果。勤工俭学这一主张，其本来的意义，并没有错。读书求学，原不只是有钱人子弟所专有之物，应该使一般青年人都得以享有。因之，穷人子弟，或半工半读，或工余而读，或作工有钱存储，然后坐下来读，都不是不可能的事。因此在"五四"前后，北京各大学的知识界都在研究"工读互助"这件事的可能办法。[⑤]在国内外工读思潮的交相激荡下，留法勤工俭学运动成为留学运动中最大的工读潮流。

同时，对于工读的问题，李璜也有自己的见解。"不过我们曾看得清楚，这种工与读同时进行或先工后读，不是每一个青年人都能办得到的；尤其是在法国那一种外国陌生环境，语言习惯都不易相通相融；且在工业国度里，手无技能，而骤然要中国学生去工厂中卖力气，体力又十之七八都够不上劳作标准，那就必然地要发生困难了。"[①]

法国的科学和艺术水平高，一战以后，法郎贬值，成为留学的热门地点。去先进的法国，可以一边在工厂做工，一边读书，既符合教育平等的思想，又符合劳工神圣的号召，更可以扭转中国青年子弟靠父母供养、不够独立的弊端，还可以学先进工业技术，于是轰动一时的勤工俭学运动就这样展开了。当时学生中流行一首《散工曲》，就体现

① 陈之藩. 寂寞的画廊[M]. 南京：江苏文艺出版社，2007：63-64.
② [美]史黛西·比勒. 中国留美学生史[M]. 张艳译. 北京：三联书店，2010：113.
③ 容闳. 我在美国和中国生活的追忆[M]. 北京：中华书局，1991：18.
④ 彭小舟. 近代留美学生与中美教育交流研究[M]. 北京：人民出版社，2010：31.
⑤ 李璜. 学钝室回忆录（增订本上卷）[M]. 香港：明报月刊，1979：75.

了他们的辛苦：

> 做工苦，
>
> 做工苦，
>
> 最苦莫过"马老五"（即法文中所称的苦力"马来尔夫"），
>
> 舍夫（工头）光喊"郎德舅"（粗活），
>
> 加涅（赚得）不过德袁苏（200 个小钱，即 10 法郎）。[①]

即使是如此辛苦，一天所得也只够糊口，为了能够读书，何坤就经人介绍进入了巴黎郊区的雷诺工厂做工。雷诺汽车厂是一个有一万多工人的大厂，这里的勤工俭学生很多，像王若飞、聂荣臻以及后来的周恩来等。

半工半读给了渴望留学而钱又不够的年轻人一线希望。不过所谓半工半读，只是说来容易，并且富有引人入胜的浪漫色彩。然而一旦成为事实，就完全是另一回事。[②]这是中国第一个留美名校毕业生容闳的体验，也是许多法国勤工俭学生面临的现实，不是无工可做就是能工不能学。

留学美国的工读生略有小成，但是法国的勤工俭学运动却爆发学潮，大批青年失望而归，为什么会有此差别呢？

首先，目的不同。在美国工读，有人用来补贴不足，像容闳本身有教会经费支持，他挣的是食宿费用，有人视为生活调剂、脑力劳动的更换，也有人是被社会风气所感染，还有人是为了赚些闲钱以满足旅游观光之需。但在法国，是要靠打工来维持基本生存的。

其次，劳动强度大不同。在美国半工半读，一般是做些小工杂活。在校内的，主要在图书馆、食堂或者实验室里工作，最吃力也就是洗刷地板之类，像拉骡运煤在中国工读生里是极端情况。校园外的工作，主要是去做侍者、擦盘子，给人家做家务，做商品推销员。[③]

这跟在法国勤工俭学，进入大工厂打工，疲劳程度大相径庭。在法国勤工俭学其结果是一直勤工，未能俭学。黎东方回忆：他本是听信了人家"勤工俭学"的美丽故事而来，到了法国才知道所谓勤工俭学不是那么一回事。

在美国工读，周围有老师同学做榜样，受人照顾，即使累得倒头大睡，美国工科实习生仍然"丝毫不以为苦，反觉得学识增进"。因为他可以在一家工厂做各个部门的工作，而且实习有年限，不是永无尽头，而法国勤工俭学生却重复做着简单技术工作，既学不到技术，又看不到出路，还要因为手艺不熟而看人脸色。沈沛霖 20 世纪 20 年代初在雷诺工厂做工，但是体力消耗太大，实在吃不消，后来就辞职了。又考取雪铁龙汽车制造厂做计件钳工，感触颇深，他回忆：该工种为生产流水线操作，每道工序所需时间均事先由工程师经过测定，故每道工序上的工人须按时完工，否则流水线就要停止。初干此活，由于体力弱，做得慢，虽极力拼命干，弄得浑身是汗，仍完不成任务，以致工

---

① 周永珍. 留法纪事[M]. 北京：北京图书馆出版社，2008：151.

② 容闳. 我在美国和中国生活的追忆[M]. 北京：中华书局，1991：22.

③ 张倩仪. 大留学潮[M]. 香港：商务印书馆，2015：80.

序上工件积压，而下一道工序的工人则由于停工待料，对他很不满意，甚至恶言相交，内心极为痛苦，然为了生活，只有坚持下去。[①]

同样在法国，入工厂做工的，基本上都失望而回；编抄报刊、译书、发通讯回中国，又或者在中国餐馆找工作，反而能够完成学业。[②]即使是在美国想半工半读，也要好好的谋划。如果读学费高昂的私立大学，或者住在生活费用高的东岸大城市，都不容易以工读的方式完成学业。一般想工读的学生都是由美国老师或者前辈学生指点，到生活费较低的西岸大城市，入读伯克利等公立大学，方便到城市找工作。

第二节　多彩生活新视界

对于进入美国大学学习的中国学生来说，大学里那新鲜的自由"让人激动，又让人失控"。是学习，还是闲逛，是跟女孩子交往还是独自一人，是和同学抽烟喝酒还是自己埋头读书，一切都由自己决定。有学者把留美生分为三类：一为没有时间进行体育锻炼，也没有时间进行社会交际的刻苦型学生；二为参加体育锻炼和社会活动的社交型学生；三为屈服于"新自由的标志"，寻找快乐的闲逛型学生。

一、体育精神新风尚

在深受儒家思想惠泽的中国传统文化影响下，中国人信奉"万般皆下品，唯有读书高"的信条，重文轻武。除了拿笔之外，读书人几乎不从事任何体力活动，虚弱被奉为有涵养和生活悠闲的标志。同时，体育活动有辱儒士身份，被视为不务正业，并为儒学教育所不容。

因此，"中国孩子的体育活动是很少的，很难说有什么能使肌肉发达，体态优雅，生动活泼的所谓运动。中国男孩长到16岁时就显得严肃、沉稳，一如美国的老祖父。"[③]"我们在祖国所见到的，是男孩子一成年，许多的人便抽鸦片烟，女孩子才六七岁便得缠足。在贫穷困苦、灾祸频仍、粮食不足，而无数富源亟待开发的国度里，用这种残忍的方式来自我戕害健康与生命，使全国国民的劳动力大打折扣，民族健康一代不如一代。"[④]

美国重视体育，堪称各留学国之最。初到美国的幼童陆永泉、蔡锦章与美国一位12岁的小女孩玩耍，美国女孩为了向中国朋友展示她的优越，迅速爬上屋檐边的雨水排水管。在中国小孩看来，"这太过分了。他们羞得急忙跑回家，几天都没出来玩，他们觉得这吓人的举动太恐怖了。"[⑤]

① 中国人民政治协商会议江苏省委员会文史资料委员会编. 耆年忆往：沈沛霖回忆录[M]. 南京：江苏文史资料编辑部，1998：21-22.

② 张倩仪. 大留学潮[M]. 香港：商务印书馆，2015：82.

③ [美]李恩富. 我的中国童年[M]. 唐绍明译. 珠海：珠海出版社，2006：17.

④ 秦孝仪主编. 革命人物志（第22集）[M]. 台北："中央文物供应社"，1982：193-194.

⑤ 钱钢，胡劲草. 大清留美幼童记[M]. 北京：当代中国出版社，2010：59.

中国学生到国外留学，唯有留美生要常过体育这一关。中国学生并非不善于运动，而是运动潜能被传统文化抑制或压制，得不到舒展释放的机会。但一旦具备一定的机会与条件，他们也常常显示出不俗的运动天赋。就读耶鲁大学的留美幼童钟文耀，曾任耶鲁划船队舵手两年，在耶鲁与哈佛大学举行的一年一度的比赛中，均取得胜利。若干年后，钟文耀与一位哈佛毕业生相遇。当两人谈及哈佛与耶鲁的划船比赛时，哈佛生怀疑地看着钟文耀说："你见过哈佛划船队吗？"钟文耀风趣地说："他没见过。"稍做停顿，他说："因为他们总在我们的后面。"①

留日生一样有擅长运动的苗子。留日生棻曙回忆：他自小喜欢运动，什么都会玩，足球更是他的拿手，小学、中学都是校队选手，到了同济，他是甲组校队预备员，乙组校队选手。在东京医专的三年，他并没有参加校队，嫌其他人踢得太差劲的缘故，但还是参加了留学生的中华队，时与各级学校比赛，有输有赢。足球之外，篮球也能玩两下，不过在进千叶以前，并不曾受过专门训练。乒乓球、网球他也在行，级际比赛，总有参加。②后来，棻曙还参加了千叶医科大学的足球队。

除了钟文耀，在留美幼童中还有好几个运动健将，例如棒球好手梁敦彦、梁诚。梁敦彦是耶鲁大学棒球队队员，他的曲线投球与脑后长辫形成的优美几何曲线，被驻美公使施肇基形容得活灵活现。而他们被召离美，在旧金山候船时，接受加州奥克兰市的棒球队邀请作友谊赛，竟然大胜。③

在美国，体育不仅是锻炼身体的项目，还是娱乐的节目、社交的话题。驻美公使梁诚，曾经是留美幼童的一员，当年在安多弗的私立高中菲利普斯学校读书时，是棒球队的三垒手。据说 1881 年与另一家同为十校联盟的高中——菲斯普斯·爱克特对赛，他的最后一击，令校队赢得胜利。④他为了促成庚款退还一事，在离任前见美国总统罗斯福，据说曾跟罗斯福提到他这件光荣往事，从此和总统的关系增强了十倍。

留美幼童之后的中国留美学生，虽然并不怯于参加体育活动，划船、赛跑、球类、溜冰都参加，颇为活跃，但受到身材的限制，往往努力锻炼而成绩并不突出。⑤当然，体育不是每个人都能应付自如的。哥伦比亚大学在 20 世纪初新设的游泳毕业考试相当严格，除了游各种泳式，还要考跳水。顾维钧就在游泳测验中遇到了困难，导致考试一再推迟。到了考试那天，他的大部分项目如俯泳、仰泳和侧泳都及格了，但还是不敢跳水。他是被教练逼着走上跳台才跳下去的，因为如果他不参加游泳考试就不能毕业。

在留美生中，有一个人，不惮身体条件不及美国人，一改科学救国的初志，转修体育，成为中国体坛的拓荒者，他就是郝更生（图 6-1）。面对当时国际竞争日趋激烈的现状，郝更生认为："所谓现代的体育，主要在人民之健全体格，盖有健全体格者，始有真正国防，否则虽有坚甲利兵，以弱不胜衣之病夫御之，其败必矣，近如德、意二国

① 钱钢, 胡劲草. 大清留美幼童记[M]. 北京: 当代中国出版社, 2010: 95.
② 棻曙. 病理卅三年[M]. 台北: 传记文学出版社, 1982: 454.
③ 高宗鲁译注. 中国留美幼童书信集[G]. 台北: 传记文学出版社, 1986: 80.
④ 高宗鲁译注. 中国留美幼童书信集[G]. 台北: 传记文学出版社, 1986: 130.
⑤ 顾维钧. 顾维钧回忆录（第一分册）[M]. 中国社会科学院近代史研究所译. 北京: 中华书局, 1983: 40-41.

之青年训练，乃我应效之。"①

鉴于这时的国家情势，他指出："我由同胞体质普遍孱弱的中国，来到运动精神蓬勃发展的美国，'体育救国'乃在我心目中形成一个强烈的愿望和坚定的信念；我认为若不早日体育救国，在行程见及的若干年后，中国人不但要亡国，而且更有灭种之虞。"①

与国人带有军国民目的的体育课程不同，美国当时的体育课新颖有趣。1900 年左右，欧洲发展出器械体操和柔软体操，加上后来英美首创田径竞赛，使体育停滞于兵操阶段的观念怦然改变，体育教育也进入活泼愉悦，充满新奇和刺激的自由活动阶段。②

图 6-1　1936 年第十一届奥运会中国体育代表团体育考察团总领队郝更生

郝更生回忆：到美国后，有很长的一段时期，吃不惯牛奶牛油，在生活上当然很不方便。但是更不便的，还是在国内就学的时候，英文的底子没有打好，上了大学，听讲吃力得很，所以在进入春田学院之前，特地先到克拉克大学住了些时，专门补习英文。春田三年，那是他一生中非常兴奋快乐的时光，和师长、同学们相处得很好，同时也不断从事多彩多姿的课外活动，曾担任大学网球、足球及游泳队的跳水选手。三年后，到了民国十二年（1923），终于获得春田学院体育学士的学位，完成一生最后的学业阶段。③

郝更生毕业后做的第一件事，就是买船票回国，他回忆：我知道，摆在我面前的是一条康庄大道，但是因为多年荒废——我为它经过科举制度下死读书、读死书、读书死的毒素，提倡体育事业这一条康庄大道，一直荒废到了今天——目前正是遍布荆棘，崎岖不平，但是我有勇气，我有决心，相信我也有毅力，能够追随在许多先进和朋友的后面，一步一步的从事清扫路面的工作。"④

二、演讲娱乐风气浓

重视演讲，是希腊罗马时代的风气，也是除了体育之外，美国大学重视的另一项课外活动。而且比较之下，演讲不受设施限制，比体育更易举行。浦薛凤回忆："予所选课程均有关政治、哲学与经济三门，另亦先后选修'演说'两门（称作 Public Speaking），自觉颇有心得。"⑤第一学年之第二学期，1922 年初，报名参加竞赛，被选为代表大学对外辩论队（Varsity Team）六名成员之一。以一位来自中国之外籍学生而能上选，殊非易事，于是校刊与市报登载相片宣传。数周后予又代表学校，参加校际之临时抽择

① 崔乐泉，杨向东. 中国体育思想史（近代卷）[M]. 北京：首都师范大学出版社，2008：182.
② 江苏省淮安市政协文史资料委员会. 淮安文史资料（第 12 辑）[G]. 江苏省淮安市政协文史资料委员会，1994：59.
③ 江苏省淮安市政协文史资料委员会. 淮安文史资料（第 12 辑）[G]. 江苏省淮安市政协文史资料委员会，1994：59.
④ 江苏省淮安市政协文史资料委员会. 淮安文史资料（第 12 辑）[G]. 江苏省淮安市政协文史资料委员会，1994：60.
⑤ 浦薛凤. 浦薛凤回忆录（上）：万里家山一梦中[M]. 合肥：黄山书社，2009：84.

题目，作十分钟事前毫无准备之即席演说（所谓"Extemporaneous Speech"），亦曾名列前茅。①

在电视和电台都未出现的时候，请人演讲以了解一下外界情况和社会议题，既是教育，又是娱乐。留学西洋的中国学生，尤其是留美生，经常被邀就中国情况作演讲，而留日生几乎没有类似的活动。邀请的机构一般都是乡镇的教会，各色社团尤其是妇女团体。

美国人请中国学生介绍中国，不要求这些学生是中国问题专家，也不要求他们是演讲家。因为对于大多数普通的美国人来说，中国是有着神秘感和异域色彩的东方国度，因此中国学生的演讲内容极其简单，就是讲讲中国家庭和读书的情形。也有些学生就自己所长，为乡镇的居民介绍中国：读文学的可以演讲中国生活和风俗；读政治的，选的题目通常是听众和自己感兴趣的，比如中国的形势、中国的问题、中国的前途等。②

1908 年进入伍斯特学院，1911 年进入哥伦比亚大学留学的郭秉文，曾经是伍斯特学院中以训练演说和辩论艺术为主旨的林肯社团、雅典人社团的成员。

在 1909 年 2 月初，郭秉文为即将到来的校级和州级演讲比赛做了一次预备演讲，

图 6-2　郭秉文（前排左一）在
哥伦比亚师范学院求学时期合影

题为"中国的抗议"，谈论关于华人移民美国的问题。郭秉文凭借着这次演讲拿到了伍斯特学院演讲比赛第一名。之后郭秉文晋级宾夕法尼亚——俄亥俄联盟的演讲比赛，并凭借"中国的抗议"夺得亚军。而他这些精彩绝伦的表现又让他成功晋级定于五月举行的州级校际比赛。该比赛于俄亥俄州特拉华的卫斯理安大学举办，郭秉文凭借"中国的抗议"荣获季军。另外，郭秉文 1911 年还获得北美中国学生联盟演讲比赛的冠军（图 6-2）。③

除了介绍中国的一般情况之外，中国的政局新形势也是美国人好奇和关心的话题。1919年巴黎和会协议引发了震撼世界的五四运动，在纽约的中国学生同仇敌忾，都觉得需要向美国公众游说，尽一份说明真相的责任，主张美国不加入国际联盟，并呼吁美国国会驳回巴黎和约。

洪业说："从 1919 年到威尔逊总统 1920 年 11 月落选之间，我至少演说过一百次：扶轮社（Rotary Clubs）、同济会（Kiwanis Clubs）、缝纫妇女会（Ladies Sewing Circles），什么地方有人肯听，我就去讲山东半岛上的中国人应该有权决定自己的政府，不应该把他们的命运交到日本人手中。"④

一位听众在听了洪业演讲之后，告诉他美国有不少替演说家做经纪的演说局，建议他可以把演说作为职业。洪业（图 6-3）对此很感兴趣，于是写信给一个演说局，这家

① 浦薛凤. 浦薛凤回忆录（上）：万里家山一梦中[M]. 合肥：黄山书社，2009：87.
② 顾维钧. 顾维钧回忆录（第一分册）[M]. 中国社会科学院近代史研究所译. 北京：中华书局，1983：31.
③ 周洪宇，李永. 郭秉文画传[M]. 济南：山东教育出版社，2017：23-24.
④ 张冠生. 晴耕雨读[M]. 北京：新星出版社，2014：72.

公司的主管听过他的演说，于是跟他签了合同，从此洪业成为一名职业演说家，在美国各地巡回演说。

图 6-3　洪业（右二），司徒雷登（中），刘廷芳（左二）等

　　20 世纪 20 年代，收音机仍很稀罕，电视尚未发明。美国普通民众消遣方式有限，"演说局"应运而生。他们安排职业演说家到大城小镇的学校、教堂、商会进行巡回演说，既提供娱乐又推广文化。洪业风度翩翩，开口是洗练风趣的英文，很快成为这圈子里的热门人物。[①]

　　蒋廷黻还曾暂代牧师作主日学演讲，介绍中国：有一次，牧师邀请蒋廷黻到堪萨斯城长老教会主日学去演讲，但在祈祷和唱诗时由别人帮忙，一位长者答应他可以帮忙。当晚，蒋廷黻修改了他准备在主日学时用的演讲大纲，一改为二，每个加上一段祈祷和一个结论。出人意料，大获成功。听众极欲从一个刚到美国一年的中国孩子那里去了解中国。[②]

　　裴阮教授曾介绍蒋廷黻前往明尼亚波利斯工会讲述中国近况。到后发现会场很大，听众数百，尽是工人，大多数不结领带，而香烟气味甚浓。蒋廷黻正在选读一门"演说学"，顿时自己警觉，必须适应现实，调整资料，乃侧重中国受列强帝国主义之侵凌以及农夫工人之开始抬头两项，总算应付过去。市郊教会，先后请他讲话者颇多，此则不需准备，极易应付。每往乡村大抵留宿一宵，借此得悉美国农村生活情状。[③]

　　除了训练胆色、口才，在美国演讲，还可以得一点钱。蒋廷黻回忆：每次演讲收入二至五元[④]。浦薛凤以"嗨约翰"（"John Hay"）为题，于 1923 年 1 月 19 日参加全校演说决赛，名列第一，得奖金五十元，并代表本校参与全州各大学比赛。[⑤]这些费用对留学生，尤其是自费生来说是笔意外的收入。

　　在留美学生中有两个人因为演讲，改变了自己学习的方向，他们后来都做过驻美大使，是民国政界的知名人物，他们就是顾维钧和胡适。顾维钧是职业外交家，巴黎和会时的中国代表之一。他读大学时，决心放弃工科，主修政治和国际外交，因为读一年级时，许多

① 《洪业传》出版以后[N]. 东方早报，2013-01-13（10）.
② 蒋廷黻. 蒋廷黻回忆录[M]. 长沙：岳麓书社，2003：53-54.
③ 浦薛凤. 浦薛凤回忆录（上）：万里家山一梦中[M]. 合肥：黄山书社，2009：89-90.
④ 蒋廷黻. 蒋廷黻回忆录[M]. 长沙：岳麓书社，2003：53.
⑤ 浦薛凤. 浦薛凤回忆录（上）：万里家山一梦中[M]. 合肥：黄山书社，2009：87.

俱乐部和社团请他去演讲，讲的多是中国问题，于是他的兴趣就逐渐倾向政治。[①]

新文化运动中崛起的胡适，他由理转文的原因也有演讲的功劳。有一位叫蔡吉庆的中国学生，原是上海圣约翰大学的毕业生，是一个精彩的英语演说家。当时正值辛

图6-4　青年胡适

亥革命后民国初建，美国人对新兴的中国政府十分感兴趣，蔡吉庆因为受邀演讲太多忙不过来，于是就在他的中国同学中物色人选，胡适就这样被选中了（图6-4）。他回忆："有一天蔡君来找我。他说他在中国同学会中听过我几次讲演，甚为欣赏；他也知道我略谙中国古典文史。他要我越俎代庖，去替他应付几个不太困难的讲演会，向美国听众讲解中国革命和共和政府。在十分踌躇之后，我也接受了几个约会，并作了极大的准备工作。这几次讲演，对我真是极好的训练。蔡君此约，也替我职业上开辟了一个新的方向，使我成为一个英语演说家。"[②]

这不仅激起了胡适对公开演讲的兴趣，同时我对过去几十年促成中国革命的背景，和革命领袖的生平，也认真的研究了一番。[③]几年间，他讲演的地区由波士顿到俄亥俄州，为了演讲和准备，还经常缺课。[④]胡适甚至说：因为公开演讲太多，他在康奈尔大学变成人尽皆知，熟人太多，又经常收到演讲邀请，觉得应接不暇，因而转校到哥伦比亚大学。[⑤]

三、读书求知新生活

留日学生一到日本，急于寻求的是新知识。除学习日文，准备进专门的学校之外，就赴会馆，跑书店，往集会，听讲演[⑥]，这是鲁迅讲的，他本人也是如此做的。留日七年，只有两次去上野公园观赏樱花，而且还是为了到南江堂买书之便，其余便是访问神田一带的旧书铺，跑银座丸善书店等。

留日学生把读书作为第一要义，经常跑书店，涉猎各种书籍，是非常普遍的现象。一方面受益于明治维新时期教育体制改制，学生的入学率提高到95%以上，大大提高了日本人的国民素质，整个社会的读书风气很浓厚。根据日本学者的研究，中国留学生主要集中在东京，尤其是神田区，留日学生总部——清国留学生会馆，也在本区骏河台铃木町。这里有以中国人为对象而开设的书店，例如在南神保町的古今图书局、里神保町的中国书林、小川町的大华书局及启文书局等。[⑦]神田市，书铺林立，学生多藉为临时图书馆，随意翻阅，店主亦不之禁，穷学生无钱买书，有每晚至书店抄阅者。其新书则

① 顾维钧. 顾维钧回忆录（第一分册）[M]. 中国社会科学院近代史研究所译. 北京：中华书局，1983：31.
② 愚士选编. 读书与消闲[M]. 长沙：湖南人民出版社，1998：488
③ [美]唐德刚. 胡适口述自传[M]. 北京：华文出版社，1989：43.
④ [美]唐德刚. 胡适口述自传[M]. 北京：华文出版社，1989：58-59.
⑤ [美]唐德刚. 胡适口述自传[M]. 北京：华文出版社，1989：61.
⑥ 鲁迅. 朝花夕拾[M]. 海口：海南出版社，2016：204.
⑦ 李在全. "新人"如何练就：清末一位留日法科学生的阅读结构与日常生活[J]. 史林，2016（6）：128.

日有增加，杂志不下百余种，足见其文化之进步。[①]

　　神保町书店街在留日学生中名气很大，时至今日仍然是爱书人游日本的必经之地。神保町街两边伸长一里多，有各种书店，在书店可以从早看到晚，过道有几张小凳子，你可以拉出来坐着。店员很有礼貌，见你看得太久了，还倒一杯日本茶给你喝。你想在店里抄书，随便你抄。[②]

　　1934 年赴日的朱绍文回忆：一高就在东大旁边，就在赤门，离旧书店很近。书店老板看你进去也不理，买不买全可。他就买一点浅显的书，慢慢看懂了。[③]他住在神保町这一段时间的生活，很有意思，因为门口就是旧书店，吃完晚饭走 5 分钟，就逛旧书店了。那时，神保町的旧书店全是二层楼的木头房子，古色古香，进去随便看，主人还介绍你要看什么，好像不是做买卖的，很亲切，非常舒服地随便看书。另外，书店还有夜市，每天晚上在地上铺上书刊，点个小煤油灯，什么样的书都有。[④]

　　周作人在日本留学期间，最主要的乐趣也是逛书店。在他曾居住过的伏见馆、中越馆及伍舍附近有许多书店、书摊。神田的相模屋主人小泽民三郎，就因售书而得到周作人的信任。此外，本乡的南江堂以出售德文书著称，东京堂常有日本新书与杂志，文求堂多中文旧书，郁文堂、南洋堂则以卖洋书出名，都各具特色，周作人、鲁迅、许寿裳经常光顾。[⑤]周恩来留日期间，就常到东京堂书店查找和购买书籍，他曾在旅日日记中写道：3 月 9 日下午，在东京堂购买英文书数种；4 月 23 日晚上，到东京堂买书，还抽空看新出的杂志。[⑥]

　　1933 年，黄尊三的《三十年日记》由湖南印书馆出版，日记第一部分为"留学日记"。黄尊三赴日后，第一年在弘文学院、正则学校学习语言；1906 年 7 月进入早稻田大学普通预科；1907 年 9 月进入特别预科；1908 年 3 月升入高等预科；1909 年 9 月，考入明治大学法科。黄尊三除了花费大量时间与精力在外语、法科之外，日常阅读涉猎较广，有学者已对此做过详细的整理（表 6-3）：

表 6-3　黄尊三日常阅读目录表[⑦]

类别		题名	备注
古书	文史	水浒传、西厢记、随园诗话、红楼梦、吴梅村诗集、陶渊明诗、燕山外史、聊斋、白香词谱、桃花扇、莲花漏铭（苏轼）、花月痕、张舜民词、辛幼安词、滕王阁赋、杜诗、离骚、左传、汉书（报任少卿书）、后汉书（光武列传）、山阳诗、唐诗、通鉴	
	修身	陈白沙先生集、明儒学案（阳明学案）、韩愈文集（五箴并序、送孟东野序）、曾文正公集（日记）、宋元学案、行己箴（李翱）、西铭（张载）、孟子、大学、指南录、吕语集萃、王荆公集、书经（尚书）、庄子、出师表	
	其他	舆地	

---

① 黄尊三. 三十年日记[M]. 长沙：湖南印书馆，1933：55.

② 钟少华. 早年留日者谈日本[M]. 济南：山东画报出版社，1996：155.

③ 钟少华. 早年留日者谈日本[M]. 济南：山东画报出版社，1996：38.

④ 钟少华. 早年留日者谈日本[M]. 济南：山东画报出版社，1996：48-49.

⑤ 李喜所主编. 中国留学通史（晚清卷）[M]. 广州：广东教育出版社，2010：246.

⑥ 王永详、高桥强主编. 留学日本时期的周恩来[M]. 北京：中央文献出版社，2001：95.

⑦ 李在全. "新人"如何练就：清末一位留日法科学生的阅读结构与日常生活[J]. 史林，2016（6）：128-129. 另外，表中类别只是为了方便分析统计，所谓古书、新书的区分并不严格。

续表

类别		题名	备注
新书	中国	东文入门（梁启超编著）、天演论、植物学、德育鉴、心理学、饮冰室文集（学术类）、谭浏阳集（谭浏阳诗集、莽苍苍斋诗、道吾山诗）、光绪政要	
	日本	日本历史（日本史，译）、博物学（译）、成功论、白鸟集、不如归、历史、自治要义（译）、自治精髓（译）、西洋历史（译）、福翁百话（福泽谕吉作品）、货币论（译）、梧窗漫笔（日本学者加藤咄堂所著）、历史、欧美自治、日本小说	"译"，即由黄尊三翻译
	其他	泰西学案、鲁滨孙漂流记、基督新约全书、加富尔传、培根文集、伊苏普传、莎翁集（汉姆莱特传）、海科蓝开特之诗集、布兰克集、文学史（英文）、英文小说	
报刊	中文	新民丛报、民报、复报、时报、汉风、国风	
	外文	朝日新闻、燕尘（日本人在北京所办杂志）、泰晤士、一等国、成功、太阳、国家学杂志、英文周刊、英报	
法科		印度法、法学通论、经济学、民法（债权、物权、继承权）、约章大全、宪法、刑法、国际法、行政法、国法学、西洋史、中国宪法大纲、宪法大纲驳论、票据法、海商法、国际私法、保险法、财政学	
其他		女子教育、满洲最后之处分、革命党讨清檄文（一纸）、修养与研究、英雄传、英雄崇拜论、命运观	

由上表可知，黄尊三涉猎的中外文作品很多，根据已经整理出版的其他留学生日记，同样可以看出同时期的留学生也多有涉及同类书籍，只是各人的读书感受有所不同。例如对中国古典文学名著《红楼梦》，黄尊三认为红楼实可谓一部醒世小说，揭人之妄情，始于至情，终于无情。而宋教仁则感觉"除写恋爱嫉妒之情外，无他文字，甚觉其平云云"[①]。

王阳明的理学，在近代留学生中影响较为广泛。黄尊三读《阳明学案》，觉得津津有味。而且根据他的观察，日本学者对王阳明比较推崇，国人反而不重视，甚是可惜。宋教仁也常读王阳明，在其1906年的日记中，记载了他对阳明学书籍的阅读，还有大量的摘录，以及个人的见解。1906年2月10日的日记有言：观《王阳明集·年谱》，其所记先生事甚祥。……余以前读时或随录之于日记，拉杂无次第，难以得要领，遂拟以后当用另册择要录之，将来要随时体验时，亦免散乱也。若夫非语录文章中言，如阅书时为吾心，所好而不忍舍者，则或摘其事实，或间杂以余意，皆仍记焉。[②]

报刊也是黄尊三日常阅读的大宗。在日本，革命言论颇受留日学生的青睐，比如梁启超主办的《新民丛报》，虽然黄尊三并非完全认同梁启超的观点，但也认为该报文字流畅，议论阔通，诚佳品也。《民报》也是黄尊三阅读最多的一份报纸，黄尊三认为该报价值在《新民丛报》之上。但是，同时期留日的钱玄同，却认为此为兴中会（孙文所组织者）之机关报。内容不甚佳，《江苏》杂志之侪耳。[③]

有学者指出，黄尊三在日常阅读中对古书和修身书籍的偏好，折射出旧资源、旧因

① 宋教仁. 宋教仁日记[M]. 长沙：湖南人民出版社，1980：243.

② 宋教仁. 宋教仁日记[M]. 长沙：湖南人民出版社，1980：134.

③ 杨天石. 钱玄同日记（上册）[M]. 北京：北京大学出版社，2014：10.

素对新时代"新人"的影响是超乎想象的。[①]"吾人求学海外，固杂得新知识，而本国固有文明，更当注意。" 黄尊三的这番话也许可以作为这种新人爱旧知的注解。

除了读书以外，留日学生还组织了各种课外活动，如集会、演讲、体育活动、游玩、看电影等，这些都是他们乐于从事的业余活动。

由于中国学生大量涌入日本，适合留日生居住的房子、书店、食堂也相继增多，与此相伴随的是留日生中出现了鱼龙混杂的局面。有些官费生不读书，奢侈腐化，吃喝嫖赌、打架斗殴。平江不肖生在《留东外史》中描绘了留日众生相：每日丰食，初次来日本的，不解日语，又强欲出头领略各种新鲜滋味。或分赃起诉或吃醋挥拳。丑事层见报端，恶声时来耳里。此虽由于少数害群之马，而为首领的有督率至责，亦在咎不容辞。[②]另外，1920 年 12 月，南开学校出版的《校风》，对留日学生也有类似的记载，如他们经常闹意见、树党派、撒传单、嫖妓女、打麻将、吸鸦片。这些恶习严重破坏了留日学生在日本民众心中的形象。

留美生除了努力学习、勇于实践以外，也有丰富多彩的课余生活。在大学数年中，颜惠庆经常外出考察美国社会，体验美国普通民众的生活并享受众多乡村美景。他曾拜谒过美国开国元勋杰弗逊（Thomas Jefferson）的故居；有时乘马车自行车到附近乡间的风景区观光；或到邻近的中学，看望他负责照料的一位同胞中学生；偶尔也到市镇的戏院观看艺术表演；每逢周日还到礼拜堂礼拜，包括圣公会、长老会、监理会、浸礼会、天主堂。[③]

留美学生经常举办舞会、音乐会，自编自演话剧，还到纽约提供各国留学生娱乐的"国际学社"观光和游玩。此外，他们还参加了各国留学生组织的世界学生会，参加各国留学生举办的本国风情的民族晚会，与各国留学生相互交流。胡适回忆说：就是在这些不同的晚会里，对各种民族不同的习俗便有了更深的了解。更重要的还是各族学生间社交的接触和亲切的国际友谊之形成，使他们能了解人种的团结和人类文明的基本要素。[④]

在法国，因为学校比较注重实物与形象教育，所以实地参观，动手操作，演习演练必不可少。另外，学校还常用参观、旅行等方法拓宽学生的视野，丰富他们的生活。葡萄节到来的时候，学校放假，组织学生到乡下去收葡萄，法院审理案子也让留学生去旁听，其他的参观访问，也给中国学生发票。[⑤]这些活动对留学生增加社会知识，了解法国国情大有帮助。何长工回忆到：学校玩艺很多。春夏之交，有运动会，秋冬之交，也有运动会，一年两次，还有恳亲会、校庆会、游艺会、同乐会、联谊会等。有时还为中国同学办演讲会。[⑥]

① 李在全. "新人"如何练就：清末一位留日法科学生的阅读结构与日常生活[J]. 史林, 2016（6）：137.

② 平红不肖生. 留东外史（上）[M]. 长沙：岳麓书社, 1988：1.

③ 李喜所. 中国留学通史（晚清卷）[M]. 广州：广东教育出版社, 2010：190.

④ [美]唐德刚. 胡适口述自传[M]. 北京：华文出版社, 1989：63.

⑤ 吴霓. 中国人留学史话[M]. 北京：中国国际广播出版社, 2009：109.

⑥ 何长工. 勤工俭学生活回忆[M]. 北京：中国工人出版社, 1958：41.

第三节 新思想与旧习俗

在中西方文化的激烈碰撞中，留学生对西方新思想的接受程度比较高，但同时也保留了一部分原有的生活习惯，特别是饮食习惯。20 世纪初，由于国弱则民弱，美国颁布了排华法，日本也在加快侵华的步伐，海外留学生群体在留学国度都遭遇了不同程度的歧视，但也由此激发了他们的爱国之心。

一、排距接纳沟通难

两种不同文化的沟通从来都是不容易的。1909 年第一批 47 名庚子赔款学生出发了。当他们来到马萨诸塞州的春田镇，由容闳的侄子容揆负责把他们分到了当地的五所预备学校里上学，因为他们当时已经赶不上大学的秋季入学考试。这些学生从上海到春田花了 37 天的时间，行程 15 000 英里。[①]地理上的旅行已经完成了，但是更为复杂，也更具挑战的社会和文化之旅才刚刚开始。[②]

比如，第一批留美幼童李恩富所获得的第一个亲吻。他回忆："我有幸被交到（马萨诸塞州）斯普林菲尔德一位富有母爱的夫人的手中。当他们把我介绍给她时，她伸出双手拥抱我，亲我。这一举动使得其余的孩子笑了起来，我的脸也许变得绯红了。不管怎么着，我十分窘迫，无言以对。这是我自襁褓时期以来未曾有过的第一个亲吻。"[③]

幼童陆永泉、蔡锦章被分派到朱莉安·瑞查得夫人家学习美国语言文化知识。当地的小孩子非常高兴，但也仅仅知道中国是在地球另一侧的一个国家。美国作家科尔顿·亚瑟记载了从她父辈们那里流传下来的、有关幼童陆永泉、蔡锦章的融入美国生活的故事："陌生小孩子们真正出现在我们面前，而我们发现他们是一群非常优雅的小人时，我们是多么的惊奇！他们的举止和习惯甚至比我们还要有教养。他们的丝制衣服毫无疑问要比我们所穿过的或想象所能穿的要好得多。尽管我们向他们多次询问，我们还是没能探出任何有关饮食方面吃干老鼠喝燕窝汤[④]的一丁点消息，他们也未曾明确说浸死过什么小女婴儿。同样对我们来说与生俱有的任何运动，像跑、跳、摔跤、游泳，他们同样非常出色，一点也不比世界上其他男孩子逊色。"[⑤]

与幼童年龄相仿且为邻居的凯普伦小姐曾这样记述当年与幼童交往的历史："1874年，哈特福德城的中国幼童收到国内寄来装满各种食物的包裹。中国幼童慷慨邀请美国

---

① 1 英里＝1.60934 千米

② [美]史黛西·比勒. 中国留美学生史[M]. 张艳译. 北京：三联书店，2010：110.

③ [美]李恩富. 我的中国童年[M]. 唐绍明译. 珠海：珠海出版社，2006：62.

④ 自 1848 年华人赴美淘金以后，美国主流媒介在评论、漫画、报道中通过贬低性言辞等方式宣扬华人的缺点，传递对华人的恶感，用刻板化和污名化手法，贬低华人地位，最终导致长久排华歧视。他们把华人描述为半人半魔、吃老鼠、衣着破烂、吸鸦片、廉价劳工等形象。但对大多数西方人来说，中国仍然是一个陌生的国度，于是他们又建构了遥远的中国想象，"那儿到处是扇子和灯笼，长辫子和吊眼睛，筷子和燕窝汤，亭阁和宝塔，洋泾浜英语和裹小脚"。

⑤ 钱钢，胡劲草. 大清留美幼童记[M]. 北京：当代中国出版社，2010：59.

朋友一起品尝。"在前门台阶尽头是门厅的壁橱。在我们家，这里是用来挂衣帽的，但中国人家里这个地方却装满了盒子，盒子里面是干果和糖果。糖果真好吃，因此我们经常来。我们总是得到友好的款待，从来也没感觉不受欢迎。"①

在中国学童增加观感、增长见闻、增进学业、获取新知的同时，他们的美国师友也增加了了解中国文化、思维与行为方式的机会，而且由于留美幼童的良好表现更促进了他们之间的友谊。曾是幼童同学、后为耶鲁大学教授的李洪·菲尔伯斯在《中国同学》一文中对中国学友的印象极为深刻："回想起我在哈特福德中学时代，我最好的朋友大部分都是中国孩子。这些中国孩子除了拖着一根辫子，与我们无异；他们经济宽裕，有卓越的风度，都是运动健将，机警、好学；我们所玩的各种游戏，他们都感到新颖，但是他们都是排球、足球、冰上曲棍球的好手，尤其是溜冰，他们的技艺已达到巅峰；中国孩子还是该校第一个脚踏车的骑手。不仅在运动方面比我们美国人卓越，在其他方面也要比我们强。由于这种原因，往往引起我们内心的激愤，当他们参加任何社交场所，我们许多美国人即失去所有的机会。"②

在文化的冲击与碰撞之中，幼童逐渐融入美国家庭的生活之中，他们脱掉了长袍马褂，改穿西装，剪掉了辫子。进入学校之后，他们打棒球、踢足球，有时还用拳脚与挑战者较量。在自由的思想环境中，在新教育的陶冶下，幼童的衣着打扮、行为方式、思维方式等都发生了变化，他们抛开了中国传统读书人所有的拘谨、稳重和循规蹈矩，尽情发挥着他们的活力和独立精神。

远离旧社会与传统文化的留美幼童们，在留学过程中，更多的是表现出对中国传统观念和旧教育的背离以及对新文化的接纳。与之形成鲜明对比的是清末超过 10 万的留日学生，他们在留学生活中体验到了更加强烈的屈辱感和挫折感。

清末留学生大部分集中在东京，"一出门，所到之处都能看到游走在各处的成群结队的清国人，宛如大海中游来游去的鱼群"。中国留学生之所以引人注目，并不是因为肤色或者数量，而是因为他们穿的衣服和辫发。对于留日学生来说，改变服装和发型是他们向西方学习的第一步。留日学生对日本和服并无抵触情绪，反而认为和服与中华民族固有的服装有着渊源。但是日本人对中国学生改穿和服的反应是冷淡的，甚至因为中国学生对日本服装缺乏常识性认识，而嘲笑他们。

《留东外史》中记述：留学生王甫察穿着留学学校的制服，模仿艺妓的动作做游戏，结果被隔壁房间的日本人一眼看穿是中国人。因为日本人是不会穿着学校的制服而进行艺妓游戏的。黄尊三也曾在日记中记录，因自己的同胞胡乱搭配和服，被日本人嘲笑，感到国家的体面尽失。

中国学生对日本最不适应的大概要首推饮食，甚至有学生因此而无奈归国。中国人认为日本饭菜量少、清淡，特别是生鱼片、生鸡蛋等生食，让中国学生更加不能接受。而日本人则因歧视中国，所以连带贬低中国的饮食。1906 年，中国留学生在中华料理店聚餐，日本媒体是这样评价的：数年前中国人经营的料理店，为数不过两三家，近来在

---

① 钱钢，胡劲草. 大清留美幼童记[M]. 北京：当代中国出版社，2010：61.

② 陈学恂，田正平. 中国近代教育史资料汇编：留学教育[G]. 上海：上海教育出版社，2007：134-135.

神田及本乡一带，竟达三十余家。一到周日，留学生皆三五成群，狼吞虎咽。他们在店里拍手，大声喊叫，不仅敲碟子，还又跳又唱。每逢聚会，留学生狂态毕现，调戏店中女佣，淫笑之声不绝于耳，各种声音直震邻家屋瓦。此种现象每逢周日难以计数。即便不是周日，成群结队蜂拥而至者亦非少数。……以今日中国形势观之，国破家亡之危机迫在眉睫。游学于异国他乡之中国留学生，却不知为国精修学业，日日满足于口腹之欲，以致学业荒废。吾日本人观之，岂不毛骨悚然也。[①]

留学生在中华料理店聚餐，主要是为了纾解留学生活中积聚的各种压力，但是却引起日本人的不满，一方面是固有的歧视观念，同时也是中日文化差异的部分体现。萧红曾说过：日本人的生活没有丝毫自由可言。每天从早到晚听不到一丝声音。夜间从窗户向外望去，家家户户一片漆黑。日本人的生活，每天就是默默地工作工作再工作，像鬼一样工作。生活是多么的悲惨！[②]

大部分中国留学生认为日本人的住宿空间过于狭小。14 岁赴日的孙伯醇，在回忆留学经历时说："日本乃贫弱之地。所谓和式下宿屋，一般只有四个半或六个榻榻米大小，空间极狭。这在中国是难以想象的，简直连放置家具的地方都没有。日本所谓的书桌，也非常小，让人悲伤欲哭！"[②]而日本人则认为，留学生所携带的生活必需品无论是数量还是种类，都让人匪夷所思。

日本人认为中国学生不讲卫生，缺乏自我管理能力。《留东外史》中提到，鸟居荣子前去拜访同兴馆，那里住着很多同文学校的留学生，但所到之处满墙尽是涂鸦，榻榻米沾满了饭汤或油污，脏污不堪。1906 年 6 月 5 日的《东京朝日新闻》有篇"攻击下宿屋的大字报"的报道，内容是湖南留学生李某有时穿鞋进屋，有时开关门的动作粗暴，声音太大，因此被房东赶了出来，他怨恨房东态度太过冷淡，因而用中文写了大字报贴到房东屋外。[③]

诸如此类的矛盾不胜枚举。在日本人看来，如果有中国留学生居住，房屋及附近的环境就会恶化，因此拒绝提供住处。留学生不得不频繁地更换住处，而且只能选择能够与日本社会保持距离、能够远离警察管理的地方居住。这样一来，留学生更加局限于狭小、封闭、旧有的中国社会圈子，按照传统的习惯去生活学习，与日本社会的隔阂不断加深。同时，一部分留学生赌博、嫖娼甚至吸食鸦片，在报纸等媒介的推波助澜下，加剧了日本社会对中国留学生整体印象的恶化。这两方的因素导致留学生与日本社会的距离越来越远，陷入了恶性循环的怪圈。

二、自由恋爱新观念

谈恋爱是留学生活里一个重要的片段。1922 年日本京都帝大教授厨川白村的《近代的恋爱观》正风靡一时。他的《出了象牙之塔》和《苦闷的象征》两书曾被鲁迅译成中文，也大为轰动。留日学生都受厨川白村著作影响。钱歌川曾回忆道：那时留学生，受

---

① 王卫平，邵宝. 清末留日学生与日本社会的摩擦和冲突[J]. 苏州大学学报（哲学社会科学版），2013（6）：186.
② 王卫平，邵宝. 清末留日学生与日本社会的摩擦和冲突[J]. 苏州大学学报（哲学社会科学版），2013（6）：187.
③ 王卫平，邵宝. 清末留日学生与日本社会的摩擦和冲突[J]. 苏州大学学报（哲学社会科学版），2013（6）：188.

了厨川的影响，也把恋爱看成至高无上。有些人沉溺在爱河里，连学业都放在其次，因而辍学的也不是没有人。在许许多多男女留学生中，竟没有一个女人要抱独身主义，都愿找一个异性的对象，一尝至上的滋味。不但单身女子成为大家争取的目标，连单身男子也成为女性争取的对象。①

在美国，大多数中国学生因为种族差异，英语不好，渴望早日完成学业回国，一般不去干围着美国女孩转的傻事。但是也有不顾财力而陷入困境的留学生，民国棉纱大王穆藕初就是其中一例，据《藕初五十自述》记载：经济颇形竭蹶，然场面又不能不支持。时偕一女同学赴跳舞会，除付会费两元半外，仅剩一角五分。默念若乘电车回去，明日即将断炊，故竭力敷衍，直至十二时后方始出场，而是时电车已停驶，余二人遂步行而归。……余于昨晚跳舞后，床头金尽。告贷朋辈，轻口求人之事，雅不愿为。余心中以为，三数天后倘有汇款到，即可解此眉急。②但是他却不曾想到，一两周后汇款才到，中间得到同学帮助，才顺利度日。

留学生的社交生活因个人的经济能力和性格不同而有所差别。洪业对在美国的自由恋爱这样总结：中国留学生刚从家长说亲的传统里踏足出来，对欧美式的求偶方式颇感迷惘，对异性总是觉得不是说得太多了，就是说得太少了；不是怕自己太妄动，就是怕对方摸不清；用鸳鸯蝴蝶式的陈腔则肉麻不堪，翻译过来的西式滥调听来简直滑稽，于是进退维谷，懊恼得很；尤其当年留学生中女学生少，造成粥少和尚多的现象。大家都想找个志趣相投的配偶，可苦于不知从何下手。③

由于洪业在校际青年会很活跃，有"土地爷"之称，所以很多人遇到难题就找他帮忙，拜托他拉红线的也不少。一位黄博士倾心江安真同学，请洪业安排饭局，咨询是否可以向江同学求婚，但是遭拒绝。洪业当时却并不知江安真倾心于他，日后两人于1919年在纽约结婚。

对于恋爱和婚姻，不同的社会有不同的制度和习俗。东西方的婚姻观差异较大，西方人认为婚姻纯属个人私事，不存在道德问题，任何人不能干涉。留学生自然是反对包办婚姻的，但是父母也想尽办法，也许出国之前的一次回乡要求就变成了完婚行为，尽管不愿意，但也无可奈何。五四运动之后，中国的青年男女都讲自由恋爱。有一对奉父母之命的未婚夫妻，分在两地留学。长辈没办法叫他们回国成婚，也学了新式方法，让两家小儿女通通信，联络感情，期望感情融洽以后，他们自愿回国结婚。④

当时的留学生不止抗婚，还会离婚。胡适就曾表达过对离婚风气的不赞成：近来的留学生，吸了一点文明空气，回国后第一件事便是离婚，却不想想自己的文明空气是机会送来的，是多少金钱买来的；他的妻子要是有了这样好的机会，也会吸收文明空气，不致受他的累落了！这种不近人情的离婚，也是该骂的。⑤有学者认为，胡适结束与美国女子的恋情最终选择了母亲为他定下的婚姻，显示了那一代人经历的浪漫与道德之间

① 钱歌川. 钱歌川文集（第4卷）[M]. 沈阳：辽宁大学出版社，1988：626.
② 穆藕初，穆家修，柳和城等. 穆藕初文集[M]. 上海：上海古籍出版社，2011：13.
③ [美]陈毓贤. 洪业传[M]. 北京：商务印书馆，2013：87.
④ 张倩仪. 大留学潮[M]. 香港：商务印书馆，2015：340.
⑤ 胡适. 容忍与自由[M]. 北京：北京联合出版公司，2014：304.

的尖锐冲突。[1]

当然并不是所有的留学生都认为旧式婚姻是万恶的。传闻有外国人讥笑外交家伍廷芳中国父母作主的婚姻，认为缺乏爱情，伍廷芳反唇相讥说："中国人结婚是爱情的发端，西方人结婚是爱情的终止。"

胡适更是在《演说吾国婚制》中认为：西方婚姻之爱情是自造的（Self-made）。中国婚姻之爱情是名分所造的（Duty-made）。……及结婚时，夫妻皆知其有相爱之义务，故往往能互相体恤，互相体贴，以求相爱。向之基于想像，根于名分者，今为实践之需要，亦往往能长成而为真实之爱情。[2]

拒绝了旧式婚姻，自然会向往新式婚姻。20世纪20年代，五四运动带来的思想文化解放，使得中外通婚逐渐为社会大众所接受。作为新式人物代表的留学生们更是中外通婚的主流群体。

清末民初，很多知识分子更是把中外通婚作为"强种""强国"的途径之一。唐才常从植物学、动物学、历史学等多领域对"通婚"进行论证，提出了十条理由。他指出，若黄白通婚，则"黄人之强也可立待也"，如果国人拒绝通种，则"黄种之存亡未可知，而疲弱不振之患，十且七八也"。[3]当然也有人提出反对建议，比如潘光旦认为，中国社会正处于过渡时期，异族通婚带来的社会和心理难题将导致国家生活的复杂化。

近代知识分子所提出的"通种说"与留学生们的国际婚姻实践互为表里，但是由于留学生本身所肩负的救亡重任，他们的国际婚姻问题也受到了政府的关注。1910年，学部就奏请朝廷，以"游学生既娶外国妇女，易有乐居异域厌弃祖国之思，则虽造就成材而不思国归效用"为由，规定：嗣后游学生未毕业时，均禁止其与外国妇女订婚及结婚，违者毕业时不给证明书，官费生追缴学费，以戒怠慌而励进修。[4]民国建立以后，此政策不了了之。1917年，留日学生曾天宇因娶日本女子而被诬为汉奸，被检举至留日学生监督处。教育部遂于1918年2月下令：查留学生与外国人结婚一节，于国家于个人均有损无益，遂禁止留学生与外国人结婚，如再有官费留学生与外国人结婚，应即停止官费。[5]这时禁止通婚的对象仅限于官费留学生。1920年，鉴于驻巴黎总领事上报留法学生异国通婚日渐曾多，教育部随即下令禁止自费各生及一切身隶学籍之人与外国妇女结婚。[6]

虽然从清末至民国，政府一再重申禁止留学生与外国女性结婚，但是政令并未得到有效实施。1920年，政府宣布禁止所有留学生通婚的当年，北京外交部接到横滨领事馆的电报称：近查滨埠留学生本年娶日妇者竟有十七人之多。若不实行禁止，足妨学业，请咨教部转电学生监督严为阻止[7]，且当时领官费不读书伴妻子者实屡见，不一见此亦

① [美]叶维丽. 为中国寻找现代之路：中国留学生在美国（1900-1927）[M]. 周子平译. 北京大学出版社，2017：170.
② 胡适. 胡适留学日记（上）[M]. 合肥：安徽教育出版社，2006：85.
③ 湖南省社会科学哲学研究所. 唐才常集[G]. 北京：中华书局，1980：100-104.
④ 陈学恂，田正平. 中国近代教育史资料汇编：留学教育[G]. 上海：上海教育出版社，1991：74.
⑤ 咨各省长留学生禁与外国人结婚文[J]. 教育公报，1918（5）：30-31.
⑥ 令各留学生监督：留外学生禁与外国妇女结婚[J]. 教育公报，1920（3）：16.
⑦ 专电[N]. 申报，1920-12-31.

留学界之小小新闻也①。由此可见一斑。

除了政府禁止通婚之外，有时国家地位和民族情绪也给留学生的感情生活带来了不小的影响。郁达夫在情场竞争中就因中国的弱国地位而极为苦闷：国际地位不平等的反应，弱国民族所受的侮辱与欺凌，感觉得最深切亦最难受的地方，是在男女两性，正中了爱神毒箭的那一刹那。②

尽管有国家的干预、民族主义的波及，但是近代的中国留学生在选择自己的伴侣方面突破了各种偏见、歧视以及传统的束缚，拥有较多的主动性和自由权。周作人、郭沫若、萧三等，都是娶外国女性为妻的中国留学生。

曾经将《红楼梦》翻译成法文的李治华也是其中一例。法国的种族歧视没有英美严重，很多法国女子嫁给外国人。1937 年 10 月，李治华抵达法国里昂中法大学，同班有一位法国女生叫雅克琳·阿雷扎艺思，是其同学。两人因为相互帮助学习语言而结识，1943 年两人结合。婚后，李治华给夫人取了一个中国名字"雅歌"。雅歌对李治华的翻译事业有较大的帮助。二人共同翻译了艾青的《向太阳》，鲁迅的《故事新编》，巴金的《家》，姚雪垠的《长夜》，白桦的《妈妈呀！妈妈》，苏雷的话剧《火神与秋女》等。李治华还翻译了中国古典文学名著《红楼梦》，夫人雅歌进行了修改。

三、君子也可近庖厨

中国学生到了异国他乡，从衣食住行到风俗文化都要重新适应，最难改的还是饮食习惯。民国时期，饮食的多样性远远不如现在，中国人对西餐的接触很少，因此，对于海外地道的西餐，留学生的接受和适应能力很低。

一位俭学生描述乐蒙达尔纪公学中国学生就餐情形：酒喝不惯；冷水在冬天，也不愿喝；厚皮面包，则吃惯白米饭者，也感到难于下咽。午晚两餐后，新来者都在吵食不得饱。③即使是在邻国日本，对量少而味淡的日本饭菜，中国学生也很不适应。湖南人黄尊三在日记中写道："一菜一汤，味极淡薄。"湖南人嗜辣，日本食物对他们来说自然是淡而无味的。爱好生食也是日本饮食的一大特色。黄尊三在日本留学八年，直到毕业的时候，都不能适应生食这一习惯。在他即将毕业归国之际，受到房东宴请，但当房东夫人端上生鱼片时，他还是夹起生鱼片放在火上烤过之后，才送入口中。留日学生对日本饮食的不满并不是个别现象，正如王景禧在《日游笔记》中提到，袁世凯派遣的教育视察官在报告中说，在参观东京女子师范高等学校时，得知吾国学生常因饭菜问题爆发风潮，应平息这种纠纷，养其德性。④

1948 年，张秩庸在《中国学生在巴黎》中写道："中国学生生活费的来源，大概可以分为四种：一是中法交换生，每月有 8500 法郎的公费，一种是中法大学资送的留学生，每月有 5000 法郎公费；一种是教育部考取的自费生，可用官价购买外汇；另一种是自备

① 振声. 留法学生琐谈（五）[N]. 申报, 1921-12-10.
② 郁达夫. 郁达夫文集（第四卷）[M]. 广州：花城出版社, 1982：93.
③ 鲜于浩. 留法勤工俭学运动史稿[M]. 成都：巴蜀书社, 1994：90.
④ 王景禧. 日游日记[M]. 杭州：杭州大学出版社, 1999：26.

外汇来的。"① "吃一顿普通需二百法郎左右，一大碗汤面一百二十法郎，有的中国学生自己做饭，每天一百多法郎。"①

一方面出于省钱，另一方面又吃不惯外国食物，不少留学生选择自己做饭或者几个人同住，分工合作，轮流做饭。20世纪20年代留学西雅图华盛顿大学的孙寒冰回忆：现在外面吃饭，每月大约需美金二十八元，若自煮则十二元或十四元已够。②

在外留学，即便有钱，长期"吃馆子"，也是不容易的，如徐悲鸿、蒋碧微夫妇。蒋碧微于1919年5月随夫留学法国，在巴黎吃了一段时间后感慨：住旅馆，吃定食，虽然方便省事，可是天长日久，想想还是很不合算，于是计划租好了房子，立刻自己开伙。③

在中国知识分子的传统观念里，君子应当远庖厨。留学生自己做饭，不仅仅是为了省钱，而是为了吃得好。

1947年赴美留学的毛汉礼，起初以吃西餐为痛苦，于是决定自炊：反正，对于烧菜，中国人个个是天才，再说，即使烧得不成东西，其味道也要比外面的强，价钱也可以公道些。还有一点，值得告诉的，在美国市场上，无论肉类、鸡、鸭，都很便宜。④国外的大学不像中国，有宿舍有食堂，常常需要自己租房住，住的房子，往往有瓦斯的，所以自己做饭非常便当，就是没有瓦斯，自己用煤油炉做饭，也不很费事。

对自己做饭的好处与方便说得最透彻的是留法生朱在留，他回忆："其实只要到法后一二月，寻得到菜市场，买了炉子，我还是劝诸位自己烧吃。一方面可以听自己的方便与高兴，一方面也新鲜卫生，这里面并不多花时间。倘若有两个人合作更为便利。而经济方面，可以大省特省。譬如包中国饭一月要三百五十法郎，吃西餐每月至少也得三百法郎；倘若自己煮，吃二百五十法郎一月，已可以把卖肉卖菜的人大吃一惊。以我自己来说，二百法郎一月已连早点，每餐已有肉吃；既新鲜可口，并且卫生。倘若吃到二百五十法郎，已可以有两个好菜，一碗好汤，饭后还有果子可吃了。至于时间之是否经济一事，据我的经验，只要住处连近菜市，每日午正便买好夜餐的菜甚至午正一锅烧好夜饭菜，到比进餐馆要省五分之二的时间。即或闲散一点，也不会多过到餐馆一餐的时间。并且自己烧饭，还有点好处；我们还可随时烧开水冲茶，冲咖啡，免得到咖啡馆解决口渴，更是省钱省时的事！然而自己烧饭的问题比较复杂，现在也大约说点在下面：一个人要有两个锅，一个炉子，价已见上。另加一点刀叉碗盏之属，这是家具。煤油与米，杂货店有卖的。油每筒十四法郎，一人的饭，可以烧一个半月，米价在二法郎上下一千克，一千克足供二日半至三日。倘要省事，则吃现在的面包，每餐不过三四十生丁。酒精火柴炒菜的油盐糖牛奶等，也都在杂货店买。"⑤

陈里特则将一个学生在巴黎自炊所需费作详细的调查并罗列出来：（A）米，50法郎；（B）火油，5法郎；（C）猪油，15法郎；（D）肉类，100法郎；（E）蔬菜，70法郎；（F）酱油，30法郎；（G）盐，2法郎；（H）火酒，3法郎；（I）水果，20法郎。

① 张秩庸. 中国学生在巴黎[J]. 中美周报，1948（288）：32.

② 孙锡麒. 赴美杂记[J]. 民铎，1923（5）：4.

③ 蒋碧微. 我与悲鸿：蒋碧微回忆录[M]. 长沙：岳麓书社，1986：64.

④ 毛汉礼. 洛杉矶三简[J]. 中央日报周刊，1947（12）：5.

⑤ 朱在留. 巴黎中留学生生活[J]. 青年界，1936（4）.

以上每月每人共 295 法郎；而其食品较在中国馆包饭者，滋养多矣。"因为在中国饭店包饭，每月每人最少 280 法郎，但这种所包饭，"滋养料不足身体健康之营养"；按零星点餐计每月更需 500 法郎左右；西餐则更贵，最低限度每月需 500 法郎。[1]

有夫妻一起留学的，则由太太充当家厨，时人多有提及。中国同学带太太去的，只房钱上，稍多费些，在饮食方面，倘由太太自理，那和一个人的费用差不多。[2]如赵元任的太太杨步伟，以厨艺高超闻名于美邦，还写了一本风靡一时的《中国食谱》（图 6-5）。出这本书的契机是杨步伟随丈夫到哈佛以后，发现战时食物紧张，而且美国人做菜单一，于是每日自行采买烧煮，美味中餐获得了哈佛教授夫人们的赞叹。赵元任的师母建议杨步伟写一本给外国人看的中国食谱，后又得到赛珍珠夫妇的帮助，得以实现。

图 6-5　《中国食谱》英文版及部分菜单

1934 年，应懿凝随夫君沈怡访德，居住于瓦痕湖乡间，在她的日记中有如此记载："晨间，江夫人为我买得鸡一双，乃将国内带来之火腿，送交代烧。盖江夫人甚精于烹调也。饭时而往，适江君同学朱王二君自明兴来，郭德歆叶雪安二君亦在，共谈故乡之事，辄为神往。食时除火腿炖鸡外，有干菜烧肉，洋葱牛肉丝，糖醋拌黄瓜，珍馐罗列，美不胜收：顷刻如秋风卷叶，一扫而尽。"[3]

还有一种顶级的自炊，就是富家子弟携带家厨。比如郑毓秀，出生于广州新安（今属深圳），祖父因香港开埠成为富商，父亲是清廷户部官员，真可谓既富且贵。郑氏 1914 年留学巴黎大学，相继于 1917 年、1924 年获得硕士、博士学位，成为中国第一个女博士，也是留法勤工俭学运动重要领袖。

据江亢虎说：郑（郑毓秀）为中国女子留法大学毕业第一人，攻法律学，现为博士候补者，家本殷富，人复开通，所居结构绝佳，家庖尤精，座客常满，各界多有往还，人目为社交之花，或称为使馆第二，华人游法京者，无不啧啧道郑女士也。[4]后来郑毓

① 陈里特. 欧洲华侨生活[J]. 海外月刊，1933（8）：56.
② 詹文浒. 欧美透视[M]. 上海：世界书局，1938：26.
③ 应懿凝. 欧游日记[M]. 上海：中华书局，1936：66.
④ 江亢虎. 游法感想记[J]. 东方杂志，1922（3）：103.

秀自己也颇自得地回忆说："我的房子是在拉丁区附近，曾被人家称为'小使馆'。我从中国带了一个女仆来，她是一个好厨子，因此我们常常吃中国菜。"

四、消除歧视而努力

鸦片战争后的中国近代社会，国破而民弱，带着救国梦留洋的青年学子们也遭受了难以想象的歧视和屈辱。这其中美日最为突出。

1882 年，美国国会通过了排华法案，这是世界上第一个针对单一种族的歧视法案。尽管 1882 年的排华法是针对华工而设立的，商人、教师、学生和官员仍可以入境居留，但它还是伤害了中国人的尊严和感情。20 世纪前 20 年正是美国排华风潮最猖獗的时候，1912 年 7 月，侯德榜等 16 名清华留美生赴美途中经停檀香山受到海关人员的刁难，侯德榜当即赋诗一首：闻到轮船到檀山，华人登岸万般难。伤心最是中华国，到处亏人冷眼看。而他的这种感受在日后的留学生活中也日渐增强。

当时的庚款留学生主要集中在纽约和波士顿。纽约的学生主要集中在远郊的小城伊萨卡，由于远离市区，颇有点世外桃源的味道。波士顿则不同，哈佛和麻省理工学院都与市区接近，华人移民的悲惨处境深深触动了留学生。学子们叹息到：近来中国学生来美日多，他们才稍知中国人。中国留学生在学校成绩颇优，美国教员及同班同学亦另眼相看，但种族偏见，却始终不能消除。[①]

1924 年，美国颁布新的移民法，新法对学生的身份进行了严格的界定：凡亚洲各国学生年满 15 岁以上，具有插入北美合众国有名学校之资格，且业经本部特设收留亚洲学生之学校之一，准其入校习一相当学科，而呈请暂时入境，以达其唯一求学之目的者，始得确称为学生。[②]《中华教育界》曾客观地指出：留美人数渐减的原因，最要紧的是 1924 年移民律的宣布，使中国学生入美的途径狭小，又各工厂中限制中国学生入厂实习，使学生失去工学的机会，而 1929 年股票风潮以后，美国产业日增其不景气，更使留美学生感到困难。[③]

留学生常常把大学生活看作是民族精神的表达，所以他们希望通过奖学金、演讲以及体育运动等方式使自己的能力被大家所承认。但社会歧视的阴影还是时常给他们的生活带来阴霾。在美国西岸，一些美国学生会对与中国学生走在一起的美国人发出嘘声，或在有中国学生坐下时从他们的身边走开。1924 年密歇根大学的一名研究生从学校退学，抗议学校里演出的一场话剧违背了公平竞争的美国精神，同时与学校的教育宗旨和名望相抵。[④]

1924 年美国土生华人，南加州大学学生玛米·路易丝·梁写道："我们很多中国学生……对善意和友好有着极高的期待……拒绝、冷淡和粗鲁改变了他们的感情，使他们开始对美国人咬牙切齿……他们中的很多人没有美国朋友，或者回国后就再也不跟美国

---

① 侯德榜. 华侨在美之现状[J]. 清华周刊，1915（47）.

② 限制留学生之美国移民律[J]. 中华教育界，1924（3）.

③ 彭小舟. 近代留美学生与中美教育交流研究[M]. 北京：人民出版社，2010：34.

④ [美]史黛西·比勒. 中国留美学生史[M]. 张艳译. 北京：三联书店，2010：240.

联系；美国人、语言和风俗对他们来说都是陌生的，难以理解的；还有什么比被人拒于千里之外更让人伤心的?……那些"反目"的人永远无法完全忘记自己的经历；直到现在，我还听他们说起那些痛苦。"①

为了改变美国的排华观念，留美生在学习和生活之余成为中国文化不自觉的传播者。留美生当时主办了三种杂志，《留美学生年报》《留学学生季报》《中国留美学生月报》。以《留美学生季报》为例，该刊 1914 年改为季刊，有论说、消息、评论、文苑等各种专栏，反映留学界的生活状况，介绍美国社会文化和中国政治、经济、社会风情，它在中国国内和美国两个渠道发行，起到了沟通中美文化的桥梁作用。②留美生对中国文化的传播形式是多种多样的，例如留美生中文科博士论文经常论述中国问题。他们搜集中文资料、采用美国式的研究方法，选取了美国文化界未深入探究的中国问题，不仅具有学术价值，还在客观上促进了中国文化的传播。

留美生还通过翻译书籍向中国传递着彼岸的文化，在国内产生了一定影响，成为启迪民智的重要思想武器。胡适和他的同代学人，为了改变美国的对华观念，在宣传中国文化方面做出了不少努力。胡适在 1912 年 10 月 14 日的日记中写道：忽思著一书，曰《中国社会风俗真诠》，取外人所著论中国风俗制度之书一一评论其言之得失，此亦为祖国辩护之事。③

勤工俭学生刚抵法国，部分居民受怀有民族偏见的法国天主教传教士影响，他们在房屋出租告示上特别注明："房子出租，中国人除外。"④勤工俭学生为了维护国格和民族尊严，不仅严于律己、谨言慎行，同时还经常通过对话、讲演、展览和游艺等形式，向法国人士介绍中国的传统文化、社会历史和风俗民情等，从而沟通了中法两国人民的感情，提高了中国人的国际声誉。⑤后来，这些法国人将出租告示改为："房子出租，欢迎中国人。"

留日与留学欧美的学子生活形成了鲜明的对比。尽管留学欧美也受到社会歧视，但是那些学子却对欧美等国充满了赞美之情。而近代留日学子的日记、自传或以留日为素材的小说，几乎都充满了辛酸血泪。

民国以前，中日两国的政治纠纷并不多。进入民国以后，日本露骨的侵略政策日渐明显，中日两国的冲突也日渐尖锐。日本当政者的国家优越感及其对中国的轻蔑态度影响着一代日本国民，这一点连日本当局也不否认。1922 年 3 月，荒川五郎在众议院就《关于退还庚子赔款之建议》发表演说时说：负笈东来之留学生……将来前途皆未可限量者，惟我辈日本人平素对彼等之待遇，实多值得遗憾。连宿舍之女佣及商店之伙计，亦持冷骂冷笑态度。……是以彼等学成归国之后，殆成排日之急先锋，是亦不得已者也。⑥许多遭受屈辱的留日学生正是看透了日本侵略的野心，回国以后毅然投身于反日

---

① [美]史黛西·比勒. 中国留美学生史[M]. 张艳译. 北京：三联书店，2010：125.

② 李喜所. 近代留学生与中外文化[M]. 天津：天津教育出版社，2006：266.

③ 胡适. 胡适留学日记（上）[M]. 合肥：安徽教育出版社，1999：88.

④ 王永祥. 中国共产党旅欧支部史话[M]. 北京：中国青年出版社，1985：45.

⑤ 叶昌纲. 近代中国人在国外留学时期的爱国主义表现[J]. 山西大学学报（哲学社会科学版），1988（3）：63.

⑥ [日]实藤惠秀. 中国人留学日本史[M]. 谭汝谦，林启彦译. 北京：三联书店，1983：183.

的行列。

1935 年考取东京第一高等学校的朱绍文和同学成立了"一高同学会"，他回忆道："每年中国新生入学，中国毕业生离校，我都去讲话。我讲大家要抗战爱国，第一，必须团结；第二，不要多说，沉默；第三，拼命劳动、学习，回国建设国家。我每次讲这三句话：团结、沉默、努力学习，在同学间流传。我是用德文讲的，是受日本学风影响，这样使大家印象很深。"[①]

出于对日本侵华的愤恨，留日学生过着忍辱求学的生活，这促使他们体验着国内感受不到的民族意识和爱国情怀，而这种思想意识又促使他们团结一致，或批判日本政府的对华政策，或全体罢学回国，或投身戎马参加抗日事业。这种不同于欧美的求学历程，成为留日学生更关心中国前途命运的重要原因。

五、中华子孙爱国心

中国近代的留学生是肩负着学习与救亡的双重使命留洋海外的，他们其中，有人出身官宦世家，也有寒门子弟，有人学文史政法，有人学数理工矿，以及艺术、体育、军事等，无论是何种出身，或是学习哪种专业，他们中的大多数人都在留学期间表现出中华子孙的拳拳爱国之心。

留学生置身异域，深感种族歧视之苦，这种境遇也更加激发了他们的爱国之心。中国留学生一方面志在科学救国，发愤读书，同时也及时声援和配合国内的反帝爱国运动。

在清末收回路权运动中，四川的留日学生，为了以实际行动表示他们保卫铁路主权及热爱国家和故乡的深情厚谊，他们在东京召开四川留日学生同乡会，商议对付办法。1904 年 10 月 2 日，四川留日学生同乡会致电川督锡良，首先愿竭筹现银和外认集股若干，"并誓毁身家，期达宪意"，请立办川汉铁路。四川留日学生同乡会鉴于帝国主义"坐索川汉铁路，事势日迫"，于 1904 年 10 月 22 日上书锡良，提出了川汉铁路"官商合办"的具体办法。同年 11 月 27 日，又发出《为川汉铁路事敬告全蜀父老书》：痛陈铁路与国权之关系，四川铁路入他国之日，即四川全省土地人民永服属于他国之日也"，疾呼"自办铁路，速办铁路。[②]

当时一般留美学生，极关心国事，如苏杭甬路案。留美中国学生会，曾发表书面意见：外务部令江浙铁路公司，承借英债，民心愤激，举国震骇，建议政府，可按照国际公法，一味拒绝，万不容英人借有此议，在中国干涉尺寸路权，或索取分文赔款。[③]

1919 年 5 月，留日学生集会游行，声援国内五四运动，并向各国驻日使馆递交宣言书，强烈谴责巴黎和会关于日本承袭德国在我国山东的侵略特权等；1921 年 6 月，当国内人民反对北洋政府以"滇渝铁路修筑权"为抵押，与法国秘商借款、购买军火时，赴法勤工俭学生掀起了"拒款运动"，致使中国驻法使馆未敢在借款条约上签字；1923 年夏，当国内人民掀起反抗帝国主义以"临城案件"为借口、无理要求对中国铁路实行"共

---

① 钟少华. 早年留日者谈日本[M]. 济南：山东画报出版社，1996：60.

② 谢增寿. 张澜年谱新编[M]. 北京：群言出版社，2011：15.

③ 林子勋. 中国留学教育史：1847—1975 年[M]. 台北：华冈出版有限公司，1976：82.

管"时，赴法勤工俭学生通过召开会议、散发传单和编写宣传品等，广泛揭露帝国主义"共管"中国铁路的真相，发动群众，开展反抗斗争等。

清末留日学生积极拥护和支持孙中山领导的资产阶级革命，他们通过建立爱国团体和革命组织，创办各种刊物鼓吹革命，积极投身革命实践，参加国内的起义和暴动，他们为最终推翻清政府的统治、建立革命政府做出了不可磨灭的贡献，有些人还为此献出了宝贵的生命。

即使是被认为远离政治的留英生，也积极响应政府的回国倡议。虽然对于庚款留英生来说，他们的留学经费较有保障，且绝大多数成绩优异，因此没有中途辍学之忧；同时，一些留学生已经在国外的研究机构中从事研究工作，有优越的工作和生活条件。如果他们选择回归，将面临重重困难，物质生活十分落后．工作环境极为艰苦。但是在抗日战争初期却是大批留英生归国的高潮。张文裕在自述中说：1937 年南京沦陷，日寇无恶不作，英国报纸登载得很详细，他写信给'中英庚款董事会'，申请提前回国参加抗日。[①]

天上飘着些微云，地上吹着些微风。
啊！微风吹动了我头发，教我如何不想他？

月光恋着海洋，海洋恋着月光。
啊！这般蜜也似的银夜，教我如何不想他？

水面落花慢慢流，水底鱼儿慢慢游。
啊！燕子你说些什么话？教我如何不想他？

枯树在冷风中摇，野火在暮色中烧。
啊！西天还有些残霞，教我如何不想他？

这首诗《教我如何不想他》是刘半农于 1920 年留学欧洲期间所创作的，经赵元任谱曲后，在美国和欧洲广大中国留学生中广为传唱。赵元任说，这是留学生表达"思念祖国、朋友、亲人之情"的一首诗。虽然留学生们远离故土，但心中时时生出对故国的依恋，这首诗唱出了广大留学生们心底潜藏地对祖国最纯真的爱和最热切的思念。

---

① 中国科学院学部联合办公室. 中国科学院院士自述[G]. 上海：上海教育出版社，1996：105.

第七章

社　团

对于留学异国的留学生来说，社团不仅仅是学生组织，也是爱国组织。他们依托社团，联络乡情，交流思想，发起各种救国活动，传播中国文化。其中，留日学生的社团活动以政治革命为特色，如留日学生是中国同盟会的发起者和骨干力量，而同盟会对辛亥革命的成功做出了重要贡献。而留美生的社团活动则是以研究学术、培养民主意识为矢的。民国成立以后，留美生通过成立各类学术团体，践行社团建国的国家建设理念。除此之外，广大留学生还通过社团组织的各种译介活动，向西方传播中国的传统文化。

第一节　游子乡关情谊深

"浮云游子，乡关何在"，留学生身处异国他乡，环境陌生、学习负担重，又因为弱国子民的身份而备受歧视，情感经常处于压抑中。因此，通过组建社团来联络感情、缓解乡愁，成为各国留学生的普遍选择。

梁实秋是 1923 年的清华留美生，他对近代留学生的群体意识是这样解释的：中国学生在外国喜欢麋居在一起，一部分是由于生活习惯的关系，一部分是因为和优越感的白种人攀交，通常不是容易的事，也不是愉快的事。中国人走到哪里都有强烈的团体精神，实在是形势使然。[①]在留美学生团体中，如东美留学生会、西美留学生会等组织，就是依托乡土关系组织起来的以联络感情为主的地缘团体。

在欧洲，伦敦的"留英学生会"是比较有代表性的。学会的宗旨是联络感情，交流思想。虽然学会章程规定不涉及政治问题，但实际常因政见不同而引起冲突。学会因经费问题一度倒闭，后又复起。1909 年冬发行了《留英学会报》，但仅出版了一期，便因为资金短缺而停刊。1908 年，11 位在苏格兰爱丁堡大学读书的中国学生，联合成立了"留

---

① 梁实秋. 梁实秋散文（2）[M]. 北京：中国广播电视出版社，1989：18.

苏中国学生会"。在法国，中国留学生曾经成立了"留法中华会馆"等组织，1907年以后，因国内学务逐渐兴盛，各省都设立了学会，"留法中华会馆"改名为"留法学会"，"以砥砺学业联络感情，互换世界之智识，增进人类之道德"为宗旨。

鲁迅在《朝花夕拾》中写道：第一次所经历的是在一个忘了名目的会场上，看见一位头包白纱布，用无锡腔讲演的英勇的青年（即吴稚晖），不觉肃然起敬。[①]鲁迅所言的会馆、集会，即当时留日学生效仿同籍商人团体的组织——同乡会馆，成立的区域性的同乡会、恳亲会。

1901年10月，中国留学生会馆在日本东京成立。发起这一组织的宗旨是加强各省留日学生之间的联系，有留学生将其比喻为"美国费城之独立厅"。据《清国留学生会馆招待规则》记载：东渡留学之士，因人生地疏之故，本馆特设专门部门，代为招呼，凡致函本馆者，本馆即尽招待之义务。[②]留日生利用会馆"常常聚会，纵谈政治"。

除了会馆，留日学生还积极创新、相互借鉴，将传统的同乡会组织作为创建新式知识群体社团的实验场，又按所隶属省籍组建了"同乡会""恳亲会"等乡谊性组织。1903年初，赴日江苏籍学生达一百多人，他们认为：国之存亡，要以能群不能群为断。而欲成大群，又必集合小群相联结。故各省团体不固不独无以联情谊，抑亦何以立自治之本以战胜于生存竞争之域？于是有同乡会之议。[③]

当时各省留学生同乡会都将"笃厚乡谊""同乡互助"作为重要宗旨，并制订了相关规定。如浙江同乡会要求，乡人初至日本，会员有招待之义务。湖南恳亲会规定，乡人如被外界侮谤，会员要"出死力期必得其平为限"。江苏同乡会也规定，乡人在日本如遇疾苦，会员要及时救助。

此外，各省同乡会对会员和组织都提出了富有时代特色的要求，概括而言，一是要求会员敦品励学，奋发图强。比如，1902年底，蓝天蔚与刘成禹、李书城等鄂籍留日青年10余人在东京组织湖北同乡会，相互约订：愿各以学行相励，以实际相程，互为监史，以相纠责，庶几热度高涨，国事日竞；[④]二是要求会员关注桑梓，致力国事。例如浙江同乡会规定：本会对待内地，有输入文明之义务，会友于私德上有关碍公共名誉事，本会有劝诫之义务。湖南恳亲会规定：会员"对于世界，研究学术"，对于湖南内地，则负责筹办"全部公益"。

从组织机构看，各省同乡会都设有功能新颖而完善的管理组织，如浙江同乡会设有庶务、书记、会计、杂志、调查等干事员；江苏同乡会设有事务员、监察员、评议员及出版、实业、教育、调查4个部；湖南恳亲会除设执事、书记、会计、招待员外，还特设弹正员负责纠戒会员。[⑤]各省同乡会皆强调民主议事，还制订了"办事规则""自治规约"等，对同乡会的日常活动进行规范。各省同乡会成立后，开展了各种有声有色的活动，比如创办报刊，开展调查、筹划地方自治，密切关注国内时政，通过各种方式对

① 鲁迅. 朝花夕拾[M]. 海口：海南出版社，2016：204.
② [日]实藤惠秀. 中国人留学日本史[M]. 谭汝谦，林启彦译. 北京：三联书店，1983：170.
③ 江苏同乡会创始记事[J]. 江苏，1903（1）.
④ 张继煦. 叙论[J]. 湖北学生界，1903（1）.
⑤ 颜军. 留日学生同乡会与清末变革[N]. 光明日报，2009-07-21（12）.

国内事务施加影响等。

第二节　社团活动寄闲情

实藤惠秀说：留学生会馆成了中国留学生的综合机关，是俱乐部，是演说场，是日语教场，又是小银行。中国人把它称为"留日学生的大本营"。

1903 年以前，中国留日学生团体主要以文化性质与公益性质为主，主要包括：东京九段体育会、励志会、译书汇编社、同乡团体和留学生总会。成立于 1898 年的东京九段体育会，是留日学生组建的第一个学生社团，以体育锻炼为主旨，以学习日本兵式体操和射击为主要内容。组建于 1900 年的译书汇编社则以传播新知为目的、以编译图书为活动内容，社团成员多为学习政法科的留日学生。该社在《改良规则》中宣称"以欧美日本之政治、法律为主，尤侧重外交、财政、教育、警察等类"，明文规定介绍和传播西方文明是其主要任务。[①]

励志会成立于 1900 年，以"联络感情，策励志节"为宗旨，以"研究实学以为立宪制预备，养成公德以为国民之表率，重视责任以为辨办之基础"为内容，致力于学生立志求学，但也曾积极宣传革命思想。[②]

从 1898 年到 1911 年，留日学生组建或参与了数十个学生社团（表 7-1）。其中，有纯公益性质的如各省留学生的同乡团体、留学生会馆、留学生总会等，有文化团体如译书汇编社、演说练习会等，有爱国团体如拒俄义勇队、两湖铁路会等，有反清革命团体如青年会、共爱会、军国民教育会等。当然，留学生团体的性质并非单一而是多重的，有些团体既是文化团体，又是同乡团体和爱国团体，只是某一倾向更加突出。

表 7-1　清末留日学生创建或参与的部分社团表（1898～1910）[③]

社团名称	成立年份	发起人或主要参加者
东京九段体育会	1898	蔡锷、林锡圭
励志会	1900	唐才常、叶澜
译书汇编社	1900	戢翼翚、陆世芬
广东独立协会	1901	欧榘甲、李自重
青年会	1902	金邦平、叶澜
留学生会	1902	钱恂、蔡锷
教科书译辑社	1902	陆世芬
湖南编译社	1902	杨度、周家树
国学社	1903	张肇桐、叶澜
浙学会	1903	龚宝铨、鲁迅

---

① 北京日本学研究中心. 中国日本学年鉴[M]. 北京：科学技术文献出版社，1992：245.

② 沈渭滨. 孙中山与辛亥革命[M]. 上海：上海人民出版社，2016：152.

③ 中华书局编辑部编. 纪念辛亥革命七十周年学术讨论会论文集[C]. 北京：中华书局，1983：635. 另有所补充。

社团名称	成立年份	发起人或主要参加者
土曜会	1903	留日湖南学生
青山军事学校	1903	孙中山、胡毅生
拒俄义勇队	1903	蓝天蔚、陈天华
军国民教育会	1903	谢晓石、秦毓鎏
闽学会	1904	留日福建学生
共爱会	1904	秋瑾、胡彬夏
演说练习会	1904	宋教仁、秋瑾
新华会	1904	余焕东
革命同志会	1904	黄兴、宋教仁
十人会	1905	秋瑾、刘道一
社会主义研究会	1905	景梅九
赤十字社	1905	胡彬夏、林宗素
丈夫团	1905	黄兴、李书城
明明社	1905	朱炳麟、景梅九
春柳社	1906	谢抗白、李涛痕
留日女学会	1907	燕斌、刘青霞
共进会	1907	张柏祥、刘仲文
政闻社	1907	梁启超
两湖铁路会	1910	留日两湖学生

比如，1906 年创办于日本东京的春柳社，以研究各种文艺为目的。"本社以研究各种文艺为目的，创办伊始，骤难完备，兹先立演艺部，改良戏曲，为转移风气之一助。""本社无论演新戏，旧戏，皆宗旨正大，以开通智识，鼓舞精神为主。"创始人为李叔同、曾孝谷，先后加入者有欧阳予倩、吴我尊等人，它的成立标志着中国话剧的奠基。

留美学生早先的社团组织以"学生会"命名。最早的学生会组织是 1902 年 12 月 17 日成立于旧金山市的美洲中国留学生会，是西美中国学生会的前身，由北洋学堂选派赴美的学生发起，成员多就学于加利福尼亚州立大学伯克利分校。

1911 年全美学生会组织得以统一，名为留美中国学生总会，下分东、中和西三个分部（即东美学生会、中美学生会和西美学生会），其中东美中国留学生会"成立最后，而人数最多，势力最大"并规定每年夏季自行择地召开年会。除了区域性的学生会组织，还有超过 5 人以上中国留学生的各学校的学生会，其宗旨多为固友谊、举公益、交换智识。

和日本留学界相仿，留美生有以籍贯为标准的苏宁同乡会、湖北学会等；也有根据国内毕业院校组织的清华同学会、北洋大学同学会、唐山路矿学堂同学会等；还有一些特色社团，如因"二十一条"①而成立的国防会，中国留美基督教学生会等。其中，为

① 是日本帝国主义妄图灭亡中国的秘密条款。

提高中国人的形象，还成立了专门改良华侨生活的公益社，改良各地唐人街之情形，举办工人教育，举办工商业之公益事业。

留美学界最突出的是学术性团体，综合性的如 1910 年成立的中国学会留美支会，1914 年成立的中国科学社；专门性的如 1918 年成立的中国工程学会，1914 年成立的中国船学会等。中国船学会由麻省理工学院的徐祖善等创建，根据《船学会缘起》，该会宗旨为"提倡船学及振兴造船事业于中国，唤起国人注意海军为保国御侮之方法，译著书件、审定名词、交换知识、研究学理"，但是后来活动较少。

留美学界的社团组织活动也相当活跃。根据《留美学生年报》记载，以东美学生会1911 年的组织活动报告来看，每年于夏假召开年会，有运动会、辩论会、中英文演讲会、名人演讲、议事与选举等。同样，学生会也关心国内时政，例如，派员于各埠演说，争回粤汉铁路，如赈济三藩市施谷地震受灾之华侨，及争江浙铁路借款等事，均收善果。[1]

第三节 革命救国责任重

中国留学生群体是带领中国社会从传统走向现代的新兴力量、先导力量。其中，1905年中国同盟会在日本成立，是标志着留学生群体登上中国政治舞台的重要历史事件。因为留学生不仅仅是中国同盟会的最早发起者，也是同盟会的中坚和骨干，它的创建、发展和壮大是与留学生紧密联系在一起的。[2]

一、辛亥革命毕其功

在留学生群体中，留日学生的革命思想和革命活动最为突出。一方面，是由于一衣带水的地理位置；另一方面，是由于向日本学习以及亲身感受到了日本侵华的屈辱。留日学生主要通过创办革命刊物，宣传革命思想，加入革命组织，发动武装起义等多种方式开展革命活动。

留日学生在输入西方学术思想、唤起民众自觉以及推翻清朝的革命活动中起到重大作用。据实藤惠秀统计，清末中国人在日本创办的报刊达 62 种，绝大多数为留学生所创办。[3]这些报纸以传播先进科学文化知识为己任，介绍新文化、新思想、新的学术研究成果。1900 年创办的《开智录》内容包括议论、翻译，先后译载卢梭的《民约论》、大井宪太郎的《自由略论》、中川笃介的《民权真义》等，倡导天赋人权、自由平等的资产阶级思想，反对清王朝的专制独裁。1901 年春，江苏留日学生在东京发行《译书汇编》，后改名《政治学报》，编译欧美政治名著，介绍资产阶级社会政治学说。1901 年，秦力山等留日学生在东京创办的《国民报》辟有社说、试论、丛谈、纪事、外论、译编、答问、来文等栏目，翻译了《美国独立宣言》，传播天赋人权思想，发表《二十世纪之中

① 陈学恂，田正平编.中国近代教育史资料汇编：留学教育[G].上海：上海教育出版社，2007：227.
② 周棉等.留学生群体与民国的社会发展[M].北京：中国社会科学出版社，2017：101.
③ [日]实藤惠秀.中国人留学日本史[M].谭汝谦，林启彦译.北京：三联书店，1983：346-348.

国》等文章，"大倡革命排满，排斥保皇邪说"，唤起国民自觉。

创办报刊之外，留学生还积极翻译日本图书。据统计，1896～1911 年，中国翻译日文书籍达 1014 种，[①]其中相当部分是留日学生翻译的。1900 年第一批留学生唐宝锷、戢翼翬编辑的《东语正规》不仅采用新的印刷技术，而且成为中国人写的第一本日语教科书。

对日文著作的翻译以及搀入日本词汇的新作也影响了中国的文体，时人评论："日本文译本，遂充斥于市肆，推行于学校，几使一时之学术，浸成风尚，而我国文体，亦遂因此稍稍变矣。"[②]

20 世纪的最初十年中，留日学生出版了一批革命书籍，流传甚广，影响深远，尤以邹容的《革命军》与陈天华的《猛回头》《警世钟》为代表。邹容的《革命军》主张用革命手段"扫除数千年种种之专制政体"，建立"中华共和国"。只有打倒帝国主义的"奴隶总管"清王朝，中国人民才能获得民族的独立和社会的进步。此书影响甚大，被革命者视为开风气之作，与陈天华的《猛回头》《警世钟》一起成为当时资产阶级革命派宣传革命的利器。湖南候补道沈祖燕说这些刊物"湘中亦遍行流布，……因微服诣市查阅。见罗列满布者，触手即是。"清廷大吏端方在奏折中亦写道："后生小子，激于感情，被其利用，此种族革命之说，所以得乘间而入也。"

留日学生积极支援国内的革命活动，以广东独立协会、拒俄义勇队为代表。1901 年，粤籍留日学生冯斯栾、郑贯一发起"广东独立协会"，反对清政府拍卖广州湾，主张广东独立自保。1903 年 4 月，黄兴、陈天华、方声洞等二百余人参加"拒俄义勇队"，抗议俄国侵占我国东北三省，拒俄运动延续两个月之久，最后被清、日两国政府联合镇压。吴玉章同志回忆参与经历：他虽然不是很自觉地参加了这一运动，但这一运动却在生活中掀起了巨大的波澜，将他推入了革命的洪流。随后留日学生又组织了诸如共爱会、军国民教育会、青山军事学校等革命团体。

其中，军国民教育会是留日学生的重要革命团体。该会以练习射击、学造火药、宣传革命、派遣会员回国策动起义为主要活动内容，下设三部：射击部，包括打靶、击剑；体操部，包括普通体操、兵式体操；讲习部，包括战术、军制、地形、筑城、兵器等。成立之初，公推谢君晓石为临时议长，事务所暂设日本东京神田区骏河台铃木町十八番地清国留学生会馆内。[③]

军国民教育会虽然在 1905 年同盟会成立后解散，但它作为反抗清王朝统治和抵御列强侵略的一股重要力量不容忽视。军国民教育思想还一度传入国内，成为当时中国颇有影响力的教育思潮，也引起了清政府的重视。1906 年，学部在厘定教育宗旨时，将"尚武"与"忠君""尊孔""尚实""尚公"并列，并对军国民教育的意义及实施方法进行了较为详细的表述，强调军国民教育在东西方各国实施的效果，凡中小学课程中应渗透军国民教育思想，寓军国民教育于教育之中，以期养成国家观念。民国建成后，蔡元

① 熊月之. 西学东渐与晚清社会[M]. 上海：上海人民出版社，1994：640.

② [日]实藤惠秀. 中国人留学日本史[M]. 谭汝谦，林启彦译. 北京：三联书店，1983：292.

③ 浙江省辛亥革命史研究会，浙江省图书馆. 辛亥革命浙江史料选辑[G]. 杭州：浙江人民出版社，1981：301-304.

培出任教育总长，提出五育并举的方针，军国民主义教育作为全面发展的教育方针之一。

鉴于国内革命形势的迅速发展，组建一个新的更加团结和坚强的领导核心，成为追求革命的进步留日学生的一致要求。1905年8月20日，同盟会正式成立时，参加者400多人，绝大多数是留日学生；其实际主持人也以留日学生为主，如庶务科的黄兴、刘揆一、张继等，书记科的胡汉民、马君武等，外务科的廖仲恺、程家柽，评议员中的朱执信、田桐、胡瑛、吴玉章、冯自由、秋瑾等。

1905年11月，日本文部省根据清政府要求，取缔中国留日学生的政治活动，剥夺言论自由，禁止集会、结社等，随后大批爱国和革命的留学生归国。他们积极发展同盟会成员，扩充革命力量，发动武装起义。1906年的萍浏醴起义，1907年至1908年四川的五次起义以及孙中山和黄兴直接领导的两广、云南边境的六次起义，大多是留日学生同盟会员充当骨干发动和领导的。

不少留日学生同盟会员还在武昌起义中起到了领导和骨干作用。1911年2月和6月，湖南留日学生谭人凤前后两次来到武汉，敦劝文学社和共进会两个革命组织实行联合。武昌起义爆发后，1911年10月13日，谭人凤抵武汉，协助湖北军政府进行了大量工作，使之发挥了领导机关的作用。10月28日，黄兴抵汉，并以中华民国军政府战时总司令名义，指挥了汉口、汉阳的战斗。在各省的光复斗争中，大多数留日归国学生亦是当地一支重要的、活跃的革命力量。如湖南留日归国学生焦达峰等人于1911年10月22日在湖南宣布独立。[①]

二、共产主义扬新风

20世纪30年代，日本是中国共产党地下活动的海外根据地之一。1935年9月，根据共产党上海中央局文化工作委员会书记周扬的意见，在日本成立了"中国共产党上海文委东京支部"，林为梁任支部书记。还有成立于1936年9月的"中国共产党东京特别支部"。[②]

在留日的青年学生中，有不少左翼青年，他们学习政治理论，进行革命活动，寻求救国救亡道路。30年代留学日本的李云扬和伍乃茵夫妇就是其中的代表。李云扬和伍乃茵出身于广东省台山县，留日之前在上海接受共产党的指示参加了各种形式的反国民政府的活动。在国民党镇压日益严酷的情况下，1935年8月，他们先后来到日本，与已在日本的何干之等人会合，开始了在日本的留学生活。1936年，李云扬和伍乃茵经林为梁（又名林基路）介绍一起加入了中国共产党。

根据林焕平的回忆，在1933年12月决定恢复"左联"东京分盟后，由林焕平、陈一言以及后来的林为梁等3人组成了干事会，林焕平任书记即分盟负责人。[③]同年，林为梁等创立了学习马克思主义理论的"社会科学文化座谈会"（简称"文谈"）。

① 李本义. 清末留日学生运动对辛亥革命的推动[J]. 湖北大学学报（哲学社会科学版），1992（4）：38.

② 伍乃茵. 回忆在东京时的林为梁[G]//中共广州市委党史研究室编. 中共东京支部（1935—1938）. 中共广州市委党史研究室，2013：140.

③ 周一川. 近代留日史研究中的三个问题[J]. 东岳论丛，2008（3）：136.

　　"文谈"约有近百名会员,分为哲学、政治经济学、科学社会主义三个座谈会。作为"哲学座谈会"的负责人,在李云扬的回忆中,主要参加人员以左翼学生为主,中间派也有。他们经常在留学生住处组织少数人的学习会,以躲避日本警察的监视。教科书是苏联的《大学教程》和永田广志的《辩证唯物论》。每月有一次或两次聚会,大都在神田的中国饭店以饭局为掩护进行。与会人数有时数人,也有近百人的时候。伍乃茵是"留东妇女会"的负责人之一,也在林为梁的指示下进行各种革命活动。通过"文谈"的培养,诞生了一批有较高思想觉悟和一定理论水平的骨干,许多人参加了中国共产党,并在归国后参与了抗日救亡运动。

　　20 世纪 30 年代,日本东京是不少留日左翼青年学习马克思主义基础理论的一个基地。根据留日左翼青年的学习形态,大致可以把他们分为三类:一是在日本的大学或专门学校边学习学校课程边学习马克思主义等的政治理论;二是在日本的大学或专门学校有学籍,但并未去学校上课,在左翼组织中学习马克思主义政治理论;三是从未进日本学校,只在左翼组织中学习政治理论和从事社会活动。其中后两种留日青年大有人在。比如,林为梁是在中央大学挂个名,林焕平则在东京铁道专科学校挂了名。李云扬从未进入日本学校学习。[1]

　　虽然第三类青年很难被纳入传统的"留学生"范畴,但他们在日学习政治理论的事实应属于"留学",只是学习内容(马克思主义理论等)、学习形式(自学和座谈会等)、学习场所(学校以外)与通常的"学术留学"不同,有学者称之为"政治留学"。李云扬曾说:"社会科学文化座谈会就是我们的自学大学,我们当然是留学生。"[2]这也成为 20 世纪 30 年代日本留学的一个重要组成部分。

　　在留欧的学生群体中,除了留英生比较疏离政治之外,其他的留法生、留德生都通过各种方式积极参与革命活动,而留苏生的留学活动本身就是一种革命活动。王炳南 1931~1935 年留德期间,曾任中国共产党德国支部的负责人,组织在德国和其他欧洲国家的中国留学生建立抗日小组,编印了《中国出路》和《抗日救亡》杂志,进行革命宣传工作。[3]留德学生中还有其他外围进步组织。

第四节　社团建国新向导

　　在中国近代数量最多的两大留学生群体中,留日生的社团活动以政治革命为特色,留美生的社团活动则是以研究学术、培养民主意识为宗旨。

　　陈翰笙的回忆录中有这样一段话:"船终于在美国旧金山靠岸了,不到一个月的时间,我觉得我不仅跨过了一个太平洋,而且跨越了整整一个历史时代——从一个等级森严、思想禁锢、毫无民主自由可言的半封建半殖民地社会,进入了一个注重科学、讲究

---

① [日]大里浩秋, 孙安石编著. 近现代中日留学生史研究新动态[M]. 上海:上海人民出版社, 2014:190-191.

② 周一川. 近代留日史研究中的三个问题[J]. 东岳论丛, 2008(3):136.

③ 丁晓禾主编. 中国百年留学全纪录[M]. 珠海:珠海出版社, 1998:1044.

自由民主、平等博爱的资本主义国家。历史，在我面前揭开了新的一页。"①

对当时的留美学子来说，美国就是理想的天堂，相对比中国社会的积贫积弱，美国是富强发达的。中国当时政局动荡、战乱频繁、思想禁锢，而美国的社会环境和平而安康，思想氛围民主而自由，特别是科学的知识体系让带着救国梦求学的中国学子们感觉到，美国是未来中国进行国家建设最好的榜样。

民国成立以后，对大多数人来说，政治革命已经完成，紧接着进行的是建设。因此，留学生也成立各类学术团体，欲发达中国之学术，践行社团建国的国家建设理念。1911年，朱庭祺在《美国留学界》一文中提出：今日中国已醒矣，已从新矣。铁路当实行建筑，矿务当实行开办，财政当实行整理，至机器化学造船等事皆非言论所能之事，非学浅者所能举办，又非无实习者所能大成。事为建设之事，时为建设之时。②

在建设时代的呼唤声中，出现了留美学界的第一个学术性社团——中国学会留美支会，该会以研究学问、传播知识为宗旨。该会成立于1910年秋天，胡彬夏在学会的成立缘起中说："学会者，诚中国不可缺乏之社会也，既以增进学问为其唯一之主义，又因讲求学问，完满学问家之快乐，涵养学问家之道德，其为益于中国也大矣，然此尤为现今之结果也。"③留美支会的目标远大，但是发展并不理想。

在留美的学术团体中，中国科学社的影响最为深远，其创始源于几位同学闲谈。据任鸿隽在《中国科学社社史简述》中记载：1914年夏天，当欧洲大战正要爆发的时候，在美国康奈尔大学留学的几个中国学生某日晚餐后聚集在大同俱乐部廊檐下闲谈，谈到世界形势正在风云变色，我们在国外的同学们能够做一点什么来为祖国效力呢？于是有人提出，中国所缺乏的莫过于科学，我们为什么不能刊行一种杂志来向中国介绍科学呢？这个提议立刻得到谈话诸位的赞同。据赵元任日记记载，1914年6月10日这天"晚间去任鸿隽房间热烈商讨组织科学社出版月刊事。"大家公推由胡明复、杨杏佛和任鸿隽负责起草工作。

图7-1 《科学》创刊号

正如中国科学社在"缘起"中所说：今试执途人而问以欧、美各邦声名文物之盛何由致乎？答者不待再思，必曰此实科学之赐也。接下来的整个夏天，康奈尔大学的多数中国学生都忙着为《科学》撰写、翻译文章，筹集资金。到了秋季开学的时候，他们已经凑集了三期的《科学》文稿预备发刊。

1915年1月《科学》月刊创刊号在上海发行（图7-1）。这是中国首份横排向右、使用西式标点符号排版的刊物，是为中国出版文化史上的创举。该刊以"求真致用两方面当同时并重"为办刊方针，刊物内容分为科学通论、各科知识、科学史与科学家、科教事业发展、科学新闻与知识小品6类，

① 陈翰笙. 四个时代的我[M]. 北京：中国文史出版社，1988：17.
② 张剑. 科学社团在近代中国的命运：以中国科学社为中心[M]. 济南：山东教育出版社，2005：38.
③ 胡彬夏. 中国学会留美支会之缘起[G]//陆阳，胡杰. 胡彬夏文集. 北京：线装书局，2014:52-54.

希望通过全面论述科学在增进物质文明、破除愚昧迷信、增强人类健康和提高道德修养等方面的社会功能，达到倡导民主与科学之目的。

对于办刊经历，赵元任回忆：因为这个月刊不似《东方杂志》那样大众化的刊物，我们得要用从奖学金中特别节省下来的钱，支持这个刊物。有一段时间，我以汤和苹果饼做午餐，以致得了营养不良症。①

《科学》发刊以后，为了更好地"提倡科学，鼓吹实业，审定名词，传播知识"，1915 年 10 月 25 日，中国科学社在美国康奈尔大学正式组建（图 7-2），这是中国历史上第一个民间的现代科学团体，宗旨为"联络同志，共图中国科学之发达"。经社员选举，任鸿隽任社长，赵元任任书记，胡明复任会计，并与秉志等五人共同组成第一届董事会。中国科学社成立后，其影响波及海内外，英国、法国、日本以及国内相继有人申请加入。

同在康奈尔大学的胡适虽然没有参与《科学》杂志的发起，却是科学社中活跃的成员，并拟写了《中国科学社社歌》，经赵元任配曲以后在科学社中时时传唱。从歌词中，我们看到了一代学子对科学精神的崇尚。歌词为：

图 7-2　中国科学社社徽

我们不崇拜自然。他是一个习钻古怪；
我们要捶他，煮他，要叫他听我们的指派。

我们要他给我们推车，我们要他给我们送信。
我们要揭穿他的秘密，好叫他服事我们人。

我们唱天行有常；我们唱致知穷理。
明知道真理无穷，进一寸有一寸的欢喜。②

从 1914 年酝酿、1915 年成立至 1959 年停止活动，中国科学社存在近半个世纪，几乎年年举行学术讨论，对中国现代科学文化的发展贡献颇大。

留美学界成立的另外一个著名学术性社团是 1918 年 3 月成立的中国工程学会③。1917 年 12 月 25 日，二十多位中国留学美国的工程界大学生、实习生或工作者，聚会于美国纽约。大多为二十几岁的年轻人。他们纵谈团结人才、组织新的工程团体的重要性，并且立即开始筹办学会。到 1918 年 3 月，已经征得 84 人同意为发起会员，其中土木 32 人，化工 12 人，电机 12 人，机械 11 人，采冶 17 人。决定名称为"中国工程学会"，

① 赵元任. 从家乡到美国：赵元任早年回忆[M]. 北京：学林出版社，1997：118.
② 胡适. 立场：胡适论人生[M]. 北京：九州出版社，2012：101.
③ 1912 年 1 月詹天佑在广州约集同行，创立"中华工程学会"，詹天佑任会长；同年颜德庆、吴健在上海创立"中国工学会"，分别任正、副会长；徐文炯等发起组织"路工同人共济会"；1913 年三会领导在汉口做合并决议，合并后的新会定名为"中华工程师会"，公举詹天佑为会长，颜德庆、徐文炯为副会长。1915 年更名为"中华工程师学会"。1923 年，在美国成立于 1918 年的"中国工程学会"移至国内，1931 年并入"中华工程师学会"。1953 年 9 月，茅以升、金涛等 12 人组织了"中国土木工程学会"第一次全国会员代表大会，会上选举茅以升为理事长。

规定会章 11 章 44 条。照会章选举陈体诚为会长，副会长张贻志，董事侯德榜、李鉴、孙洪芬、程孝刚，任鸿隽、凌鸿勋，书记罗英，会计刘树杞。当年 5 月 1 日开始工作。积极参加者还有茅以升、吴承洛、胡博渊、李熙谋、支秉渊等人。1918 年 8 月，在美国康乃尔大学内举行年会，与"中国科学社"联合举行。这一年开始出版《会务报告》及《会员录》。1919 年 9 月，在美国纽约伦色利尔大学内举行年会，与"中国科学社"联合举行，并开始出版《会报》。[①]

在欧洲，留学生成立学术交流团体的风气也很浓厚。当时正在攻读化学专业的俞同奎、吴匡时、李景镐、陈传湖等中国留学生受到启发，决定成立一个留学生化学团体。1907 年 12 月 24 日，"中国化学会欧洲支会"在法国巴黎成立。学会选举俞同奎为临时书记，并选举了会长、评议员、副会长、秘书长等领导成员，制定了会章，确定了学会的工作重点。

1908 年 6 月，"中国化学会欧洲支会"在英国伦敦举行年会，开展了无机化学、有机化学名词的命名工作和化学工业的调查工作等。1909 年 5 月，俞同奎、吴匡时代表清政府参加在英国伦敦召开的第七届"万国实用化学应用会"，这是一个世界性的化学界盛会，每三年举办一次。俞同奎代表中国做了题为《中国化学工业之现象及后来之发达》的演讲，英国的报纸还报道了俞同奎、吴匡时的演讲内容。俞同奎、吴匡时还受到了英国女王的接见。两人回国后也向朝政府建议：富国之道，舍化学莫属……窃愿鼓舞雄心，集合群力，养成化学人才，遍设化学研究会，此外则于各省府县，设试验室、调查所，研究天产，开辟工场，而卫生、农业、练矿数事，尤须三致意焉，夫然后可振起神州，杜绝外侮，而我祖宗遗留之聪明才智，亦得著令闻于天下矣。[②]

"科学"象征着西方最本质的精神，也代表了那一代留学生不同以往的色彩，这种凝聚着自由、理性、逻辑、实证、批判、求索等人类高贵品质的科学精神，在留学生群体向现代西方学术的诉求之路上贯穿始终。

1916 年《科学》第 1 期刊发了中国科学社社长任鸿隽的《科学精神论》一文，首次创用"科学精神"一词，并作系统论述。自此，这个词在中国逐渐流传，到今天已成为一个常用词汇。在《科学概论》中，他明确说："要了解科学，我们须要先寻出科学的出发点，其次要晓得科学的本身和由科学发生的种种结果。科学精神者何？求真理是已。"求真理"，这或许是对科学精神最简洁的概括了。他进一步解释：科学家之所知者，以事实为基，以试验为稽，以推用为表，以证验为决，而无所容心于已成之教、前人之言。"[③]

无论是中国科学社还是中国化学会，都体现了这群以国家命运为情怀的留学生所做出的努力。从 120 名留美幼童开始，如波浪一样的一波又一波学子肩负着救国救亡的使命，留学海外，当他们陆续完成学业、纷纷回国的时候，这种沉淀在他们身上的"科学精神"，也被带到了日后中华人民共和国的建设中。

① 茅以升. 中国工程师学会简史[G]//政协全国委员会文史资料研究委员会编. 文史资料选辑（第 100 辑）. 北京：中国文史出版社，1985：134.

② 李喜所主编. 中国留学通史（晚清卷）[M]. 广州：广东教育出版社，2010：299.

③ 邱若宏. 传播与启蒙：中国近代科学思潮研究[M]. 长沙：湖南人民出版社，2004：237.

第五节 东学西传看世界

1919年中德文化研究会成立，研究会力图通过互鉴中德双方的文化，推进东西两文化结合，产生第三种文化。知识和政治的结合是中国文化的一个重要价值取向，尤其是近代中国民族危亡和政治衰败的现实，也加重了近代留学运动的政治色彩。除留日学生在政治上、留美学生在学术上的作为之外，广大留学生仍然在力所能及的范围内，向西方介绍了一些中国的传统文化，他们在文化传播方面的成绩也是可圈可点的。

语言与文字是文化传播的载体，通常也是跨文化交流的障碍。要使一种文化为另一种文化所了解，原语文本必须经过转换翻译，才能成为目标语文所能接受的文本。因此，用外文翻译中国作品成为留学生传播中国文化最常见的方式之一（表7-2）。

表7-2　20世纪上半期留学生译介中国作品情况表[①]

姓名	留学国及时间	翻译作品	发表或出版情况
陶行知	留美（1914~1917）	《木兰诗》、《短歌行》等古典诗歌及《卖布谣》、《小白菜》等民间诗歌共40首，《东方朔》等故事、寓言8篇	发表于 University of Nanking Magazine（《金陵光》）等刊物
林语堂	留美（1919~1922）留德（1922~1923）	《泰山的尼姑》	1936年由商务印书馆出版
		《孔子的智慧》	1938年由美国兰登书屋出版
		《中国与印度之智慧》	1942年由美国兰登书屋出版
		《老子的智慧》	1948年由美国兰登书屋出版
陈荣捷	留美（1924~1927）	《庄子哲学》	1929年由剑桥大学出版社出版
		《近思录》	1963年由哥伦比亚大学出版社出版
		《传习录》	1967年由哥伦比亚大学出版社出版
		《北溪字义》	1986年由哥伦比亚大学出版社出版
		《六祖坛经》	不详
王际真	留美（1922~1927）	《红楼梦》（节译）	1929年由纽约道布尔戴·多兰出版公司和英国劳特莱基出版公司出版
		《儒林外史》（节译，取名为《两学士中举》）	收入高克毅编辑的《中国智慧与幽默》，纽约科沃德-麦卡恩公司1946年出版
		《镜花缘》（节译，取名为《游历奇异之邦》）	
		《醒世恒言》（节译）	收入1944年哥伦比亚大学出版社出版的王际真编译的《中国传统故事集》
		《阿Q及其他——鲁迅小说选》	1941年由哥伦比亚大学出版社出版
		《中国现代小说选》（选录茅盾的《春蚕》等）	1944年在美国出版

---

① 此表系元青等著《留学生与中国文化的海外传播》中根据多种研究著述、论文统计而成。

续表

姓名	留学国及时间	翻译作品	发表或出版情况
方重	留美（1923～1927）	《陶渊明诗文选》	20世纪40年代在剑桥大学讲学时翻译，1980年由香港商务印书馆出版
王良志	留美（时间不详）	《红楼梦》（节译）	1927年在美国出版
刘诗舜	留美（时间不详）	《中诗选辑》	不详
		《中国诗一百零一首》	不详
		《唐宋八大家文选》	不详
		《二十年目睹之怪现状》	1975年由香港中文大学出版社出版
林疑今	留美（1936～1941）	《老残游记》	1939年由商务印书馆出版
		《孔乙己》	不详
熊式一	留英（1932～1936）	《西厢记》	1935年发表在上海出版的《人民论坛报》第5号上
初大告	留英（1934～1938）	《中华隽词》	1937年由剑桥大学出版社出版
		《中国故事集》	1937年在伦敦出版
		《道德经》	1937年由伦敦爱伦和爱文出版社出版
杨宪益	留英（1934～1940）	《老残游记》（合译）	1947年由南京独立出版公司出版，一年后又在伦敦出版
叶君健	留英（1944～1949）	《三季》	在英国出版
		姚雪垠的《差半车麦秸》、野蕻的《新垦地》、张天翼的《华威先生》（均为合译）	在英国刊物《新作品》上发表
袁家骅	留英（1937～1940）	《当代中国短篇小说选》（合译）	1946年由伦敦诺伊尔·卡灵顿翻译公司出版
曾仲鸣	留法（1912～1925）	《中国无名氏古诗选译》	1923年由法国里昂德维涅出版公司出版
贺敬瞻	留法（时间不详）	《中国短篇小说集》	1923年由巴黎尚皮翁书局出版
吴益泰	留法（时间不详）	《机运何时到来？》	1921年发表于北京法文月刊《中国》
		《中国小说书目与评论》	1933年由巴黎韦加出版社出版
徐仲年	留法（1921～1930）	《李白诗》《杜甫诗》	发表于法国《交流》杂志
		《中国诗五十首》	发表于里昂《中国季刊》
		《呐喊》	1931年在巴黎《新法兰西杂志》上发表
		《中国诗文选》	1933年由巴黎德拉格拉夫书店出版
		《梦在红楼》	1934年由巴黎德拉格拉夫书店出版
		《暮春》	在《上海月报》上发表
汪德耀	留法（1921～1931）	《从军日记》	在《小巴黎人日报》上发表
梁宗岱	留法（1925～1929）	陶渊明《归去来辞》《桃花源记》《五柳先生传》等及王维诗作	先后在《欧洲》、《欧洲评论》等刊物上发表
		《陶潜诗选》	1930年由巴黎勒马日出版社出版

姓名	留学国及时间	翻译作品	发表或出版情况
郭麟阁	留法（1928～1935）	《红楼梦》（前五十回）	1932 年在法国报刊上陆续发表
罗大冈	留法（1933～1939）	《唐人绝句百首》	1942 年由瑞士一家出版社出版
		《古镜记》	1944 年由瑞士一家出版社出版
敬隐渔	留法（1925～1930）	《中国当代短篇小说家作品选》	1929 年由巴黎德埃台出版公司出版
鲍文蔚	留法（1928～1932）	《红楼梦》（第五十七回）	1943 年发表于《法文研究》北京版第 4 期
		郭沫若《先秦天道观之进展》《<易>的构成时代》	不详
戴望舒	留法（1932～1935）	翻译茅盾、丁玲等人的作品，与法国汉学家艾田蒲合作	发表在法国《公社》等杂志上
鲁迅	留日（1902～1909）	萧军《羊》等	发表在日本《改造》杂志上
周作人	留日（1906～1911）	冰心小说《爱的实现》、诗歌《晚祷》、成仿吾小说《一个流浪人的新年》	发表于日文《北京周报》
胡风	留日（1929～1933）	选译彭柏山的《崖边》、周文的《父子之间》、欧阳山的《明镜》、艾芜的《山峡间》、沙汀的《老人》等	发表在日本《改造》杂志上
张庆桐	留俄（1899～1906）	《李鸿章》（合译）	1905 年在俄国出版
曹靖华	留俄（1921～1922、1927～1933）	参与《聊斋志异》《陋室铭》《归去来兮辞》、《春夜宴桃李园序》等的翻译	不详
萧三	留俄（1923～1924、1927～1939）	《鲁迅：1881—1936》	1938 年由苏联科学院出版社出版
高世华	留俄（时间不详）	《当代中国短篇小说集》（与苏联汉学家科金合译）	1929 年由莫斯科青年近卫军出版社出版
丁文渊	1919 年留学瑞士，后转赴德国，1936 年回国	《红楼梦》（部分章回）	1928 年发表在德国《中国学》杂志第 4 期上

由于留学生译介中国作品的情况，资料相当零散，所以上表并不是完全统计。但从上表的统计来看，留学生的翻译作品包含了中国传统的儒释道文化经典，也有中国古典文学名作，及鲁迅等现代作家的作品，还有时人的学术佳作。留学生的翻译作品不仅种类丰富，而且整体质量和水平较高。如林语堂译的《老子的智慧》取材于《道德经》，用自由诗体英译，巧妙转化了汉语内容与英语形式之间的矛盾，是一本全面阐释道家学说的译著。曾获诺贝尔文学奖的美国作家赛珍珠，邀请林语堂向西方译介中国作品，看好的正是他"中译外"的典范作用。①

一般认为，近代留学生留洋海外，主要是引进西方文化，而不是输出中国文化。如果借用物理学的概念，近代中国是低势能国家，留学国家是高势能国家。势能定律可以用"水往低处流，人往高处走"来形容。势能无处不在，相对位置构建势能，形

---

① 黄忠廉. 林语堂：中国文化译出的典范[N]. 光明日报，2013-05-13（5）.

成势能。贫与富，是相对的，因而形成势能。富与贵是相对的，又形成新的势能。贵与贱，又是不同的，又是新的势能。鬼谷子有句话说得好："故与智者言，依于博；与拙者言，依于辩；与辩者言，依于要；与贵者言，依于势；与富者言，依于高；与贫者言，依于利；与贱者言，依于谦；与勇者言，依于敢；与过者言，依于锐。"我们能看到这里面的区别，才能发现相对两方，总是会形成所谓的相对势能。因为，相对势能是绝对的，所以文化交流始终是双向的。尽管近代中国与西方的国家交往不平衡、不平等，但是文化本身没有强弱之分。且从留学生的文化素养以及文化自觉意识上来看，他们比传教士、华工更具明显的优势，他们对中华文化的传播更加丰富而深刻，是值得重视的文化现象。

还需要提及的是，部分留学生并不喜欢美国文化。比如潘光旦在《谈留美生活》中写道："我只念了四年，念完硕士即归国，感到美国的东西左右不过是那一套，回国自己一样可念，因此觉得念多了没意思。闻一多只念了三年。我们这些人到美国，用封建的意识，看不惯美国资产阶级的生活方式，如谈生意经、弄钱、搞男女关系等，都看不入眼。我回国后，也再没有去美国，虽则有机会休假去美国，也没有去，也不想去。"①

① 潘光旦. 谈留美生活[G]//中国人民政治协商会议全国委员会文史和学习委员会编. 文史资料选辑（第69-71辑）. 北京：中国文史出版社，2011：464.

第八章

余　论

中国近代有规模的留学教育活动始于晚清留美毕业生容闳倡导的留美幼童。从留学的主要方向来看，以留学欧美和留学日本为主。其中，留学东洋始于甲午战争直至抗日战争中期为止。庚款退还计划实施之后，留学的方向又重新回到欧美国家，二战爆发以后，美国成为主要留学地。

整体上，中国人留洋学习的历史，主线是一部开眼界、求新知的历史，但是辅线却是一部"弱国子民"受屈辱的历史。在留学与归国的过程中，中国留学生对西方文化的接受、受歧视的现实、对中国传统文化的保留以及民族意识的强化，造成了他们的双重文化认同。在当年轰轰烈烈的"教育救国"运动中，留学培养了人才，传播了文化，也有人力物力的浪费，有得有失，有利有弊，但功绩是永存的！

第一节　众人出洋掀热潮

中国近代有规模、有计划的官派留学始于容闳倡导和主持的留美幼童，四批120名留美幼童拉开了近代中国留学教育的序幕，但最终的结果是留美幼童未完成学业被中途撤回。而真正称得上留学大潮的是兴起于1896年的留日潮。

甲午战争之后，中国惨败，举国震动。晚清士大夫们认为派遣留学生是日本迅速强大的重要原因之一，因此中国欲强大，必须效仿日本。1896年，清政府派13名留学生到日本，两年以后，派出对日留学生成为国家政策，地方大员也派人到日本学习陆军。虽然中央或地方派遣的留学生人数有限，但是留学的风气已然开启，也体现了政府从被动开国到主动留洋态度的转变。

真正让留学成为大潮的是民间心态的转变。在容闳留学的时候，有经济能力的家长（教徒除外），不会让孩子接受教会教育，更不会到外邦留学。二十多年后，得到地方重臣曾国藩支持的幼童留美计划，招生特意选择在风气较为开放的东南沿海地区也还是招不到人。而1900年义和团运动之后，开始有年轻人认为国家要改变方针，个人亦应另有打算，因路近费省，有些人选择自费留日，人同此心，留学日本顿成风气。伴随着清末新政的开展，科举取士被取消，政府给予留学生以出身，留学逐渐成为知识分子群体的主流选择，20世纪上半叶成为留学大热的时代。

民国成立伊始，刚刚建立的新政权急需经过现代教育、熟悉西方各国国情的人才。留学生就普遍被吸收到了政界和实业界，留学生成了社会的宠儿。宋教仁当时主张："初组政府，须全用革命党，不用旧官僚。"这里的革命党多是留日学生。1913年国会宪法起草委员会有50名委员，留日人员达41人。后来的北洋政府第一届内阁12人中10人曾留洋，如唐绍仪、段祺瑞、宋教仁、蔡元培等。

顾维钧当时正在哥伦比亚大学撰写博士论文，当时被邀请回国担任总统秘书，他万分感慨：一个年轻人刚刚从国外回来便受到这样的殊荣，这实在是令人感到荣耀的事。即使不从政从商，从教的待遇也非常优厚。出国几年混到个学士文凭，回来就可以作个教授。上述原因在客观上造成了民国众人留洋的风潮。

在整个留学方向上，甲午战争的失败，引起了留日的狂潮，而20世纪20年代后庚款留学的兴起使得留学重点渐转向欧美国家。1937年之后，留学日本基本终止，待到二战全面爆发，留德也停止，主要转向了美国，二战结束后，留学欧美又有很大程度的复兴。

由于各国国情有异，学科优势不同，与中国的关系也有远近，因此各个国家的留学形态也各不相同。除了国别不同，留学方式也是千差万别，官费、半官费、自费、社会资助等，在官费留学中，庚款留学的影响最大。

在庚款问题上，1908年，美国国会正式宣布退还庚款给中国，用以选拔青年学生赴美留学。美国这一舍弃近利而图谋远功的策略，手段之高明，令其他列强望尘莫及。1909年创建的庚款留美考试，被其他国家纷纷效仿。从1932年起，比利时政府也利用庚款设置招考，设了64名中国学生赴比利时留学的名额。到1933年，第一届庚款留英公费生招考开始，此后每年一次。留英生中有大家众所周知的钱钟书、张文裕、卢嘉锡等。在法国，利用庚款赔款创办了里昂中法大学。苏联政府利用庚款设立了莫斯科中山大学。日本也利用庚款进行了对华文化活动，主要资助各类日本在华团体，只有一少部分用于留日学生的补助和中国学者的访学费用。

从留学人数上看，留美生和留日生是数量最多的主体力量。在庚款留美的政策支持下，留美浪潮整体上较为稳定。从最早的留美幼童到20世纪三四十年代的留美学生，大多数留美生研习自然科学，成为科学家，留学生的学业成绩是非常优秀的，他们归国以后也主要从教，较少参加政治活动。而留日活动形成浪潮最早，人数也最多，但是情况最为复杂。从学业上看，留日生本身层次参差不齐，在速成教育的影响下，学生混文凭的很多，而且相比较欧美国家，日本受教育的起点低，获得的资格低。留日生的政治意识浓厚，辛亥革命的爆发与民国的创建，留日生功不可没。但留日活动受中日政治关系的变动影响，长期处于一种不稳定的状态，长期缺课、中途退学、回国复归等现象始终存在，极大地影响了留日生的质量。与留美、留日相比，留学其他欧洲国家（英、法、德、俄）的人数较少，是相对小众的群体。就留美与留日相比，留美总体上的成绩更突出，这与庚款政策的强大支持不无关系，更体现了美国政府的大局意识。

抗战初期，1932 年为 576 人，1933 年为 621 人，1934 年为 859 人，1935 年为 1033 人，1936 年为 1002 人，到 1937 年抗战中期，出国留学人数减为 366 人。1938 年，国民党政府颁布了《限制留学暂行办法》，出国留学人数锐减至 92 人，1939 年为 65 人，1940 年为 86 人，1941 年为 57 人。1942 年因废除留学学科限制，留学生人数增为 228 人，1943 年为 359 人，1944 年为 305 人，1945 年为 8 人。抗战胜利后，1946 年增加为 730 人。[①]

留学潮涌起的半个世纪，也是中国政治动荡的几十年。谋生困难、时局混乱，国情苦闷、向往新生，这些都强化了青年出洋寻找出路的渴望，先是南方沿海的上海、江苏、广东，然后是内陆安徽、四川、湖南等境较好的官绅家庭的子弟。到 20 世纪初，不论家境、不论地域的青年人都向往留学之梦，数以万计的青年学生背井离乡，远渡重洋，直到 20 世纪中叶因外部政治环境，留学浪潮才告一段落。

时至今日，中国学生依然热衷留学，中国已成为世界上输出学生最多的国家。那已经过去的留学的黄金时代，留给我们的，有经验、有启示，亦有反思。

第二节　百花齐放竞争艳

从中国近代留学史的角度看，论规模留美生和留日生人数最多，留欧学生则是留学中的小众群体，人数偏少，但是整体上由于各留学目的国不同，出洋学生选拔也有差异，所以还是各具特色。另外，军事留学赴各国的皆有，与国别留学并行，可谓一枝独秀。

一、成果卓著留美生

20 世纪初，两个后来在中国以新文学声名鹊起的年轻人胡适和徐志摩，都在留美日记中声称留学生是中国的先锋。继留美幼童之后，每年数以百计的庚款留美生，再加上零散的教会资助生、工读生和自费生，组成了鼎盛的留美学生队伍。无论从人数还是成绩上看，留美生都是最突出的。肇始于清末的庚款留美，共选派留美生 1700 多人，选送留学生的清华学堂日后也发展成为中国最有影响力的大学之一。整个 20 世纪 20 年代，每年赴美的人数都在 300～400 人之间。1928～1949 年国民政府时期，中国赴美留学人数达 8 416 人。[②]加上之前 20 多年（1900～1928 年）赴美留美的 5 600 多人，整个 20 世纪上半期留美人数多达 14 000 人左右，构成了近代中国留学史上最令人瞩目的热潮。

留美生的学业成绩也堪称最佳。学习刻苦的留美生，绝大多数获得了学士、硕士、博士学位。1917 年和 1918 年编印的《游美同学录》所列名单共 537 人，其中获学士学位者 227 人，硕士 202 人，博士 47 人，无学位者仅 61 人。[③]以四批留美幼童为例，至少有 50 人进入了美国大学学习（表 8-1）。

① 毛礼锐、沈灌群主编：中国教育通史（第 5 卷）[M]. 济南：山东教育出版社，1988：374.
② 陈学恂，田正平编. 中国近代教育史资料汇编：留学教育[M]. 上海：上海教育出版社，2007：712-714.
③ 李喜所. 近代留学生与中外文化[M]. 天津：天津教育出版社，2006：258

表 8-1　50 名"留美幼童"在美国大学的分布图①

姓名	学校	姓名	学校	姓名	学校
詹天佑	耶鲁大学	祁祖彝	耶鲁大学	邝咏钟	麻省理工学院
欧阳庚		卢祖华		方柏梁	
容揆		徐振鹏		邝贤俦	
黄开甲		钟俊成		薛有福	
梁敦彦		钱文魁		宋文翙	
张康仁		容星桥		邝景扬	
钟文耀		曾溥		邓仕聪	
蔡绍基		陈佩瑚		杨兆楠	
唐国安		刘家照		唐绍仪	哥伦比亚大学
谭耀勋		陈钜溶		周寿臣	
李恩富		陆永泉		吴仰曾	
苏锐钊	瑞萨莱尔理工学院	邝荣光	拉法叶学院	何廷良	安姆斯特学院
罗国瑞		邝炳光	伍斯特理工学院	邝国光	
潘铭钟		温炳忠		黄仲良	里海大学
吴应科		吴仲贤	布朗大学	梁如浩	斯蒂芬理工学院
吴敬荣		沈嘉树	霍普金斯大学		

　　这批有自信、有抱负、充满着爱国热忱的青年，既饱受中国传统教育，又兼收西方科学文化，他们以改造中国为己任，归国以后主要从事教育、科技、行政和经济等社会文化事业，他们当中执教者最多，五四运动之后许多大学新学科的建立主要出自这些留美生之手，他们对教育事业的贡献不容置疑。但同时，留美生的知识结构存在一定程度的缺憾。出国前，留美生在清华学堂接受了预科教育，清华学校的培养使许多学生形成了轻慢中国历史文化的思想，随后赴美接受更彻底的西式教育，这使得他们对中国国情知之甚少，或仅停留于表面。其次，在实业救国思想的影响下，加之政府对官费生择选专业的导向性要求，留美生中学习工科的占了很大部分，回国后却发现无用武之地，"学工的回国后无厂可办，学矿的无矿可开，学林的无林可植，只好去教书。"②

二、热衷政治东洋生

　　中国近代留学成为大潮，肇始东洋。大量留日学生在日本求学生活，直接面对日本人对中国人的蔑视和目睹他们侵略中国的政策与行动，更加激发他们的爱国心与民族意识，这也使得他们的留学之路带有浓厚的政治色彩。留日学生在日本积极参加反日运动，回国后又奔赴前线，或是在后方开展抗日宣传，他们以满腔爱国之情为国家贡献着自己

---

　　① 钱钢，胡劲草. 大清留美幼童记[M]. 北京：当代中国出版社，2010：89-92.
　　② 李喜所，刘集林等. 近代中国的留美教育[M]. 天津：天津古籍出版社，2000：108.

的一分力量。

然而备受屈辱的留日学生回国以后的社会地位却不如欧美留学生。1905 年，中国第一次举行留学生毕业考试，留日学生独领风骚，但此后开始有英美留学生同考，虽然录取人数仍然以留日生最多，但是头几名全是欧美留学生。一方面是因为中国人更加看重欧美文化，只是把日本作为西方文化的转口港，另一方面，在速成教育、学生层次低以及政治等多重因素影响下，留日生的学习成效较差。

晚清直至民国，社会上都流行着"西洋一等，东洋二等，国内三等"的看法。早期留日受人诟病在于读法政和师范速成班的特别多。速成科不仅课程浓缩，上课还用译员传译，学生不必先掌握日语。日本人认为中国发展新教育比日本晚三十年，推行速成教育可以在短期里培养师资，递传递广。但是为了争取生源，日本学校竞相减短授课时间，不少混文凭的中国学生还跑到这些学校买证书，使速成教育变质。

留日的另一个问题就是学生受教育的起点低，获得的资格低。相对于留学欧美的学生，留日学生的层次参差不齐，从小学到大学都有，国内也没有预备教育的学校。再加上，中日之间无须证件就可以自由来往，日本许多学校只要考试合格就可入学，便利的地理条件和无政府管制的状态，造成了留日学生的资质较差。再加上因国内政局不稳，日本当局不放弃对中国的侵略企图，以及学费和汇率等问题，还有就是，政治风波下停课、归国经常打断留日生的学业。这些都影响了留日生的水平比如罢课回国的黄尊三在日记中写道："自（1905 年）取缔规则起，无一日舒展，日既废学，夜不成眠。"当返回日本后，宋教仁劝说他加入同盟会，他说："革命与求学，实难两立。"[1]这也反映了留日生的两难处境。

据 1935 年留日学生监督称："留日学生中，大学毕业者仅占 11.8%，专科学校毕业者仅占 12.7%，其余 75.5%是大学专科学校肄业生及中等学校毕业或肄业生。"同期留欧留美学生中，大学和研究院毕业的达 80%以上，许多人获硕士或博士学位，在学术水平上占有明显的优势。[2]

客观上讲，日本有着广求知识于世界的学习精神，秉持着认真、全面、深入的态度，他们翻译出版最新的思潮，不断追随先进国的学科发展。二战以前，日本就有遍及南北的 7 所帝国大学，师资、图书设备、教室、实验室等以及校风校纪，都堪称一流。中国留学生在日本学习的学科也是很全面的，理、工、农、医、法律、政治、经济、教育、文艺、体育、军事、警察都有涉及。在日本留学，无论读书氛围还是文艺气氛都是很浓厚的。

日本大学教学认真、学风自由，图书出版丰富，又采用了最新最先进的教学方法，重视实习实践。因此留日学生的收获也是颇多的。留日学生除了热衷政治斗争，还致力于传播资产阶级思想。他们翻译了大量日文书，使西方文化广泛传播，为辛亥革命奠定了思想理论基础，也促进了中国教育事业的发展，同时还促进了中国书籍印刷和装订技术的改革，通过译书还把日本语的新词汇带到了现代汉语中，丰富了汉语的表达形式，

---

① 李书纬. 少年行：1840—1911 晚清留学生历史现场[M]. 广州：广东人民出版社，2016：276.
② 汪丞. 近代留学生"东洋二等"现象探析[J]. 教育评论，2012（5）：145.

并一直沿用至今。

三、少而精的留英生

留英教育是继留美幼童之后，晚清政府较早开展的留学教育之一，主要是以海军留英生和同文馆的翻译学生为主，且海军留英教育以其延续性、规模大作为区别于他国留学教育的特色一直保持到民国时期。民国时期，留学政策虽然有摇摆，但是留英教育一直呈现出计划性强、留学资格较高的特点。总的来说，在20世纪上半期，留英教育呈现出一种不间断的平稳发展的态势。

据统计，20世纪前十余年间中国共派出官费、公费留英生315名，居留欧各国人数之首。[①]20世纪20年代，英国经济相对稳定，中国留英人数也保持稳定。1921年，中国留英生约有200人，1924年有250人，1927年达到300余人。[②]1937年之前，在相对稳定的国内局势下，南京国民政府派遣了各类留英生，自费留英人数也随之增加，据统计，1929年至1934年，公费留英生有123人，自费留英生有219人，合计342人，尤其是1930年之后，留英人数呈逐年上升的趋势。[③]在抗战期间，庚款留英的兴起和互换学生的出现，也为留英增加了机会。从1919年至1946年，中国总共派出留英生881人，人数仅次于留日生、留美生。

与留美生、留日生相比，留英生被认为是"重学术、轻政治"的。1919年11月中旬，孙中山接见张道藩等十余名赴英学生的时候曾说过：最奇怪的是大多数都不知道应该过问政治。比较起来还是留日留法的学生好一点。比如过去留法学生在巴黎和平会议时的表现和最近留日学生为了爱国运动，宁可牺牲学业，离开日本，回国参加反日运动。最不行的是留英学生，他们多半误解，以为英国人民不管政治。因为受此影响，在留学期间或者回国以后，也就以为参加政治是不必要的。[④]

可见，一方面，这是英国学校的学风使然。英国学生无论是对校内活动还是校外政治活动，都很少参与。同时，受中国政府的实科留学之导向，留英生对学术问题格外关注。还有一种说法是，从地域来源来看，留英学生中华侨学生较多。这既是留英学生的特点，也是留英学生整体上政治意识都比较淡薄的原因之一。朱光潜认为：中国留英学生，以数目而论，伦敦最多，其次就要推爱丁堡。目前爱丁堡各科中国学生共有四十余人之多，此四十余人中华侨学生占三分之二，真从中国本部来者仅十余人，华侨学生大半学医科，本部学生大半学文科。1934年以后，英国对华文化政策转变，留英学生中的中国本土学才逐渐增多。"就团体生活说，爱丁堡中国学生所感触最大的困难——也许是全英中国学生所感触最大的困难——就是中国内部学生和华侨学生似乎在无形中分成两个团体。"[⑤]根据朱光潜的介绍，我们看到留英学生分为明显的华侨派和本部派，

---

① 李喜所主编. 中国留学通史（晚清卷）[M]. 广州：广东教育出版社，2010：286.

② 元青等. 留学生与中国文化的海外传播：以20世纪上半期为中心的考察[M]. 天津：南开大学出版社，2014：89.

③ 元青等. 留学生与中国文化的海外传播：以20世纪上半期为中心的考察[M]. 天津：南开大学出版社，2014：90.

④ 孙中山. 孙中山全集（第5卷）[M]. 北京：中华书局，1985：165-166.

⑤ 明石（即朱光潜）. 爱丁堡大学中国学生生活概况[J]. 留英学报，1927（1）.

且两者之间存在明显的隔阂，这也不利于政见的统一和联合。留英生产生隔阂的主要原因有两点：一是语言不通，二是相见机会太少。

"重学术、轻政治"的价值取向也造就了留英生在学术成绩上的卓著。中英庚款留英生，大多获得了硕士以上学位。比如，1937～1939 年卢嘉锡就读于伦敦大学，仅用两年时间便获得博士学位，成为我国最早的物理化学家之一。[①]1944 年，黄昆与波恩（Born）合作撰写《晶格动力学理论》，成为国际公认的这一学科领域的权威著作。[②]许多留英生因为研究成果突出，留学期间就被吸收加入英国皇家学会，得到学位后往往被挽留在英继续工作一段时间，获得了较高的声誉。

同时需要指出的是，"重学术、轻政治"并不意味着留英生不爱国。二战期间，很多留英生参加了由英国进步人士组织的援华会，奔波于英格兰、苏格兰和威尔士等地宣传中国的抗战。还有很多留英生毅然选择回国参加抗日，为祖国贡献自己所学，充分体现了留英生的爱国情怀。

四、勤工俭学留法生

与留英一样，留法教育也是晚清政府留欧教育的重要组成部分。福建船政学堂共派出四批留欧生，分赴英法。继福建船政生之后，从 1901 年清帝下诏"重行新政"到 1911 年清朝灭亡的十年间，清廷实行教育改革，对留学教育更加重视，留法教育也有小的热潮兴起。具体留法人数难以确考，有资料表明：据清政府驻欧洲各国留学生监督 1910 年 3 月呈报，在 1908 至 1910 年前后，中国留欧学生总计约 500 余人，其中留法学生 140 余人。当时游欧学生监督的报告更为详尽：留法官、自费生共 140 人。其中军事游学生约 40 人，自费生 20～30 人，官费生 71 人。官费生中，已入专门学校学习实业者十之八，习法政者十之二。具体见表 8-2：

表 8-2　"重行新政"时期部分留法学生人数统计表[③]

赴法时间	人数	人员组成
1904 年初	2	华南圭　陈祖良
1907 年	2	高继颐　潘敬
1906 年	2	中国政府选派 2 名赴法学生，由法国政府每年提供 3000 法郎
1907 年	15	中国陆军部每年选派 15 人入法国陆军大学学习
1908 年	—	浙江考选 20 名学生留学欧美，其中包括若干留法名额
1911 年	—	浙江考选 20 名学生留欧专习实业，其中包括若干留法名额
1906 年～1911 年	—	除浙江外，江苏、直隶、湖北、广东、湖南、四川、山西等省，也均以省费派遣了留学生赴欧洲学习实业，赴法名额若干
合计		据清政府驻欧洲各国留学生监督 1910 年 3 月呈报，在 1908 至 1910 年前后，中国留欧学生总计约 500 余人，其中留法学生 140 余人

① 《科学家传记大辞典》编辑组编. 中国现代科学家传记（第 1 集）[M]. 北京：科学出版社，1991：236.
② 《科学家传记大辞典》编辑组编. 中国现代科学家传记（第 1 集）[M]. 北京：科学出版社，1991：161.
③ 索凯峰. 晚清留法教育概述[J]. 教育研究与实验，2012（1）：71.

从 1877 年正式派出官费留法生至 1911 年清朝覆亡,大概可考的留法生总数不足 300 名,规模相对较小。如果只是与留欧生相比较,留法生与同时期的留英生是不相上下的。到了民国时期,声势浩大的留法勤工俭学运动,从时间上看和大批青年留美基本是同步的,但是在规模上、影响上都比后者还要大。

留法勤工俭学运动是 20 世纪 20 年代中国人留学欧洲的核心。自 1919 年初到 1920 年底,两年之中,去法国勤工俭学的人数达到了 1600 多人,加上第一次世界大战之前到达及 1921 年还上路的,总人数达到 1700~1800 人。比 20 年间清华送去美国留学的人数还多。郑超麟也在其回忆中指出:"当时有个统计,举出各类学生的数目及其百分比。我现在不记得了,但记得勤工俭学生人数很多,远超过前二"阶级"学生,约有三千人,本部十八省,除甘肃以外,都有人,最多的是四川人和湖南人。"①

这一时期,除了勤工俭学生以外,还有一些官费留法生。其人数大致如下:1921 年 8 人,1922 年 3 人,1923 年 5 人,1924 年 31 人,1925 年 42 人,共计 89 人。②20 世纪 20 年代末至 30 年代初的赴法留学人数:1929 年 165 人,1930 年 142 人,1931 年 106 人,1932 年 108 人,共计 521 人。③抗日战争全面爆发以后,留法人数迅速下降,1937~1939 年,中法教育基金会进行了三次留法公费考试,前两次录取 8 人,最后一次录取人数不详。④抗战形势好转以后,国民政府放宽留学资格,留法人数又得以回升。1946 年,南京国民政府举行公费留学考试,共录取留法交换生 40 名,还录取自费留学生 1216 人,然赴法人数不详。⑤

客观地看,留法勤工俭学运动开创了一种新的留学模式。当时有人总结说:一是没有钱的穷学生也能出洋,打破了官费阔少的专利;二是中学甚至小学的也出西洋,打破定要大学专门然后出洋求高深学问,即人才教育贵精不贵多之说。尤其很特别的一件事,便是以素来"万般皆下品,唯有读书高"的社会中间出来的学生,一旦脱去长衫,亲自下马,进工厂、农场去做工,我们相信这真是极可纪念的事实。⑥

但是这些在成为留法教育优势的同时也成了它自身局限的根源:贫寒子弟在没有经济来源的情况下,贸然出洋,风险很大;低学历出洋,不具备语言能力和技术基础,留学成效不明显。勤工俭学运动在一两年间就席卷全国,不过两三年,因为在法国爆发学潮而迅速落幕。"1925 年以后虽有去者,人数甚少。迄于 1926 年左右,勤工俭学生之在法者不过四五百人。"⑦有学者指出,勤工俭学运动是始于留学,而终于政治。

五、学术突出留德生

德国一直也是中国留学生的主要目的地之一。甲午战争前,清政府向德国派出了两

① 郑超麟回忆录:自序[EB/OL]. [2006-01-01]. http://club. kdnet. net/dispbbs. asp?id=925649&boardid=2.
② 林子勋. 中国留学教育史:1847—1975 年[M]. 台北:华冈出版有限公司,1976:441-442.
③ 林子勋. 中国留学教育史:1847—1975 年[M]. 台北:华冈出版有限公司,1976:493.
④ 刘真主编. 留学教育:中国留学教育史料(第 3 册)[G]. 台北:台湾编译馆,1980:1943-1945.
⑤ 林子勋. 中国留学教育史:1847—1975 年[M]. 台北:华冈出版有限公司,1976:404、510.
⑥ 子晖. 留法勤工俭学两年来之经过及现状[G]//张允侯等编著. 留法勤工俭学运动(2). 上海:上海人民出版社,1986:112.
⑦ 舒新城. 近代中国留学史[M]. 上海:上海世纪出版集团,2011:93-99.

届陆军留学生，甲午战争之后，晚清的陆军留学生主要目的地变成了日本，只有少量的留德生。据 1913 年驻德学生监督处报告统计，当时在德国的中国官费、自费留学生有四十多人。新文化运动之后，中国掀起了第一次留德的热潮。据统计，1921~1925 年，我国官费派遣留德生人数为 127 人，占留学欧美人数的 10.69%；自费留德生为 112 人。[①]不少留学英美等国的官费生，也转学前往德国。南京国民政府成立以后，留德迎来了第二次高潮。1933 年，在欧洲的中国留学生，除在俄罗斯境内的未详外，中国留学生全数计 2000 人，内有 700 人在法国，有 470 人在德国，有 247 人在比利时，有 171 人在荷兰，有 400 人在英国，有 30 人在奥地利。[②]

1936 年在德国的中国留学生正式入大学的有 332 人。[③]留德学生较之留学其他国家的学生，生源集中，学科专业集中，偏重实科和军事教育。当时国内开设德文的学校不多，仅有同济大学、同德医学院等少数学校，所以留德学生的来源比较集中。如中德合作的同济大学，其毕业生大多进入德国深造。1912 年至 1937 年，在可考的 99 位同济毕业生中，有 61 人选择留学德国的大学或高等工业学院。[④]

其次，留德生所学专业，主要为医学、化学、机械工程和军事学科。一方面反映了当时德国在这些领域的国际领先地位，另一方面也是受到民国以来知识分子提倡的"科学救国"的理念影响，以及政府对留学政策的导向性要求。从晚清开始的陆军留学，到了国民政府时期继续延续并发扬光大。特别是"九一八"事变以后，国民党致力于军事建设，派遣军官到德国深造，使陆军留学的中心逐渐转向德国。如果与留日的军事留学生相比，留德陆军生的层次较高。在日本留学的军人都是接受初级军事教育，进入正规陆军大学的人很少；但留学德国者大多是现役军官，大部分进入德国大学各兵科或参谋大学深造。[⑤]1929 年公布的《陆海空留学条例》规定，军事留学生必具备以下资格：①曾在国内正式军事学校毕业；②现任军职；③通晓留学国语言。

由于德国高等教育的严谨学风和留学生自身的刻苦学习，留德生的学术成就突出。民国时期的留德学生总数少于他国，但其获得博士学位者比例却最高。据袁同礼统计，1907~1961 年，中国留德学人共有 732 名获得博士学位，其中最多的是医学博士，其次是数理化和工程学博士，高于留法（581 名）、留英（346 名）获博士人数。[⑥]

六、红色革命留苏生

20 世纪初年，虽然留学热已经出现，但是到俄国留学的很少，原因是多数中国人认为俄国"与欧洲中原隔绝，故开化较迟。政体久尚专制，国民言论思想不获自由，故其

---

① 林子勋. 中国留学教育史：1847—1975 年[M]. 台北：华冈出版有限公司，1976：442-443.

② 中国在欧美留学生变迁近况[J]. 中华教育界，1933（6）.

③ 留德学生分布状态[J]. 全国学术工作咨询处月刊，1936（12）.

④ 麦劲生. 同济毕业生在民国时期高等教育界的人际网络：以国立中山大学和河南大学为例[C]//北京大学德国研究中心主编. 北大德国研究（第 1 卷）. 北京：北京大学出版社，2005：110.

⑤ 张亚群、肖娟群. 20 世纪 20-30 年代中国留德教育述论[J]. 徐州师范大学学报（哲学社会科学版），2007（5）：3.

⑥ 王奇生. 中国留学生的历史轨迹：1872—1949[M]. 武汉：湖北教育出版社，1992：90.

造就之度遂较他国较逊"。①1895 年，晚清政府从北京同文馆选派几名学生到俄国学习语言文学，这是首次赴俄的留学生。到 1910 年，留俄生大约有二十多名，多数在圣彼得堡学堂学习铁路工程。辛亥革命后，北洋政府也曾派遣留俄生，直至十月革命止。大规模的留苏，发生在五四运动之后，据统计，从 1921 年 4 月刘少奇、任弼时、曹靖华等秘密赴苏留学起，至 1941 年朱敏、王继飞经新疆赴苏为止，中国共派遣了约 3000 名青年赴苏学习（其中包括国民党学生 300 余人）。②

始于 20 世纪 20 年代的留苏热潮是民国留学教育史中颇具特色的重要环节，苏联政府克服了建国初期国内的困难，为中国留学生提供了较好的学习环境，为中国革命培养了骨干力量，这对中国革命起到了积极的推动作用。

留苏教育中以政治学习为主。根据解密档案显示，大量的中共党员在出国之前，对马列主义理论的认识极为粗浅，其中水平较高的学员也仅仅读过《共产党宣言》和布哈林、布列奥博拉仁斯基合著的《共产主义入门》。③通过在苏联的学习，中国学员的马列主义理论水平得到较大幅度的提升，培养了张闻天、秦邦宪、瞿秋白、刘少奇等早期中共革命理论家。他们回国以后，积极投身革命活动，通过翻译、撰文、办报和讲学等方式，有力地促进了马列主义理论思想在中国的传播。

但同时，留苏教育对中国革命、中国共产党的自身建设也起到了一定的负面作用，主要表现在：其一，将苏联式的革命理论奉为圭臬，无论是课程设置还是教学内容，脱离了中国革命的具体实践；其二，师资不足导致部分院校教学方法简单粗暴，教学流于形式。例如莫斯科东方大学中国班曾将社会主义劳动竞赛的方法引入教学，学员都要订立竞赛条约，规定自己各门功课应考多少分，课堂讨论发言要达到多少次，使学员压力很大，他们普遍对这种形式主义的做法表示反感。④其三，学员以理论学习为主，实践能力的培养较为缺乏。

七、军事留学面面观

近代军事留学最初以强兵为目的，到民国时期致力于军事现代化建设，是中国近代留学教育的重要组成部分。从内容上看，军事留学包含海军、陆军和空军留学三个部分，但是从规模和影响上来说，以海军留学和陆军留学为主。

晚清政府在严酷的海防危机形势下启动了海军留学，以福建船政生、天津水师学堂为代表从 1877 年到 1886 年，共派出了三批海军留学生分赴英法两国，共计 81 人。甲午战争后，福州船政学堂的第四批海军留学生于 1897 年出国，后因留学经费不足，1900 年被迫撤回。同时海军留学的目的地转向了日本，从 1905 年开始，大规模的海军留日活动开始形成。在 1906 年至 1909 年，清政府先后派遣赴日海军留学生总计 143 人，在人

① 刘真主编. 留学教育：中国留学教育史料（第 2 册）[G]. 台北：台湾编译馆，1980：654.
② 郝世昌、李亚晨. 留苏教育史稿[M]. 哈尔滨：黑龙江教育出版社，2001：299.
③ 李喜所. 中国留学通史（民国卷）[M]. 广州：广东教育出版社，2010：174.
④ 张泽宇. 二十世纪三十年代中共党员留学苏联述论[J]. 党的文献，2010（4）：72.

数上大大超过了同期的欧洲留学生。[①]

甲午战争前，由李鸿章主导，于 1876 年和 1887 年向德国派出了两届陆军留学生，这两届留学生人数少，完成学业的不足 10 人。甲午战争后，留学欧美的陆军留学生人数仍非常少。1903 年到 1905 年，仅有 18 名学员赴德学习兵事。陆军留学生的主要留学国是日本。1898 年，张之洞与刘坤一首次向日本派出 30 名留学生，至 1908 年 6 月，赴日陆军留学生已达 1000 余人。[②]

始于晚清的军事留学教育是洋务派倡导的军事现代化运动的一部分，以救亡图存和富国强兵为目的，收效也十分显著。归国后的军事留学生，无论对军事人才的培养还是中国近代军事的建设和发展，都做出了重要贡献。甲午海战中，参战的十名管带中有六人曾留学英国。很多留日的军事生也是辛亥革命的积极推动者。如果从留学国度来看，日本军事留学生要稍逊于欧美留学生。因为，一方面，在日本速成教育的规划下，大量留日的陆军留学生，进入的是初级军事院校，毕业后也仅为初级军官水平，其专业水平与欧美留学生存在很大差距。另一方面，日本海军学校对中国学生存在歧视，因而引起中国留学生的强烈不满，很多学生相继回国或转赴他国学习。

和普通留学一样，军事留学也是在"中体西用"的指导思想下进行，军事学习仅停留在对军事技术的器物层面，没有推进到军事制度、军事思想的层次。由于缺乏全盘统筹和规划，军事留学的地域性特征比较突出，为民国时期的派系之争埋下了隐患。

北洋政府时期，主要是恢复因辛亥革命而中断的军事留学活动，同时也有少量新的军事留学生派出。1914 年，原留学日本的 25 名轮机生派回日本完成学业[③]，1914 年 2 月到 1915 年 5 月，日本士官学校恢复招收中国军事留学生。1918 年底，海军部先后颁布《驻外公使馆海军武官管理留学员生规则》和《英美海军留学员生规则》，海军留学步入正轨。此时期派往国外留学的所有海军留学生超过 180 人。

南京国民政府时期，海军留学生也主要派往英美两国，1929～1938 年，海军部派出 10 余批约 100 名海军留学生。1943～1944 年，又分两批向英美派出海军留学生 100 名。[④]这一时期派出的海军留学生大约有 300 名。陆军留学生的派遣范围较广，1930 年，国民政府向英、法、德、意、奥、美等国派出陆军留学生 45 名，陆军大学曾派出 63 名毕业生赴国外各陆军大学深造，其中赴日本 35 名、美国 12 名，意大利 8 名，德国 5 名，法国 3 名。[⑤]另，从北洋政府开始陆续有空军留学生派往各国学习。

中国共产党在 1941 年以前，派遣留苏军事生有千人以上，以学习陆军为主。广东国民政府曾于 1922 年派遣 10 人赴美学习航空驾驶理论技术，1925 年到 1927 年间向苏联派出 23 名航空留学生。[⑥]清末民初留日学生中进入日本士官学校的不在少数，这其中

---

① 甘少杰. 清末民国早期军事教育现代化研究（1840—1927）[D]. 保定：河北大学博士学位论文，2013：76.

② 中国社会科学院近代史研究所中华民国史组编. 清末新军编练沿革[M]. 北京：中华书局，1978：337、342.

③ 杨志本主编. 中华民国海军史料[M]. 北京：海洋出版社，1987：418.

④ 刘凤翰. 国民党军事制度史[M]. 北京：中国大百科全书出版社，2009：386-387.

⑤ 江苏省政协文史资料委员会等编. 民国时期的陆军大学（《江苏文史资料》第 79 辑）[G]. 南京：《江苏文史资料》编辑部，1994：348-349.

⑥ 马毓福编著. 中国军事航空：1908—1949[M]. 北京：航空工业出版社，1994：315-316.

东北伪满洲政权在 1932~1945 年每年都派学生进入陆军士官学校，已毕业者估计有 200 人左右。[①]

随着时代的发展，民国时期陆海军种的学习内容有更新，此外还增加了航空技术的学习。受复杂的国内国际形势影响，民国的军事留学生群体总体规模不大，派遣机构众多，管理比较混乱。总的来说，军事留学更新了中国军人的知识结构，培养了一批活跃在民国甚至是新中国军事舞台上的重要人物，增进了对世界军事现状及发展趋势的了解。当然，在众多的军事留学生中，既有为民族解放和新中国成立做出积极贡献的正面人物，也有维护反动统治、屠杀进步力量的反面教材。

第三节　弱国子民受屈辱

整体上，中国人留洋学习的历史，主线是一部开眼界、求新知的历史，但是辅线却是一部"弱国子民"受屈辱的历史。从屈辱的程度来看，留学生反映最强烈的首推日本，其次是留美，再次是留欧。

一、东洋罪与西洋罪

郭沫若曾说过：在日本留学，读的是西洋书，受的是东洋罪。"东洋罪"专指日本的种族歧视。日本与中国"一衣带水""同文同种"，其现代化起步较晚而且发展也不充分，中国学生在日本感受不到太多的现代性压迫与文化差异，但是受种族歧视程度却很深。

中国人留日大潮的兴起源于甲午战败，而日本文化是一种典型的强者文化，他们并不把锄强扶弱视为美德，因此对于战败的中国，日本人是非常轻视的。当时的留日学生都面对着两面一体的日本：一方面一般交往里，日本人和气友善，另一方面，又处处受到儿童嘲笑、特务监视。

众所周知的故事就是鲁迅在日本留学时，因看到电影里面有中国人被杀的镜头，愤而弃医从文。鲁迅回忆："第二年添教霉菌学，细菌的形状是全用电影来显示的，一段落已完而还没有到下课的时候，便影几片时事的片子，自然都是日本战胜俄国的情形。但偏有中国人夹在里边：给俄国人做侦探，被日本军捕获，要枪毙了，围着看的也是一群中国人；在讲堂里的还有一个我。'万岁！'他们都拍掌欢呼起来。……到第二学年的终结，我便去寻藤野先生，告诉他我将不学医学，并且离开这仙台。"[②]

到了 20 世纪 30 年代，日本的军国主义越来越严重，中国留学生不光受到儿童侮辱，一般没深交的人鄙夷，还遭到便衣、特务、警察的滋扰。从长崎去东京的火车上，夜晚有穿警察制服的人来盘问。对于有怀疑的学生，入境当下固然严加查问，入境后还根据入境登记表上填写的地址，通知该区的警察。一抵达，辖区的特高科警察（即秘密警察）

---

① 徐白. 日本士官风云录[G]//刘真主编. 留学教育：中国留学教育史料（第 1 册）[G]. 台北：台湾编译馆，1980：372.
② 鲁迅. 鲁迅文集：散文诗歌卷[M]. 北京：中国商业出版社，2016：43-44.

就来问，警察的严密和行动的快速，使人吃惊。对有政党背景或者看左倾书刊的外国人，警察监视尤其严密。日本当时是左倾青年研读马列著作的好地方。虽然大学里学术氛围自由，但对看左倾书刊的学生防范很严。传说书店也有特务监视，中国人在日本书店看马列著作有被警察抓走的危险。

当年一波又一波的中国学生就是带着这样压抑和反抗的心情去留学的。1906年，孙中山的挚友宫崎寅藏为中国人打抱不平，同时也警告日本人：你们旦夕欺侮、讥笑、榨取、剥削、诱惑的"清国奴"中国留学生，将是新中国的建设者。他们今日含诟忍受着你们的侮辱，你们心中没有一点歉焉之情吗？侮辱他们，势将受他们侮辱。互相侮辱必将以战争相始终。①

所谓"东洋罪"，是相对于"西洋罪"而言的。东洋不如西洋先进，特别对于中国人来说，没有机会学习原汁原味的西洋文明退而求其次去日本留学，图的是路途近而费用省，但通过日本这个二道贩子学习西洋文化，心中实有不甘。东洋罪中另有一层深意，就是曾做过日本老师的中国，反过来向"小日本"学艺，而当初谦恭有加的学生，现在却是一副趾高气扬、不屑一顾的样子，这让传统伦理道德教育下的中国人心里无法平衡。日本人欺软怕硬、自私排外的"岛国心理"，与中国"泱泱大国"的历史记忆，决定了"东洋罪"的不可救药。

中国人宁愿遭"西洋罪"，也不愿意受"东洋气"，但实际上无论东洋还是西洋，不过是五十步与一百步之差。生活方式上的巨大差异，文化上难以逾越的鸿沟，再加上西洋人的傲慢与偏见，比起东洋，"西洋罪"有另外一种尴尬和苦痛。

陈寅恪说：欧洲人看不起中国人还只是放在心里，美国人最可恶，看不起中国人往往表露于颜色。1924年，闻一多曾在家书中痛陈留美的屈辱，甚至提出宁愿提倡中日亲善对抗美国。他在书信中曾表示：且美利加非我能久留之地也，一个有思想之中国青年留居美国之滋味，非笔墨所能形容。俟后年年底我归家度岁时当与家人围炉絮语，痛哭流涕，以泄余之积愤。我乃有国之民，我有五千年历史与文化，我有何不若彼美人者？将谓吾国人不能制杀人之枪炮遂不若彼之光明磊落乎？总之，彼之贱视吾国人者一言难尽。②

晚年的梁实秋也曾回忆说："珂泉大学行毕业礼时，照例是毕业生一男一女的排成一双一双的纵队走向讲台领取毕业文凭，这一年我们中国学生毕业的有六个，美国女生没有一个愿意和我们成双成对的排在一起，结果是学校当局苦心安排让我们六个黑发黄脸的中国人自行排成三队走在行列的前端。我们心中的滋味当然不好受，但是暗中愤慨的是一多。虽然他不在毕业之列，但是他看到了这个难堪的场面，他的受了伤的心又加上一处创伤。"③

美国人对华人的歧视由来已久，1882年《排华法案》更是将其上升到了法律制度的层面。清政府多次抗议却无果，反而于1884年与美国签订了新的条约，禁止十年内华工

① 徐冰. 中国近代教科书中的日本和日本人形象：交流与冲突的轨迹[M]. 北京：商务印书馆，2014：144..
② 闻一多. 闻一多书信集[M]. 北京：群言出版社，2014：47.
③ 赵慧编. 回忆纪念闻一多[M]. 武汉：武汉出版社，1999：64-65.

赴美，默认了美国排华法案的合法性。直到1945年，在世界反法西斯战争中做出重要贡献的中国成为美国的盟友，排华法才被废除。而一直到2012年6月18日，美国众议院全票表决通过，美国才正式以立法形式就1882年排华法向中国道歉。可见弱国无外交，中国今天不断强大的综合国力和受人尊敬的形象也是包括留学生在内的几代国人共同努力的结果。

二、"弱国子民"心态

留学生"弱国子民"的心理是由三种压力造成的。其一是种族歧视。这源于中国人的体貌特征与留学国家的民众迥异，因此学生的反应程度最强烈、最直接，而且有非理性的成分。其二是"现代性"压迫。高度发达的西方社会重实力、讲竞争，这让东方农业国家出身的安于本分的中国学生很不适应。这种"现代性"压迫，往往同种族歧视纠缠在一起，成为中国学生爱国主义和民族主义精神发酵的摇篮。其三是文化差异。近代中国与发达国家的国际交往是不平等的，在这种非正常的国家秩序中，国弱则民弱，中国学生文化上处的弱势地位较为明显。

一般来讲，那些思想开放、性格开朗、外语能力强的中国学子，不太受"弱国子民"心态的困扰，比如赵元任、胡适、蒋梦麟、陈衡哲等，那些思想保守、性格内向、外语能力较低的，则容易沉溺于此情结。同时，学习理工的中国学子受西方科学精神的熏陶，比较容易超越种族、国家的概念，会以理性的态度面对种族歧视，而且他们在留学时取得的成绩也佐证和支持了自己的信念。相对而言，学习文科的，尤其是学习文学者，感性认知发达，国外生活的多重经历对他们的人生影响很深，在自己的生活或者个人作品中都会表现出"弱国子民"的激愤和焦虑。比如留日的郁达夫、郭沫若，留英的老舍，还有梁实秋、闻一多等留美青年。

对于留苏学生来说，也许是因为身处莫斯科，出东洋、出西洋学生多遇到的种族歧视、现代性压迫和文化差异等主题在留苏的学生中几乎看不到。他们看到的是光明与黑暗的斗争、被压迫者的反抗、革命的爱情等等。

1921年，蒋光慈与刘少奇、任弼时、萧劲光等被派赴东方大学学习，在《莫斯科吟》中，蒋光慈这样写道：

> 十月革命，
> 如大炮一般，
> 轰冬一声，
> 吓到了野狼恶虎，
> 惊慌了牛鬼蛇神。
>
> 十月革命，
> 又如通天火柱一般，
> 后面燃烧着过去的残物，
> 前面照耀着将来的新途径。

哎！十月革命，

我将我的心灵贡献给你罢，

人类因你出世而重生。

关于歧视与不歧视的例子都不胜枚举，再开放的国度，都有势利的人，再包容的文化，也避免不了天才心灵的挫伤。何炳棣的经历则提供了另外一个视角。他在《读史阅世六十年》中提及，纽约两年多的学生生活中，我从未受到种族歧视，反不时受到相关方面的优待。因此他认为，留美学人是否受到歧视，因人、因时、因地而异，不能一概而论。但就其原因，他认为最基本的事实是二次大战后来美的中国人大都是高级知识分子，不再是苦力工人了，另外中美友好关系方兴未艾也大有助于两国人民的接触。

面对歧视，留学生最直接的表现就是自卑和愤怒，他们一方面刻苦学习，努力维护好学上进的形象，同时还通过辩论、表演等文化活动，向留学所在国介绍中国文化，另一方面，在尊严被践踏的时候，有些学生也会以"逆歧视"来对抗歧视，最典型的莫过于《留东外史》。

也有的留学生则是全盘西化。比如，留法女学子苏雪林这样比较西湖与来梦湖：若以人物来比喻来梦和西子两湖，西子，淡抹浓妆，固有其自然之美，可是气象太小，来梦清超旷远，气象万千，相对之余，理想中凭空得来一个西方美人的印象，她长裙飘风，轩轩霞举，一种高亢英爽的气概，横溢眉宇间，使人心折，使人意消，决非小家碧玉徒以娇柔见长者可比。①这种中西文化比较很明显是有失公正的，这也说明中国学子在西方文化潜移默化的熏陶中，已经自觉或不自觉地接受了西方的价值标准。

第四节　中体西用边缘人

由于横跨中西两种文化，参与两种文化的冲突与对立，留学生群体在文化归属上往往被称作"边缘人"。文化人类学家许烺光对边缘人是这样解释的：我自承是一个边缘人（Marginal Man），因为我是在一种不尚变而大半人生都可以全然预测的文化中出生和成长，但我却又在一个好变并以变为进步的文化中生活和工作，介于这两种完全不同文化生活中的人，可以体会出两种不同文化面在内心相互摩擦的边界。②

一、归国后的边缘化

中国近代留学教育兴起之时，正是西方资本主义兴盛和东方封建王朝沉沦之时。当中国留学生前往欧美或日本留学时，他们被看做是中国社会的代表，而此时已经从核心社会沦为边陲社会的中国，在与世界的交往中，被贴上了弱国的标签。在留学与归国的过程中，他们的心理发生了两次重要的转换。一方面，中国留学生学习现代科学知识，

---

① 苏雪林. 苏雪林文集[M]. 北京：华夏出版社，2000：163.

② 许烺光. 中国人与美国人[M]. 徐隆德译. 台北：巨流图书公司，1988：20.

并为异国文化所同化，这是第一次转换。另一方面，弱国的背景、受歧视的现实，又不断强化了他们的民族主义意识。当他们重返本土后，面对母国社会与西方社会的巨大落差，已经适应了西方文化的他们，经历了第二次转换。腐败的专制集权的官僚体制和人文精神缺失的文化生态，让他们难以学以致用，找不到合适的位置施展才华，成了"边缘人"。

这在早期留学生的身上体现得更加明显，比如被称为"留学之父"的容闳。家乡生活的艰辛和清贫，重科举、重功名的宗法社会，封建官吏的横征暴敛以及西方列强的侵略和凌辱，对于容闳来说，有着深刻的印象。当他远离祖国，置身于西方文明当中，感性而真实的中西文化的对比，更加激发了他的爱国之情。他在自述中写道：一向被当作西方文明表征的西方教育，如果不能使一个东方人变化其内在的气质，使他在面对感情和举止截然不同的人时，觉得自己倒像来自另一个世界似的，那不就可怪了吗?我的情况正好如此。然而，我的爱国精神和对同胞的热爱都不曾衰减；正好相反，这些都由于同情心而更加强了。[①]

所以，接受了西方文化的容闳，希望以美国为模版来改造中国。但是作为一个毕业于耶鲁大学、具有现代知识和才能的杰出人才，容闳归国后却四处碰壁。他在沿海各地辗转找工作，当翻译、当文书、做助理、贩卖茶叶，并试图办报纸、建银行、修铁路等。因为，在官僚集权的社会，一个不在体制之内的"人才"难以成事。直到容闳与江苏巡抚丁日昌、洋务大员曾国藩建立联系之后，才实现了其派遣留学生的计划。

相比容闳，幼年留美的留学生更加彻底地接受了一整套的西方文化价值观念。从见到教堂就逃跑的幼稚举动到成为虔诚的基督教徒，从被女主人亲吻都会尴尬和脸红到无所畏惧执着追求自己的爱情，真实反映了幼童对高势能的美国文化的认同。随着美国文化的侵染日益加深，幼童的思想、观念、行为都在发生变化。他们中的一些人反感传统文化，见了长官不磕头作揖，学习四书五经也心不在焉，他们还讨厌穿长袍马褂，喜欢穿西式服装，由于脑后的长辫不利于体育运动，有些胆子大的幼童还剪了辫子。

每一种文化都是一个有机的系统，幼童在美国接触并学习到的一切，从西方的生活方式到知识体系，实际上都是建立在西方基本价值观念之上的。又如 1881 年《纽约时报》的评论：如果认为这些聪慧幼童，仅由工程、数学、科学的领域中以得到满足，而他们对美国政治及社会的影响而无动于衷，则将是不可思议之事！[②]

在他们认同新文化的同时，本土背景和现实也会促使他们对母体文化有一定程度的回归。梁敦彦的后代梁世平回忆他祖父那群"留美幼童"时认为：他们是双重人……他们穿上西服，就有一套标准的西方礼仪；穿上长衫，作揖，请安，比谁都地道！东方与西方、传统与现代，就这样集中体现于留美幼童一身。他们喜爱打棒球，也钟情传统戏曲；以白兰地代茶、爱好抽雪茄，也会和一些朋友唱和旧体诗；支持子女出洋留学拿学位，又不忘教下一代《史记》《孟子》等古文；最难得的是，作为具有双重性格的边缘人，他们一生都在中西文化间行走，但中西文化及综合国力的巨大落差，并未使他们陷于苦

---

① 容闳. 容闳自述[M]. 合肥：安徽文艺出版社，2014：3.

② 陈汉才. 容闳评传[M]. 广州：广东高等教育出版社，2008：203.

闷而无法自拔。他们热爱祖国，也爱从小在那儿受过教育的美国和她的人民，对于中西文化的优劣始终有着自己清醒而理智的认识。[①]

清政府一方面寄希望于留美幼童推进洋务事业，同时又惧怕西方开放的思想观念会动摇其封建专制统治。因此留美幼童的种种西化行为，都让观念守旧、反对西化的留学生正监督（陈兰彬、吴嘉善）不满，也让原本支持留美幼童的李鸿章态度动摇，在国内保守派的压力下，朝廷最终做出了裁撤肄业局、召回留美幼童的决定。

然而留美幼童被召回后，等待他们的并不是衣锦还乡的荣耀。他们乘坐着独轮车，在成队的士兵看管下，被送往中国海关道台衙门。他们一路上承受着嘲笑和冷眼，沿途围观的群众像看外星人一样看着他们。为防止他们逃脱，押送的水兵还把他们关在"求知学院"，只提供粮食，不许外出。在腐朽的封建传统文化与先进的西方文明激烈碰撞的当口，留学生们很不幸地被边缘化了。晚清留学生被边缘化，归根结底是因为晚清社会没有升华出一个他们施展才华的气场，至民国则气象大不相同。

二、中体西学趋融合

随着留学教育的不断深入发展，到了清末的最后十年，虽然朝廷依然由旧式官僚把持，但以留学生群体为主体的中国新式知识分子已经拥有了巨大的影响力。如因主导了戊戌变法而显赫一时的康有为、梁启超，康有为曾自信满满地说："鄙人不才，然于举国四万万人中，一切为老马之导，立旨必在天下未言之先，告成仅在艰关数年之后，虽阻我攻我，逐我杀我，如麻并起，而其后无不俯首帖耳，折而从我，虽以至强之力无限，至尊之威无穷者，不能少背焉。"[②]

新知识分子在权利上越来越边缘化的同时，他们的新学知识又越来越受到重视，社会影响力也越来越大。虽然戊戌变法失败了，康有为、梁启超也被迫流亡国外。但是清末新政的很多政策却是按照康有为、梁启超当初的设想来制定的。梁启超曾说："今日新政来源真可谓令出我辈。"因此有学者认为，权利的边缘化与影响力的空前膨胀这一怪现象，造成了新式知识分子的志士化[③]，并导致了清朝的灭亡。一个王朝的覆亡，原因是复杂的，既有历史的必然性，也有偶发性的因素。但是可以肯定的是，民国以后，留学生群体"边缘人"的身份更多地是存留在文化意义上了。

与留美幼童不同的是，民国时期的中国学子负笈欧美之时都是人生观、世界观基本固定的时候，这对他们理性的理解西方文化带来了方便，但是对于感性的体验西方文化却造成了隔阂。因为文化不是光靠理性就能领悟的。留英学子费孝通说的很贴切：文化的深处时常并不在典章制度之中，而是在人们洒扫应对的日常起居之间。一举手，一投足，看是那样自然，不加做作，可是事实上却全没有任意之处，可说是都受着一套从小潜移默化得来的价值体系所控制。[④]

---

① 李喜所主编. 中国留学通史（晚清卷）[M]. 广州：广东教育出版社，2010：103.
② 汤志钧编. 康有为政论集（上）[G]. 北京：中华书局，1981：601.
③ 所谓志士化，即是指用流血、暗杀等激烈的手段反抗当权政府，以达到推翻旧王朝的目的。
④ 费孝通. 重访英伦[M]. 长沙：湖南人民出版社，1983：89.

　　"不中不西"一词由梁启超首倡,意谓戊戌时期的文化构成既有中国的传统文化又有西方的资本主义文化。民国时期的留学生,在西方社会如鱼得水、游刃有余,他们虽然精通西方文化但是很少彻底西化,他们的行为还受到中国文化传统的左右。胡适就是其中的一个典型,比如虽然他提倡自由和平等,但是婚姻却是由母亲包办的。有人称他为"封、资混合体的学者"。

　　辛亥革命之后的中国,社会形态巨变,资本主义政体初步建立。在知识和政治结合的价值取向影响下,归国的留学生群体开始登上民初的政治舞台,成为国家建设的中流砥柱。而相对宽松的政治和文化体制为思想的表达和文化的争鸣提供了自由的人文环境,民主科学的思想广为传播。特别是在经过了五四运动、新文化运动的洗礼之后,国人的观念也有了改观。中国社会政治大环境的改观,思想氛围的变化,特别是留学生群体政治身份的确立,都把留学生群体从边缘导向主流。

　　这一时期归国的留学生群体利用所学,努力实践自己科学救国的梦想。例如,以晏阳初为代表的深入乡间实践型的留美知识分子,就是以乡村建设模式来实现中国乡村现代化的重要代表。1929 年,留美硕士晏阳初举家迁往河北定县,以此作为开展乡村建设的实验基地,并聚集了一批归国的学者,促成了"博士下乡"与"农民为伍"的热潮。晏阳初主导的以"三大方式""四大教育"为核心的平民教育理念与实践是西方实用主义科学与中国乡村实际相结合的产物。可以说,以西学来改造中国,是当时许多留学生的选择。

第五节　不以成败论留学

　　胡适在他的《非留学篇》[①]曾经这样评价当时的留学,一是"吾国之大耻",二是留学为"过渡之舟楫而非敲门砖",三是"费时伤财事倍而功半",四是"救急之计而非久远之图"。胡适认为,"留学之政策,必以不留学为目的",也就是说,只有振兴中国自己的大学教育,才是长久之计,才是过渡后的重点建设,才能雪耻图强,再造新文明,跻身世界强国之林。站在发展中国大学教育的立场,不仅是胡适,那个年代的许多留学生都提出过类似的看法。

　　对于今天的我们来说,科技的发达、网络的流行,让任何国家、任何民族再也不可能故步自封、敝帚自珍,不论是否采取留学的形式,对外的文化交流都是必不可少的。在这样的环境中,不能简单地以成败评论当年的留学,而是要站在当时的历史现场,用历史的眼光来看待它的得与失。

一、八千里路云和月

　　回望 20 世纪初的留学大潮,从中央政府到下层民众,从士大夫群体到青年学生,

---

　　① 胡适的《非留学篇》发表于《留美学生季报》1914 年第三季,全文一万五千余字,分为上中下三篇,上篇主要论述留学的四条性质,中篇分析中国留学政策的失败及原因,下篇对大学教育的大政方针提出建议。

无不把救国寄希望于留学。甲午战争惊醒了不肯放弃天朝上国梦的晚清士大夫，五四运动则是鼓动了全国青年学子的危机意识。陈科美在自述中提及：国难的危重和国势的危急，激发了青年们的爱国热忱，掀起了我们的救亡运动；特别是在五四前后；同学们都把读书与救国紧密地联系在一起：有的考虑，要以实业救国；有的想经营商业，以经济救国；我立志学教育，作为报国之计。①

读书与救国是几乎所有留学生都要面对的任务，但是对于留日生与留学欧美的学生，两者的先后顺序有所不同。激情与决断使留日学生将救国列在首位，特别是在创建民国的过程中，多数留日学生并没有静心读书，而是把主要精力投入了革命，忽而慷慨回国，忽而流亡续读。他们当中仅有10%的人进入大学，"非关革命的书不愿看，非关革命的话不愿谈，非关革命的事不愿做"是他们的座右铭。

欧美留学生则更加冷静与沉稳，他们视读书为救国的手段。20世纪初，梁启超考察美洲时说：美洲游学界，大率刻苦沉实，孜孜务学，无虚嚣气，而爱国大义，日相切磋，良学风也。②为救国而留学，又为救国而归国，八千里路云和月，跨洲渡洋春与秋。对往后的半个世纪而言，归国热情是20世纪上半叶留学生的一大特征。

那时的留学生情形，与近年的大不同处，一是人数远较近年为少，私立的纽约大学、加州大学、密歇根大学都不过百人；一是皆急于回国，未听说有想长留彼邦的，大多留二三年而已。……一般言之，目前留学的心情和目标，是与那时代不同的。③

当然这其中很多其他因素，比如对于留美生来说，1882～1943年美国不断推出排华法案，限制中国人入境和入籍，1929～1931年资本主义经济大危机，美国经济萧条，毕业生不容易找工作等。郝更生在《心酸话留美》更是道出了学子的心声：那时候留学生所想的，几乎一致的是如何学些对于国家民族有用、有益，对于解救国家民族有效、有速效，最好能立竿见影、根本解决之效的学问，然后早日回国，将所学能贡献于祖国。④

杨绛曾经讲过一段话，也很好地解释了当年许多知识分子的心境："我们如要逃跑，不是无路可走。可是一个人在紧要关头，决定他何去何从的，也许是他最基本的感情……我们不愿逃跑，只是不愿去父母之邦，撇不开自家人。我们是国耻重重的弱国，跑出去仰人鼻息，做二等公民，我们不愿意……一句话，我们是倔强的中国老百姓，不愿做外国人。"⑤

正是这种"国家兴亡匹夫有责"的传统思想，支持了留学生持续半个多世纪的回国热情。对于抱定救国志愿回国的留学生们，还有一个共同的愿望就是希望他们的后代不用再出国留学，或者说是不用再为了留学而留学。严济慈说："我且不愿意将来送吾们的子女来外留学，因为吾们应该把中国学校改进到他们一样好，再也不要使他们受晕船思乡的痛。"⑥沈怡在其晚年自述中也提到："我始终以为留学是一件不得已之事，尤

① 高增德，丁东编. 世纪学人自述（第1卷）[G]. 北京：北京十月文艺出版社，2000：266.
② 陈学恂，田正平编. 中国近代教育史资料汇编：留学教育[M]. 上海：上海教育出版社，2007：178.
③ 张倩仪. 大留学潮[M]. 香港：商务印书馆，2015：400.
④ 江苏省淮安市政协文史资料委员会. 淮安文史资料（第12辑）[G]. 江苏省淮安市政协文史资料委员会，1994：55-56.
⑤ 杨绛. 我们仨[M]. 北京：三联书店，2003：122.
⑥ 严济慈. 法兰西情书：爱国·爱家·爱人[M]. 北京：解放军出版社，2002：81.

其不是一件体面的事，好在别人不会来穷根问底，为什么你们不在国内读书，甚至你们已在自己的国内大学毕业，还要远涉重洋的跑来进他们的大学，到底你们的高等教育是怎么回事？幸而无人提出此一问题，否则真使人无颜回答。想得深刻一点，何尝不就是国家当前的一种耻辱。果然，在学术上，不应提倡狭义的民族主义，但我们不以为耻犹可，而相反的竟以此为荣，就大大的不该。"①

那一代的留学生经历了国耻当头，感受自然和后来的留学生以及今天的我们不同，他们所期盼的不仅是祖国的富强和进步，还有高等教育的崛起与发展。

二、无心插柳柳成荫

留学是教育的一种，教育又是文化的一脉，留学生出洋求学的自然过程和改造世界的社会属性，决定了他们必然是中西文化的载体。"西学东渐"是近代留学运动发展的重要内容，也是近代留学生思想变更、中国文化更新和中外文化交流的重要内容。留学生传播了西方文化，改造着传统文化，又通过自身的思想更新和对文化的传播和改造，促成了中西文化在其自身头脑中的交融和在近代史上的交流。②可以说，无论是第一批留美幼童，还是大批留日学生，无论是留学半工半读生，还是留苏革命者，他们在改变自身命运的同时，也最终改变了中国的命运。

近代以来，西方国家以坚船利炮打开了中国的大门，中国遭到西方物质文明的严重挑战。与此同时，中西文化交流的整体态势也发生了扭转，"中学西传"日渐式微。"文化总是由高势能的文化向低势能的文化流动；低势能的文化只能去吸收高势能的文化"。③但是文化交流又具有双向性的一般规律，即"高势能的文化在和低势能的民族文化交往中，也会小部分地受低势能文化的影响"。④

中华文化是世界公认的，唯一没有中断而延续至今的古老文化。如果从文化的角度来分析，文化的开放性和包容性是造就中华文化顽强生命力的原因之一。中国人第一次出国游学热出现在唐朝，即由高僧玄奘引领的西游印度学习佛学热潮。而唐朝也正是中华传统文化影响力的鼎盛时期，以中国为轴心的东亚文化圈或者汉文化圈就是在唐朝形成的。到了晚清，中国已经不再是天朝上国，被动开国的清政府在跌跌撞撞的近代化进程中开始了主动派出对外留学生。留学生的派遣尽管一开始只是权宜之计，但是却让闭关锁国多年的天朝重新开启了看世界的大门，真可谓是无心插柳柳成荫。随着20世纪中国留学教育的发展以及留学生群体的壮大，留学生将中华文化带到了世界各地，为中华文化的对外传播做出了积极的贡献。

在第一次世界大战的冲击下，弥漫于欧洲的西方文化衰落心理⑤为中国留学生对外传播中国文化提供了难得的历史机遇。梁启超在《欧游心影录》中提到："美国新闻记

---

① 沈怡. 沈怡自述[M]. 北京：中华书局，2016：104.

② 冯开文. 留学研究的新视野[J]. 近代史研究，1994（2）：294.

③ 李喜所. 五千年中文文化交流史（第1卷）[M]. 北京：世界知识出版社，2002：21.

④ 李喜所. 五千年中文文化交流史（第1卷）[M]. 北京：世界知识出版社，2002：21.

⑤ 比如1918年德国历史学家斯宾格勒出版的《西方的没落》一书以及随后引发的激烈争论。

者赛蒙氏和我闲谈：'唉，可怜西洋文明已经破产了！' '我回去就关起大门老等，等你们把中国文明输进来救拔我们。' 我初初听见这种话，还当他是有心奚落我，后来到处听惯了，才知道他们许多先觉之士着实怀抱无限忧危，总觉得他们那些物质文明是制造社会险象的种子，倒不如这世外桃源的中国还有办法，这就是欧洲多数人心理的一斑了。"①

与传播西学类似，留学生在国外传播中华文化的方式有翻译中国作品，用外语创作中国题材文化作品，创办报刊等，还有就是撰写中国题材的论文。虽然同时代的许多学人颇不以为然，但以西语写中国题目，本身就是中西文化交流的一种方式。而且大多数留学生关注最多的是中国的现实问题，他们的研究充分显示出强烈的现实关怀和学术报国的鲜明取向。这些研究遵循西方学术规范，采用西方研究方法，具有较高的学术水平，不仅体现了留学生的学术功力，也为西方学者和其他读者展示了中国文化的诸多领域。

当然，遍布世界的中国留学生，他们多年在国外学习、生活，大量的人际交往、丰富的社会活动，他们自身已经成为外国民众了解中国文化最直接的方式。留美生钱祝均说："在美读书时，我有个信念，即在美国读书应遵纪守法努力学习，因为美国人不仅把我看作简单的一个人，而是看作中国人。如果行为稍有失检，就认为中国人怎么样。维护中国人尊严，这是我留学国外的守则。"②正是把自身视为中国文化的形象载体，留学生在国外学习期间，大都勤奋刻苦、成绩优良，体现了中国人吃苦耐劳、追求成功的品格特点。同时，他们在日常生活中严格遵守各种规则，行事稳重，待人有礼，注重亲情与孝道，赢得了大多数外国民众的尊重与认可。

三、大鹏一日同风起

从清末新政开始，留学生群体开始从政治改革、思想文化、实业等多方面地介入中国社会发展，对中国的现代化道路进行了探索和实践。旅美华人历史学家李又宁曾说：留学生的历史使命就是带领中国走向世界。

在留学史研究成果不断膨胀的今天，有关留学生群体与中国近代社会发展的互动关系，特别是留学生与近代化（现代化）的关系研究，已有许多的成果。一般认为留学不仅是中国近代化的结果，反过来留学生也推动了中国的近代化，并加速了旧传统的瓦解和新体制的形成。当然，已有研究者指出，近代留学运动包罗万象，留学生在近代社会的诸多作为，并不是只有近代化这一单一理论所能评价的。

肇兴于教育史领域的留学史，对其研究应将视角回归教育领域，聚焦留学与中国近代教育发展这一主题。晚清民国时期，作为一个具有多重来源的复合性群体，留学生通过出国门又复归，形成了一个跨地域、跨领域、跨党派、跨学科、跨专业的不断演变的知识分子群体。他们归国以后，主要以从政和从教来实现对中国社会改造与重建的使命，尤其是在中国早期教育大变革中凸显自己的地位和影响。

---

① 梁启超. 欧游心影录[M]. 北京：商务印书馆，2014：22.
② 中国人民政治协商会议西安市委员会文史资料委员会编. 西安文史资料第 16 辑：老留学生忆留学专辑[G]. 西安：西安市文史资料研究委员会，1990：141.

另外，我们今天时时回眸民国，一个重要的原因是民国是盛产大师的年代，蔡元培、黄炎培、胡适、郭秉文、蒋梦麟、张伯苓、陶行知、陈鹤琴……他们的名字可以列出一长串名单，他们对中国当时的教育改革贡献极大，其影响直至今天还在。

20 世纪 20 年代以后，归国的留学生大多在高等学校任教。舒新城在《近代中国留学史》中指出，1926 年"高等教育界之人员十分之九以上为留学生……高等以上学校之科学教师，更无非留学生，现在国内学校科学教师、科学用品与科学教科书者，亦莫不由留学生间接直接传衍而来。"截至 1944 年，全国高校合格的教授、副教授有 2448 人，其中留过学的占 78.1%。1931 年中国各类大学共有 79 所，其中 65 所的校长有留学经历，中国大学几乎被留洋归来者一统天下。①

在 1935 年出版的《当代中国名人录》收录的 1103 位教育界名人中，留学生出身的多达 904 人，占 82%，其中留美学生又占了 51%。如清华大学的历任校长几乎是清一色的留学生，第二任清华校长唐国安就是第二批留美幼童中的一员，第十三任清华校长温应星是第一位从美国西点军校毕业的中国学生，还有被尊称为清华永远的校长的梅贻琦也是庚款留美生。留学生在高等教育领域，不仅创建了近代中国几乎所有的新学科，而且承担了早期的学术研究。当时正值中国社会从传统到现代的转型时期，在这样一个关键的转型时代，一群抱定"教育救国"的知识分子群体，共同谋划着中国教育的新生。

1895 年至 1925 年前后三十年时间，是中国思想文化由传统过渡到现代的关键年代，主要的变化有二：一是报纸杂志、新式学校、学会等制度性传播媒体的大量涌现；二是新的社群主体——知识阶层出现。②归国留学生群体就是新知识阶层的代表，因为他们之间的学缘、业缘、地缘关系构成了一个庞大的关系网。而当时的中国教育界正面临着新旧势力的冲突以及中西并立与竞争的问题，这样的环境也为各种教育的思想试验提供了难得的交锋机会和实践舞台。归国留学生群体围绕着现代传媒（如《新教育》杂志）、新式社团（如江苏教育会、中华教育改进社等）、新式学校（蔡元培时代的北大和郭秉文时代的南高与东大），在民国教育界的新场域下，实践着他们的新教育理念，推动了民国新教育运动的发展。

坚持"教育救国"理念的归国留学生群体，充分运用现代报刊等新媒体，如留美归国学生为主体创办的《新教育》等，广泛地宣传与鼓吹新教育运动，使教育的新理念得以广泛的传播，在社会上引起广泛的回应。其中，毕业于哥伦比亚大学师范学院的一批学生如郭秉文、胡适、蒋梦麟、陶行知等，带回了以杜威、孟禄为代表的实用主义教育理念，迅速在当时的中国教育界、思想界占据支配地位，成为民国早期中国"新教育运动"极为重要的指导思想，对中国新教育的影响尤其深远。

在近代社会，教育是最具有权威的文化象征资源。例如，以张謇为首的江苏省教育会，在上海和江苏拥有很高的文化权威和广泛的社会资源。桑兵甚至称江苏教育会为清末民初影响中国近代教育的三大枢纽之一，其影响力更是"主导全国教育界"。曹聚仁曾回忆他初到上海的情景："到了上海，我才知道江苏教育会是了不得的。那位"南通

---

① 朱一飞，李润新主编. 世界文化史故事大系：中国卷[M]. 上海：上海外语教育出版社，2003：418.

② 张灏. 幽暗意识与时代探索[M]. 广州：广东人民出版社，2016：131.

王"张季直在江苏是太上皇，北洋军阀任何势力，非张氏点头不可。孙传芳所以能做五省统帅在江南立定脚跟，就是他们所支持的。地方割据，不管谁来称王，教育、财政、实业这几个部门，总是转在他们手中；黄氏（黄炎培）便是那一派的吴用。江苏教育会在上海西门有宏伟的会所，还有中华职业教育社。此外，如商务、中华这几家大书店，和《申报》《新闻》《时报》这几家大报馆，和他们互通声势，真的是显赫一时。"[①]

除了新式传媒、新式社团，20 世纪 20 年代，有两所办学风格迥异的国立大学，效仿德国的北京大学和效仿美国的东南大学，一个以蔡元培为校长，以"思想自由、兼容并包"为办学原则，力主新文化；一个以郭秉文为校长，以"四个平衡"为基本方针，崇尚古典主义和人文主义，北大新文化和南高东大学风一起构成了影响深远的中国"双峰对峙、二水分流"的学术格局。

法国思想家布迪厄说，"从分析的角度看，一个场域可以定义为在各种位置之间存在的客观关系的一个网络（Network），或者一个构型（Configuration）。"或者说，"根据场域概念进行思考就是从关系的角度进行思考。"新式传媒、新式社团及新式学校，共同促进了民国教育界这一具有现代性、开放性和国际性的"公共空间"的形成。

在这样一个教育革新的时代，大批学成归国的留学生，他们不仅学贯中西，而且又天然地具有学缘、地缘和业缘等多重关系网络优势，一方面，留学生群体特别是哥伦比亚大学的毕业生，主导了民国早期的新教育运动；同时，许多留学生也利用这样的历史机遇，成长为影响中外的教育家，如蔡元培、郭秉文等人。因此可以说，以留学生群体为代表的新知识分子，既是民国教育界这一公共空间的主要缔造者，同时也是这一公共领域的受益者。

虽然民国早期军阀混战、政权更迭频繁，但正是由于政治势力对教育界无力顾及，也因此造就了一个相对自由的思想界与教育界。随着国民党力量的崛起，在教育界大力推行"党化教育"，1925 年发生在东南大学的易长风潮，标志着郭秉文所代表的自由主义教育潮流走向了终点。因此有研究者指出，在某种程度上讲，郭秉文免职之事的意义已超出了他作为"国立东南大学之父"的个人悲剧范围，对这样一位现代教育思想主要输入者的政治攻击，亦代表着新教育运动的终结。

尽管民国的新教育运动"其始也兴，其亡亦速"，但是它的影响极其深远。特别是民国时期涌现出的璀若星河的教育家群体，甚至有民国之后再无大师之说。如果以"教育救国"为目标来考察留学生的留学成果，那么从新教育运动的结果来看，这一目标是达成了。季羡林曾说，"对中国近代化来说，留学生可以比做报春鸟，比做普罗米修斯，他们的功绩是永存的！"如套用季先生的这一句话，那么留学生对中国早期的教育改革运动，功绩也是永存的！

---

① 曹聚仁. 天一阁人物谭[M]. 上海：上海人民出版社，2000：246.

参 考 文 献

北京大学德国研究中心主编.2005. 北大德国研究（第 1 卷）[C]. 北京：北京大学出版社.

北京日本学研究中心编.1992. 中国日本学年鉴[M]. 北京：科学技术文献出版社.

不肖生.1988. 留东外史（上）[M]. 长沙：岳麓书社.

曹聚仁.2006. 天一阁人物谭[M]. 上海：上海人民出版社.

曹汝霖.2009. 曹汝霖一生之回忆[M]. 北京：中国大百科全书出版社.

陈汉才.2008. 容闳评传[M]. 广州：广东高等教育出版社.

陈翰笙.1988. 四个时代的我[M]. 北京：中国文史出版社.

陈鹤琴.2014. 我的半生[M]. 上海：上海三联书店.

陈景良，郑祝君主编.2016. 中西法律传统（第 12 卷）[M]. 北京：中国政法大学出版社.

陈里特.1933. 欧洲华侨生活[J]. 海外月刊，（8）.56.

陈青之.2013. 中国教育史[M]. 上海：上海书店出版社.

陈世松编著.2008. 天下四川人[M]. 成都：四川人民出版社.

陈书麟、陈贞寿编著.1993. 中华民国海军通史[M]. 北京：海潮出版社.

陈学恂，田正平编.1991. 中国近代教育史资料汇编：留学教育[G]. 上海：上海教育出版社.

陈学恂，田正平编.2007. 中国近代教育史资料汇编：留学教育[G]. 上海：上海教育出版社.

陈学恂主编.1986. 中国近代教育史教学参考资料（上中下）[G]. 北京：人民教育出版社.

陈毅.1981. 陈毅早年回忆和文稿[G]. 成都：四川人民出版社.

[美]陈毓贤.2013. 洪业传[M]. 北京：商务印书馆.

陈元晖主编.1991. 中国近代教育史资料汇编：学制演变[G]. 上海：上海教育出版社.

陈元晖主编.2007. 中国近代教育史资料汇编：洋务运动时期教育[G]. 上海：上海教育出版社.

陈之藩.2007. 寂寞的画廊[M]. 南京：江苏文艺出版社.

崔乐泉，杨向东主编.2008. 中国体育思想史（近代卷）[M]. 北京：首都师范大学出版社.

[日]大里浩秋，孙安石编著.2014. 近现代中日留学生史研究新动态[M]. 上海：上海人民出版社.

丁守和、陈有进、张跃铭等主编.1994. 中国历代奏议大典（四）[G]. 哈尔滨：哈尔滨出版社.

丁晓禾主编.1998. 中国百年留学全纪录[M]. 珠海：珠海出版社.

董宝良，周洪宇.1997. 中国近现代教育思潮与流派[M]. 北京：人民教育出版社.

费孝通.1983. 重访英伦[M]. 长沙：湖南人民出版社，1983.

费孝通.2000. 费孝通域外随笔[M]. 北京：群言出版社.

费孝通.2013. 江村经济（修订版）[M]. 上海：上海人民出版社.

冯开文.1994. 留学研究的新视野[J]. 近代史研究，（2）.294.

冯兆基.1994. 军事近代化与中国革命[M]. 上海：上海人民出版社.

冯自由. 2011. 冯自由回忆录：革命逸史（下）[M]. 上海：东方出版社.

[德]弗里德里希·包尔生. 2009. 德国大学与大学学习[M]. 张驰等，译. 北京：人民教育出版社.

复旦大学、上海师范学院、上海师范大学合编. 1979. 鲁迅年谱（上册）[M]. 合肥：安徽人民出版社.

甘少杰. 2013. 清末民国早期军事教育现代化研究（1840—1927）[D]. 保定：河北大学博士学位论文.

高时良. 1992. 中国近代教育史资料汇编：洋务运动时期教育[G]. 上海：上海教育出版社.

高增德，丁东编. 2000. 世纪学人自述（第1-6卷）[G]. 北京：北京十月文艺出版社.

高宗鲁编译. 2006. 中国留美幼童书信集[G]. 珠海：珠海出版社.

顾廷龙、戴逸主编. 2008. 李鸿章全集（第31册）[G]. 合肥：安徽教育出版社.

顾维钧. 1983. 顾维钧回忆录（第一分册）[M]. 中国社会科学院近代史研究所，译. 北京：中华书局.

郭力主编. 2014. 文明的对话：俄罗斯与中国[M]. 哈尔滨：黑龙江大学出版社.

郭嵩焘. 1984. 伦敦与巴黎日记[M]. 长沙：岳麓书社.

郝平. 1998. 北京大学创办史实考源[M]. 北京：北京大学出版社.

郝世昌，李亚晨. 2001. 留苏教育史稿[M]. 哈尔滨：黑龙江教育出版社.

何炳棣. 2012. 读史阅世六十年[M]. 北京：中华书局.

何廉. 1988. 何廉回忆录[M]. 北京：中国文史出版社.

何长工. 1958. 勤工俭学生活回忆[M]. 北京：中国工人出版社.

贺国庆. 2012. 还原大学[M]. 合肥：安徽教育出版社.

贺培真. 1985. 留法勤工俭学日记[M]. 长沙：湖南人民出版社.

黑龙江省文史研究馆编. 2005. 黑土金沙录[G]. 北京：中华书局.

胡从经编. 1984. 郁达夫日记集[M]. 西安：陕西人民出版社.

胡枫编. 1999. 李敖精品文集：横眉对乱世[G]. 昆明：云南人民出版社.

胡光麃. 1992. 大世纪观变集（第5册）[M]. 台北：联经出版事业公司.

胡汉民. 2013. 胡汉民自述（1879-1936）[M]. 北京：人民日报出版社.

胡适. 1998. 四十自述[M]. 长沙：岳麓书社.

胡适. 2006. 胡适留学日记（上）[M]. 合肥：安徽教育出版社.

胡适. 2012. 立场：胡适论人生[M]. 北京：九州出版社.

胡适. 2013. 尝试集[M]. 南京：江苏文艺出版社.

胡适. 2014. 容忍与自由[M]. 北京：北京联合出版公司.

湖南省社会科学哲学研究所. 1980. 唐才常集[G]. 北京：中华书局.

黄福庆. 1975. 清末留日学生[M]. 台北："中研院".

黄火青. 1995. 一个平凡共产党员的经历[M]. 北京：人民出版社.

黄利群. 1982. 留法勤工俭学简史[M]. 北京：教育科学出版社.

黄忠廉. 2013. 林语堂：中国文化译出的典范[N]. 光明日报，2013-05-13（5）.

黄尊三. 1933. 三十年日记[M]. 长沙：湖南印书馆.

吉林省扶余县委员会文史资料研究委员会办公室编. 1988. 扶余文史资料：第8辑（伪满专辑）[M]. 扶
　　余：政协扶余市委员会文史委员会.

季羡林. 1995. 留德十年[M]. 上海：东方出版社.

江亢虎. 1922. 游法感想记[J]. 东方杂志，（3）. 103.

江苏省淮安市政协文史资料委员会. 1994. 淮安文史资料（第12辑）[G]. 政协淮安市文史资料委员会.

江苏省政协文史资料委员会等编. 1994. 民国时期的陆军大学（《江苏文史资料》第79辑）[G]. 南京：
　　《江苏文史资料》编辑部.

姜亮夫. 1999. 姜亮夫文录[M]. 昆明：云南人民出版社.

蒋碧微. 1986. 我与悲鸿：蒋碧微回忆录[M]. 长沙：岳麓书社.

蒋廷黻. 2003. 蒋廷黻回忆录[M]. 长沙：岳麓书社.

蒋纬国. 2008. 蒋纬国口述自传[M]. 北京：中国大百科全书出版社.

教育年鉴编纂委员会. 1948. 第二次中国教育年鉴[G]. 上海：商务印书馆.

康有为. 1992. 康有为全集（第3册）[G]. 上海：上海古籍出版社.

康有为. 1995. 康有为遗稿：列国游记[M]. 上海：上海人民出版社.

《科学家传记大辞典》编辑组编. 1991. 中国现代科学家传记（第1集）[M]. 北京：科学出版社.

孔凡军等著. 1994. 走出中国[M]. 北京：中国藏学出版社.

孔繁岭. 2006. 南京时期的留德教育[J]. 历史档案，（2）.106-122.

赖景瑚. 1980. 烟云思往录[M]. 台北：传记文学出版社.

赖淑卿. 2009. 民初稽勋局与稽勋留学生的派遣（1912－1913）[J]. 台北"国史馆"馆刊，（22）.87-88，89-92.

[美]勒法吉. 2006. 中国幼童留美史[M]. 高宗鲁，译. 珠海：珠海出版社.

黎东方. 2011. 平凡的我：黎东方回忆录（1907-1998）[M]. 北京：中国工人出版社.

李本义. 1992. 清末留日学生运动对辛亥革命的推动[J]. 湖北大学学报（哲学社会科学版），（4）.38

李村. 2013. 世风士像：民国学人从政记[M]. 北京：三联书店.

李村. 2015. 政学先生[M]. 北京：三联书店.

[美]李恩富. 2006. 我的中国童年[M]. 唐绍明，译. 珠海：珠海出版社.

李光谟，李宁编. 2008. 李济学术随笔[M]. 上海：上海人民出版社.

李圭. 1980. 环游地球新录[M]. 长沙：湖南人民出版社.

李璜. 1979. 学钝室回忆录（增订本上卷）[M]. 香港：明报月刊.

李书纬. 2016. 少年行：1840-1911晚清留学生历史现场[M]. 广州：广东人民出版社.

李滔主编. 2005. 中华留学教育史录（1840-1949）[G]. 北京：高等教育出版社.

李维汉. 2013. 回忆与研究（上）[M]. 北京：中共党史出版社.

李文华. 2011. 莫斯科中山大学：那些逝去的故事和风景[J]. 神州学人，（11）.37

李喜所. 2002. 五千年中文文化交流史（第1卷）[M]. 北京：世界知识出版社.

李喜所. 2006. 近代留学生与中外文化[M]. 天津：天津教育出版社.

李喜所主编. 2010. 中国留学通史（民国卷）[M]. 广州：广东教育出版社.

李喜所主编. 2010. 中国留学通史（晚清卷）[M]. 广州：广东教育出版社.

李永. 2015. 1912-1913年民国稽勋留学生派遣始末[J]. 兰台世界，（13）.99，100.

李在全. 2016. "新人"如何练就：清末一位留日法科学生的阅读结构与日常生活[J]. 史林，（6）.128，137.

梁实秋. 1989. 梁实秋散文（2）[M]. 北京：中国广播电视出版社.

梁实秋. 2015. 我们这些流浪的中国人[M]. 北京：北京时代华文书局.

林洁选编. 2005. 季羡林名篇佳作[M]. 上海：东方出版社.

林子勋. 1976. 中国留学教育史：1847-1975年[M]. 台北：华冈出版有限公司.

《刘伯承传》编写组编. 2007. 刘伯承传[M]. 北京：当代中国出版社.

刘道慧编著. 2004. 邓小平的旅法留苏岁月[M]. 北京：人民出版社.

刘凤翰. 2009. 国民党军事制度史[M]. 北京：中国大百科全书出版社.

刘晴波、彭国兴编. 2011. 陈天华集[M]. 长沙：湖南人民出版社.

刘绍唐主编. 2014. 民国人物小传（第4册）[M]. 上海：上海三联书店.

刘晓琴. 2005. 中国近代留英教育史[M]. 天津：南开大学出版社.

刘绪贻. 2010. 箫声剑影（一）：刘绪贻口述自传[M]. 桂林：广西师范大学出版社.

刘真主编. 1980. 留学教育：中国留学教育史料（第1-5册）[G]. 台北：台湾编译馆.

刘振宇. 2013. 清末民初中国人留学俄（苏）活动的历史考察[J]. 俄罗斯研究，（1）.190，192，193，196.

刘志强、张学继. 2011. 留学史话[M]. 北京：社会科学文献出版社.

留美学生会编. 1913. 留美学生年报[M]. 上海：中华书局.

鲁迅. 2016. 朝花夕拾[M]. 海口：海南出版社.

鲁迅. 2016. 鲁迅文集：散文诗歌卷[M]. 北京：中国商业出版社.

陆阳，胡杰主编. 2014. 胡彬夏文集[G]. 北京：线装书局.

罗刚编著. 1988. 中华民国国父实录（第3册）[M]. 台北：罗刚先生"三民主义奖学金基金会".

罗念生. 2016. 从芙蓉城到希腊[M]. 上海：上海人民出版社.

马胜云，马兰. 2008. 李四光[M]. 北京：金城出版社.

马毓福编著. 1994. 中国军事航空：1908-1949[M]. 北京：航空工业出版社.

毛汉礼. 洛杉矶三简[J]. 中央日报周刊，1947（12）. 5.

毛礼锐、沈灌群主编. 1988. 中国教育通史（第5卷）[M]. 济南：山东教育出版社.

穆藕初，穆家修，柳和城等著. 2011. 穆藕初文集[M]. 上海：上海古籍出版社.

聂荣臻. 2007. 聂荣臻回忆录[M]. 北京：解放军出版社.

潘越. 2012. 中国近代留学比利时研究（1903-1949）[D]. 广州：暨南大学博士学位论文.

彭鸿斌编著. 2000. 西进：中国人留学档案[M]. 北京：经济日报出版社.

彭军荣编著. 2015. 红场记忆：中共早期留苏档案解密[M]. 北京：中国文史出版社.

彭小舟. 2010. 近代留美学生与中美教育交流研究[M]. 北京：人民出版社.

浦薛凤. 2009. 浦薛凤回忆录（上）：万里家山一梦中[M]. 合肥：黄山书社.

钱钢，胡劲草. 2010. 大清留美幼童记[M]. 北京：当代中国出版社.

钱歌川. 1988. 钱歌川文集（第4卷）[M]. 沈阳：辽宁大学出版社.

秦孝仪主编. 1982. 革命人物志（第22集）[M]. 台北："中央文物供应社".

清华大学校史编写组编著. 1981. 清华大学校史稿[M]. 北京：中华书局.

清华大学校史研究室编. 1991. 清华大学史料选编（第1卷）：清华学校时期（1911-1928）[M]. 北京：清华大学出版社.

邱若宏. 2004. 传播与启蒙：中国近代科学思潮研究[M]. 长沙：湖南人民出版社.

全国政协文史和学习委员会编. 2013. 缪云台回忆录[M]. 北京：中国文史出版社.

全国政协文史资料委员会编. 2002. 文史资料存稿选编（16）军事机构下[M]. 北京：中国文史出版社.

任鸿隽. 2002. 科学救国之梦：任鸿隽文存[M]. 上海：上海科技教育出版社.

任鸿隽. 2015. 任鸿隽谈教育[M]. 沈阳：辽宁人民出版社.

荣庆. 1986. 荣庆日记[M]. 谢兴尧，校. 西安：西北大学出版社.

容闳. 1981. 西学东渐记[M]. 长沙：湖南人民出版社.

容闳. 1991. 我在美国和中国生活的追忆[M]. 北京：中华书局.

容闳. 2014. 容闳自述[M]. 合肥：安徽文艺出版社.

容尚谦. 2006. 创办出洋局及官学生历史[M]. 王敏若，译. 珠海：珠海出版社.

沈沛霖. 2004. 我的留法勤工俭学经历[J]. 档案与史学，（4）. 34.

沈渭滨. 2016. 孙中山与辛亥革命[M]. 上海：上海人民出版社.

沈怡. 2016. 沈怡自述[M]. 北京：中华书局.

盛海生，汪明舟. 2008. 清末公费留学经费情况考察（1895—1911）[J]. 徐州师范大学学报（哲学社会科学版），（2）. 4，5.

施肇基. 1985. 施肇基早年回忆录[M]. 台北：传记文学出版社.

[日]实藤惠秀. 1983. 中国人留学日本史[M]. 谭汝谦，林启彦，译. 北京：三联书店.

[日]实藤惠秀. 2012. 中国人留学日本史（修订译本）[M]. 谭汝谦，林启严，译. 北京：北京大学出版社.

[美]史黛西·比勒. 2010. 中国留美学生史[M]. 张艳，译. 北京：三联书店.

舒新城. 2011. 近代中国留学史[M]. 上海：上海世纪出版集团.

舒新城编. 1962. 中国近代教育史资料（上册）[G]. 北京：人民教育出版社.

宋教仁. 1980. 宋教仁日记[M]. 长沙：湖南人民出版社.

宋教仁. 1981. 宋教仁集（下册）[G]. 北京：中华书局.

苏雪林. 2000. 苏雪林文集[M]. 北京：华夏出版社.

孙立明编. 2014. 留学生活[M]. 北京：首都经济贸易大学出版社.

孙锡麒. 1923. 赴美杂记[J]. 民铎，（5）. 4.

孙中山. 1985. 孙中山全集（第5卷）[M]. 北京：中华书局.

孙子和. 1977. 清代同文馆之研究[M]. 台北：嘉新水泥公司文化基金会.

索凯峰. 2012. 晚清留法教育概述[J]. 教育研究与实验，（1）. 71.

汤志钧编. 1981. 康有为政论集[G]. 北京：中华书局.

[美]唐德刚. 1989. 胡适口述自传[M]. 北京：华文出版社.

陶德臣. 2014. 民国军事留学生群体生成探析[J]. 军事历史研究，（3）. 135，140.

田正平，张建中. 2006. 中英庚款与民国时期的边疆教育[J]. 河北师范大学学报（教育科学版），（6）.

万明坤，汤卫城主编. 2000. 旅德追忆：二十世纪几代中国留德学者回忆录[G]. 北京：商务印书馆.

汪丞. 2012. 近代留学生"东洋二等"现象探析[J]. 教育评论，（5）. 145.

汪祖荣. 2006. 走向世界的挫折：郭嵩焘与道咸同光年代[M]. 长沙：岳麓书社.

王凡西编. 2004. 双山回忆录[M]. 北京：东方出版社.

[法]王枫初. 2016. 移民与政治：中国留法勤工俭学生（1919—1925）[M]. 安延等，译. 北京：北京大学出版社.

王家俭. 1984. 中国近代海军史论集[C]. 台北：文史哲出版社.

《王稼祥选集》编辑组编. 1985. 回忆王稼祥[M]. 北京：人民出版社.

王景禧. 1999. 日游日记[M]. 杭州：杭州大学出版社.

王奇生. 1992. 中国留学生的历史轨迹[M]. 武汉：湖北教育出版社.

王卫平，邵宝. 2013. 清末留日学生与日本社会的摩擦和冲突[J]. 苏州大学学报（哲学社会科学版），（6）. 186-188.

王永详、高桥强主编. 2001. 留学日本时期的周恩来[M]. 北京：中央文献出版社.

王永祥. 1985. 中国共产党旅欧支部史话[M]. 北京：中国青年出版社.

王政挺. 2003. 留学备忘录[M]. 杭州：浙江人民出版社.

文闻编. 2010. 国民党中央训练团与军事干部训练团[G]. 北京：中国文史出版社.

闻黎明，侯菊坤编. 1994. 闻一多年谱长编[M]. 武汉：湖北人民出版社.

闻一多. 2014. 闻一多书信集[M]. 北京：群言出版社.

[德]乌利·弗兰茨. 1989. 邓小平传[M]. 天力，李强，译. 甘肃人民出版社.

吴冠中. 2001. 吴冠中人生小品[M]. 石家庄：花山文艺出版社.

吴宓. 1998. 吴宓日记（第2册）：1917-1924[M]. 北京：三联书店.

吴霓. 2009. 中国人留学史话[M]. 北京：中国国际广播出版社.

吴稚晖. 2013. 吴稚晖全集（卷2）[G]. 北京：九州出版社.

伍修权. 1984. 我的历程[M]. 北京：解放军出版社.

[日]武田胜彦. 1992. 桥：一个日本人的一生[M]. 北京：三联书店.

鲜于浩. 1994. 留法勤工俭学运动史稿[M]. 成都：巴蜀书社.

谢青. 1992. 略论清末民初留学毕业生考试[J]. 安徽师范大学报（哲学社会科学版），（2）. 217-219.

谢增寿编. 2011. 张澜年谱新编[M]. 北京：群言出版社.

谢长法. 2006. 中国留学教育史[M]. 太原：山西教育出版社.

徐冰. 2014. 中国近代教科书中的日本和日本人形象：交流与冲突的轨迹[M]. 北京：商务印书馆.

徐健. 2010. 晚清官派留德学生研究[J]. 史学集刊，（1）. 73，75.

徐志民. 2012. 日本政府的庚款补给中国留日学生政策研究[J]. 抗日战争研究，（3）. 67，74.

[美]徐中约. 2013. 中国近代史（1600-2000）：中国的奋斗[M]. 计秋枫等，译. 插图重校第6版, 北京：世界图书出版公司.

许烺光. 1988. 中国人与美国人[M]. 徐隆德，译. 台北：巨流图书公司.

许渊冲. 2008. 逝水年华[M]. 北京：三联书店.

学部总务司编. 1986. 近代中国史料丛刊（三编第10辑）[M]. 台北：文海出版社.

严安生. 2018. 灵台无计逃神矢：近代中国人留日精神史[M]. 陈言，译. 北京：三联书店.

严济慈. 2002. 法兰西情书：爱国·爱家·爱人[M]. 北京：解放军出版社.

严平. 2012. 近代中国留学日本大学预科研究[J]. 清史研究，（4）. 57.

严修. 2001. 严修日记（第2册）[M]. 天津：南开大学出版社.

颜惠庆. 2003. 颜惠庆自传：一位民国元老的历史记忆[M]. 吴建雍等，译. 北京：商务印书馆.

颜军. 2009. 留日学生同乡会与清末变革[N]. 光明日报，2009-07-21（12）.

杨绛. 2003. 我们仨[M]. 北京：三联书店.

杨琴，李伟. 1992. 刘伯承[M]. 北京：中国青年出版社.

杨天石主编. 2014. 钱玄同日记（上册）[M]. 北京：北京大学出版社.

杨廷宝. 1991. 杨廷宝谈建筑[M]. 北京：中国建筑工业出版社.

杨志本主编. 1987. 中华民国海军史料[M]. 北京：海洋出版社.

杨智磊，王兴亚主编. 2007. 中国考试管理制度史[M]. 郑州：中州古籍出版社.

叶昌纲. 1988 近代中国人在国外留学时期的爱国主义表现[J]. 山西大学学报（哲学社会科学版），（3）. 63.

[美]叶维丽. 2017 为中国寻找现代之路：中国留学生在美国（1900-1927）[M]. 周子平，译. 北京大学出版社.

棠棣. 1982. 病理卅三年[M]. 台北：传记文学出版社.

应俊，刘昌玉. 2017. 北洋政府时期留英人口统计与分析[J]. 教育现代化，（21）. 171.

应懿凝. 1936. 欧游日记[M]. 上海：中华书局.

愚士选编. 1998. 读书与消闲[M]. 长沙：湖南人民出版社.

郁达夫. 1982. 郁达夫文集（第四卷）[M]. 广州：花城出版社.

元青等著. 2014. 留学生与中国文化的海外传播[M]. 天津：南开大学出版社.

袁道丰. 1932. 我在巴黎的学生生活[J]. 现代学生，（6）. 2-4.

詹同济编译. 1989. 詹天佑日记书信文章选[G]. 北京：燕山出版社.

詹文浒. 1938. 欧美透视[M]. 上海：世界书局.

张伯英. 1992. 黑龙江志稿[M]. 哈尔滨：黑龙江人民出版社.

张传磊，赵可. 2011. 甲午战前清朝驻外使臣对旅欧军事留学生的管理[J]. 徐州师范大学学报（哲学社会科学版），（4）. 2.

张德彝. 1986. 随使英俄记[M]. 长沙：岳麓书社.

张冠生. 2014. 晴耕雨读[M]. 北京：新星出版社.

张海林. 1999. 苏州早期城市现代化研究[G]. 南京：南京大学出版社.

张灏. 2016. 幽暗意识与时代探索[M]. 广州：广东人民出版社.

张剑. 2005. 科学社团在近代中国的命运：以中国科学社为中心[M]. 济南：山东教育出版社.

张培忠. 2008. 文妖与先知[M]. 北京：三联书店.

张倩仪. 2015. 大留学潮[M]. 香港：商务印书馆.

张日新主编. 2010. 蒋经国日记[M]. 北京：中国文史出版社.

张侠等. 1982. 清末海军史料（上）[G]. 北京：海洋出版社.

张星烺. 2000. 欧化东渐史[M]. 北京：商务印书馆.

张亚群,肖娟群. 2007. 20世纪20-30年代中国留德教育论述[J]. 徐州师范大学学报(哲学和社会科学版)，（5）. 1～3.

张允侯等编. 1980. 留法勤工俭学运动（一）[G]. 上海：上海人民出版社.

张泽宇. 2009. 留学与革命——20世纪20年代留学苏联热潮研究[M]. 北京：人民出版社.

张秋庸. 1938. 中国学生在巴黎[J]. 中美周报，（288）. 32.

张资平. 1994. 资平自传[M]. 北京：中国华侨出版社.

章开沅，余子侠主编. 2013. 中国人留学史[M]. 北京：社会科学文献出版社.

章开沅. 2004. 落叶归根与落地生根——从容闳与留美教育谈起[J]. 徐州师范大学学报（哲学社会科学版），（2）. 5.

赵慧编. 1999. 回忆纪念闻一多[M]. 武汉：武汉出版社.

赵元任. 1997. 从家乡到美国：赵元任早年回忆[M]. 北京：学林出版社.

浙江省辛亥革命史研究会，浙江省图书馆编. 1981. 辛亥革命浙江史料选辑[G]. 杭州：浙江人民出版社.

郑名桢主编. 1994. 留法勤工俭学运动[M]. 太原：山西高校出版社.

政协全国委员会文史资料研究委员会编. 1985. 文史资料选辑（第100辑）[G]. 北京：中国文史出版社.

中共福州市委宣传部，福州市社会科学所主编. 1989. 福州历史人物（第2-3辑）[G]. 福州：福州建联印刷厂.

中共广州市委党史研究室编. 2013. 中共东京支部（1935-1938）[G]. 中共广州市委党史研究室.

中共中央党史研究室第一研究部译. 1998. 联共（布）、共产国际与中国苏维埃运动（1927-1931）（第8卷）[M]. 中央文献出版社.

中共中央党史资料征编委员会. 1982. 中共党史资料（第1辑）[G]. 中共中央党校出版社.

中共中央文献研究室、南开大学编. 1998. 周恩来早期文集（上）[G]. 北京：中央文献出版社.

中国第二历史档案馆编. 1991. 中华民国史档案资料汇编（第3辑教育）[G]. 南京：江苏古籍出版社.

中国第二历史档案馆编. 1994. 中华民国史档案资料汇编（第5辑第1编教育）[G]. 南京：江苏古籍出版社.

中国第二历史档案馆编. 1997. 中华民国史档案资料汇编（第5辑第2编教育）[G]. 北京：档案出版社.

中国第一历史档案馆编. 1990. 清代档案史料丛编（第十四辑）[G]. 北京：中华书局，1990.

中国科学院学部联合办公室. 1996. 中国科学院院士自述[G]. 上海：上海教育出版社.

中国人民政治协商会议广州委员会. 1963. 广州文史资料（第10辑）[G]. 广州：政协广东省广州市委员会文史资料研究委员会.

中国人民政治协商会议湖南省委员会文史资料研究委员会编. 1963. 湖南文史资料（第6辑）[G]. 长沙：中国人民政治协商会议湖南省委员会文史资料研究委员会.

中国人民政治协商会议江苏省委员会编. 1998. 耆年忆往：沈沛霖回忆录[M]. 南京：江苏文史资料编辑部.

中国人民政治协商会议全国委员会文史和学习委员会编. 2011. 文史资料选辑（第69-71辑）[G]. 北京：中国文史出版社.

中国人民政治协商会议全国委员会文史资料研究委员会编. 1983. 文化史料丛刊（第7辑）[G]. 北京：文史资料出版社.

中国人民政治协商会议四川省合江县委员会. 1988. 合江县文史资料选辑（第7辑）[G]. 合江：合江县县志编纂委员会.

中国人民政治协商会议西安市委员会文史资料委员会编. 1990. 西安文史资料第16辑：老留学生忆留学专辑[G]. 西安：西安市文史资料研究委员会.

中国社会科学院近代史研究所编. 2011. 中国社会科学院近代史研究所青年学术论坛（2009年卷）[G]. 北京：社会科学文献出版社.

中国社会科学院近代史研究所中华民国史组编. 1978. 清末新军编练沿革[M]. 北京：中华书局.

中国史学会编. 1961. 中国近代史资料丛刊：洋务运动（二）[G]. 上海：上海人民出版社.

中国史学会编. 1961. 中国近代史资料丛刊：洋务运动（五）[G]. 上海：上海人民出版社.

中华民国留俄同学会. 1988. 六十年来中国留俄学生之风霜踔历[G]. 台北：中华文化基金会.

中华书局编辑部编. 1983. 纪念辛亥革命七十周年学术讨论会论文集[C]. 北京：中华书局.

中央文献研究室二部编. 2003. 朱德自述[M]. 北京：解放军文艺出版社.

中央研究院近代史研究所编. 1957. 中国近代史资料汇编（海防档乙福州船厂）[G]. 台北："中研院"
　　近代史研究所.

钟少华. 1996. 早年留日者谈日本[M]. 济南：山东画报出版社.

钟叔河. 2000. 走向世界：近代中国知识分子考察西方的历史[M]. 北京：中华书局.

钟叔河编. 2008. 走向世界丛书（第1辑2）[G]. 长沙：岳麓书社.

周洪宇，李永. 2017. 郭秉文画传[M]. 济南：山东教育出版社.

周棉. 1990. 中国留学生大辞典[M]. 南京：南京大学出版社.

周棉等. 2017. 留学生群体与民国的社会发展[M]. 北京：中国社会科学出版社.

周一川. 2008. 近代留日史研究中的三个问题[J]. 东岳论丛，（3）. 136.

周一良主编. 1989. 中外文化交流史[G]. 开封：河南人民出版社.

周永珍. 2008. 留法纪事[M]. 北京：北京图书馆出版社.

周作人等著. 2012. 留学时代[G]. 北京：三联书店.

朱光潜. 2014. 谈美[M]. 北京：三联书店.

朱光潜. 2014. 朱光潜谈欣赏[M]. 北京：中国青年出版社.

朱美禄. 2011. 域外之镜中的留学生形象：以现代留日作家的创作为考察中心[M]. 成都：巴蜀书社.

朱寿朋编. 1958. 光绪朝东华录（第四册）[G]. 北京：中华书局.

朱一飞，李润新主编. 2003. 世界文化史故事大系：中国卷[M]. 上海：上海外语教育出版社.

朱有瓛主编. 1983. 中国近代学制史料（第一辑上册）[G]. 上海：华东师范大学出版社.

朱仲丽. 1986. 黎明与晚霞：王稼祥文学传记[M]. 北京：解放军出版社.

庄建平主编. 2009. 近代史资料文库（第9卷）[M]. 上海：上海书店出版社.

祖金玉. 2012. 走向世界的宝贵创获：驻外使节与晚清社会变革研究[M]. 天津：南开大学出版社.

左宗棠. 2014. 左宗棠全集：奏稿三[G]. 刘泱泱，校注. 长沙：岳麓书社.